W0039384

BASTEI
LÜBBE
TASCHENBUCH

Weitere Titel des Autors:

Ich hab keine Macken! Das sind Special Effects

KAI TWILFER

EIN ARSCHVOLL RATSCHLÄGE

Wie wir ohne Klugscheißer
viel entspannter leben

BASTEI
LÜBBE
TASCHENBUCH

BASTEI LÜBBE TASCHENBUCH
Band 61008

Originalausgabe

Copyright © 2018 by Bastei Lübbe AG, Köln
Textredaktion: Ramona Jäger
Titelillustration: © FinePic/shutterstock
Umschlaggestaltung: ZERO Werbeagentur, München
Copyright Figur Umschlag: © fotomerk/fotolia
Satz: hanseatenSatz-bremen, Bremen
Gesetzt aus der Sabon LT Std
Druck und Verarbeitung: CPI books GmbH, Leck – Germany
ISBN 978-3-404-61008-2

5   4   3   2   1

Sie finden uns im Internet unter
www.luebbe.de
Bitte beachten Sie auch: www.lesejury.de

Rat zu geben ist das dümmste Handwerk, das einer treiben kann. Rate sich jeder selbst und tue, was er nicht lassen kann.

Johann Wolfgang von Goethe

INHALT

MEIN RAT: NIMM KEINEN AN!

Liebe Gemeinde, es sind schlimme Zeiten angebrochen. Kriege, Hungersnöte und die Quotenerfolge von RTL2 sind nicht mehr Tagesthema bei uns im Viertel. Wir haben jetzt nämlich eine WG im Haus. Kennen Sie sicher. WG! Nein, nicht Wandergewerbe. Auch keine wissenschaftliche Gesellschaft. Eine sogenannte Wohngemeinschaft! Eine selbst initiierte Kindertagesstätte für Sitzpinkler und Mietnomaden. So 'ne Hipster-Drückerkolonne mit Pfandflaschenimperium. Hormonell gemischt und alle umtriebig wie der Bob. Leider der Marley, nicht der Baumeister. Ja, klingt problematisch, und genau so empfinde ich es auch. Seit vier Monaten wird nämlich durch diese WG allen anderen im Haus fast täglich ein guter Rat in Zettelform an die Pinnwand unten im Hausflur getackert.

Auch unser neuer polnische Hausmeister Viktor steht dem ganzen WG-Treiben ratlos gegenüber. Das Schlimmste aber ist, dass die Batik-Bande aus dem Klangschalen-Kombinat auch noch halbwegs nett ist und einem eigentlich gar nichts tut. Bis auf diese permanenten tapezierten Ratschläge, was Gesundheit, Glück, Zufriedenheit und Geld angeht. Ne, sorry, Geld muss ich weglassen, aber zum Thema Ernährung, Sport, Medizin, Familie, Beruf und Wohnen wissen die einfach alles. Behaupten die zumindest. Und sie wollen es mir und ihren Mitmenschen kundtun, egal ob wir das gerade wollen oder nicht. Und damit wären wir auch schon beim Thema dieses Buches.

Hausmeister Viktor und ich haben uns zwar darauf geeinigt, die guten WG-Ratschläge von Wendela, der Yoga-Schnake, Gernot, dem Mädchen mit Vollbart und Dutt, und

Ann-Kathrin, der selbst ernannten Glücksfee für alle Lebenslagen, unmittelbar von der Pinnwand wieder abzureißen, aber meist sind die drei im Wiederantackern schneller. Und so gibt's jeden Morgen einen neuen Ratschlag. Gut gemeint, aber ungewollt.

Geht es Ihnen nicht ähnlich? Wo man geht und steht, erhält man wohlwollende Ratschläge von Fremden. Aber auch Personen aus dem engeren Umfeld, zum Beispiel Freunde, Familie oder der Hausarzt, wissen immer, was für einen gut ist und was nicht.

Schon mein Oppa sagte mir in Kindertagen im Hinblick auf den Lederball neben der kaputten Vase gern: »Hömma, ich geb dir getz man 'n guten Rat, mein Freund …« Und wenn er das sagte, wusste ich: Twilfer – LAUFEN!

Oder wenn ich im China-Restaurant sitze, den Pflaumenschnaps zur Verdauung im Anschlag. Was kommt da? Glückskeks! Ratschlag: »Deine Frühlingsrollen brauchen keine neuen Freunde aus diesem Restaurant!«

Na, super. Ratschläge zum Thema Midlife-Krise sind das Schlimmste, was man einem Mann um die vierzig mit Bauchansatz, ausgeprägtem Bewegungsmangel und Helikopterlandeplatz im Scheitelbereich antun kann.

Nun muss man aber auch dazu sagen, dass ich immer noch hauptberuflich Autor bin, also Spieler in einem Verein von vielen, die jährlich Millionen von Ratgeberbüchern produzieren und von diesen auch erstaunlich viele loswerden. Menschen scheinen Ratgeber also zu lieben und versuchen, sich nach ihnen zu richten beziehungsweise ihr Leben durch sie zu ordnen und ihren Alltag sowie ihre Lebensumstände mithilfe von Ratgebern zu verbessern. Ja, sie bezahlen sogar dafür, sich guten oder gut gemeinten Rat einzuholen.

Ich frage mich oft, ob die Menschen wirklich Rat wollen oder ob nur das ihnen eingepflanzte schlechte Gewissen sie treibt, diese Bücher zu kaufen? Sei es, weil man sich scheinbar falsch ernährt, nicht weiß, was überlebenswichtige Trendsportarten wie Aqua-Bouncing oder Piloxing sind, oder sich inspirieren lassen möchte, wie man sein Leben simplyfied statt verkomplicated. Das sind gedruckte Ratschläge von fremden Menschen, die uns sagen, wie wir morgen zum Millionär werden können, und die gleichzeitig die Hand für die Taschenbuchumsätze aufhalten. Diese bösen gut meinenden Autoren.

Okay, zugegeben, irgendwie ist dieses Buch ja auch ein Ratgeber, kostet auch Geld und möchte Ihnen den Rat vermitteln, nicht jeden Rat anzunehmen. Schon paradox, oder? Aber dieses Frühwerk soll Ihnen vor allem verdeutlichen, dass man sich fast jeden Ratschlag, den man sich mühselig im Internet, in Büchern oder von den schlauen Gurus besorgt, auch selbst geben kann, vollkommen kostenlos. Mal einfach wieder auf sich selbst und seine Intuition hören, könnte also eine Devise sein. Ganz ohne Fernsteuerung oder fremde Worte.

Man muss also nicht zwangsläufig auf die Ratschläge anderer hören. Jemandem einen Rat geben hat schließlich was mit Raten zu tun. Und Raten meist nichts mit genauem Wissen. Dieses Buch ist also ein spaßiges Plädoyer für das Andersdenken, für das Zum-Ziel-Kommen ohne Ratgeber und ohne latente Zwänge, die man sich damit selbst auferlegt, um an ihnen in vielen Fällen zu scheitern. Eine literarische Hilfestellung mit einem dicken Augenzwinkern, die Sie vielleicht nicht immer zum gewünschten Erfolg bringt, aber am Ende zu größtmöglicher innerer Zufriedenheit führen kann.

Würde ich im Umfeld unseres Hauses eine Umfrage starten, wer oder was für meine Nachbarn der oder die besten Alleswisser in ihrem Leben sind, so würde ich wohl eine wilde

Mischung an Ratgebern aus Fleisch, Blut und Papier genannt bekommen, die in Sachen Priorität ganz weit oben stehen. Jeder Mensch holt sich nämlich seinen guten Rat aus anderen Quellen und auf verschiedene Art und Weise.

Frau Petzold zum Beispiel, die Dame aus dem Nachbarhaus, die im Advent immer dieses grün leuchtende Kreuz von ihrer Wallfahrt nach Lourdes zwischen ihre Häkelgardinen stellt, würde wohl die Bibel als ihren wichtigsten Ratgeber nennen. Warum auch nicht? In der Bibel stehen ja viele nützliche Ratschläge drin. »Du sollst nicht töten« zum Beispiel. Ist doch eine gute Idee, die man einfach mal ab morgen problemlos umsetzen könnte. Guter Vorsatz: Ab morgen höre ich mit dem Erdrosseln und Erstechen konsequent auf. Einfach so, ein guter Ratschlag aus der Bibel. Die meinen es gut und gehen mit der Zeit. Würde Moses heute leben, könnte er das Meer sogar bei Facebook teilen. Die in der Bibel haben also eine Menge drauf und wissen, wovon sie reden.

Viktors wichtigster Ratgeber (in Sachen Mittagessen) ist hingegen der Bofrost-Katalog, und der bedeutendste menschliche Ratgeber im Leben meiner Frau ist dieser bescheuert geföhnte Moderator aus dem amerikanischen Verkaufsfernsehen, der sonntags immer total lippenunsynchron diese Möhrenschnitzmaschine anpreist, damit das Mittagessen auch was fürs Auge wird. Möhren sind nun mal gut für die Augen. Auch dieser gesundheitliche Rat kam ursprünglich von meinem Oppa. Seitdem bekomme ich von meiner Frau jeden Sonntagmittag Möhren in Bleistiftform, Möhrchen mit Öhrchen und Karotten im Look einer alten antiken Säule vorgesetzt. Und sonst nix! Nur weil ein windiger Geschäftsmann seine Umsatzziele hinter dem Rat für gesunde Ernährung versteckt.

Ich glaube ja ohnehin, dass Frauen sich leichter beratschlagen lassen und offener für die Rat gebende Meinung anderer sind als Männer. Nicht, weil sie mehr Problemfelder von Schlafstörungen bis hin zu den Wechseljahren beackern müssen oder diese größer sind als bei Männern. Nein, wir Männer sitzen mit im Boot, aber Frauen hören tatsächlich seltener auf ihr inneres Gefühl und suchen deswegen häufiger guten Rat als Männer. Daher lesen Frauen auch Bedienungsanleitungen, Männer dagegen grundsätzlich nicht. Ich werde dieser gewagten geschlechtsspezifischen These in diesem Buch auf den Grund gehen. Immerhin war ich für meine Recherchen auch unter ihnen, also unter den Frauen. Ja, ich war live dabei. Und nicht nur bei den Frauen, ich habe mich auch unter die Rat suchenden Männer gemischt. Schließlich gibt es in meinem Leben als unsportlicher Autor, zwangsbioernährter Ehemann und Schalke-04-Geplagter Situationen, in denen auch ich mal warme Worte und einen guten Ratschlag gebrauchen kann.

Und um mir am Ende des Buches nicht nachsagen lassen zu müssen, dass ich all die fremden Ratschläge, die ich grundlos in den Wind schreibe, nie real gehört oder erlebt habe, habe ich mich einfach mal auf die Reise in die Welt der Rat gebenden Klugscheißer gemacht, um Ihnen, den Leserinnen und Lesern, detailliert Bericht zu erstatten. Ich bin eingetaucht in den Kosmos all derjenigen, die uns pausenlos erklären, warum nur sie die einzig wahre Formel für unser Leid haben. Sie werden von sauteuren Hypnosetherapien gegen das Kettenrauchen erfahren, von Viagra-E-Mails aus dem indonesischen Bambusbusch, der Heimat langer Latten also, sowie von meiner Bank, die ein lukratives Anlageinvestment für meine Kronkorkensammlung zu bieten hatte. Außerdem versuche ich meine Sprudelwassersucht in den Griff zu bekommen und lasse mich hinsichtlich der Frage beraten, ob ich als zweiundvierzigjähriger Mann theoretisch noch schwanger werden kann.

Es liegt nun an Ihnen, meine Erlebnisse aus der Welt der Ratgeber als Ratschlag für Ihr eigenes Leben zu nutzen oder dieses Buch als Anti-Ratgeber zu verstehen, der Ihnen zeigen soll, dass jeder seinen eigenen Weg der Glückseligkeit finden kann, ohne sich beraten lassen zu müssen. Ob nun in Sachen Anti-Aging, Trennkostdiät oder Geldanlage.

Und, obwohl dieses Buch mindestens vierzig Ratgeber ersetzt, wird es die ultimative Twilfer-Formel in diesem Buch leider nicht geben. Jeder muss sein Kreuz aus Lourdes leider allein schleppen, und kein noch so guter Ratschlag dieser Welt kann kompatibel für eine größere Gruppe Menschen sein. Dafür sind wir dann doch alle viel zu verschieden. Aber nachdem (NACHDEM!) Sie dieses Buch gelesen haben, können Sie gern jeden Tag eine Seite mit einem Ratschlag herausreißen und sich an Ihre Pinnwand im Hausflur hängen. Vielleicht hilft es ja.

So wie in unserem Hausflur, wo ich mich am letzten Dienstag über das angelehnte alte Hollandrad von WG-Wendela übelst auf die Klappe gelegt habe. Der Rat gebende Spruch des Tages an der Pinnwand lautete:

Auch aus Steinen, die einem im Weg liegen, kann man etwas Wunderbares bauen. Fang direkt damit an!

Ich hab den verbogenen Drahtesel dann vor der Tür geparkt, direkt neben der alten Couch und dem kaputten Billy von nebenan. Mittwoch früh war alles von den orangen Helferlein abgeholt worden. Vielleicht hat Wendela ja Glück und bekommt ihr Zweirad irgendwann mal zurück.

Denn Sie wissen ja: Kommt Zeit, kommt Rad.

ICH BIN IN DER MASSEPHASE

Wie mich Fitness zu einem anderen
Menschen machte

Ich weiß nicht, wie es Ihnen geht, aber ich bin ab und zu mal beim Arzt. Meistens dann, wenn in meiner Zeitschriftensammlung Lücken entstanden sind. Das *Brigitte*-Cellulite-Sonderheft von 1997, eine *Sportbild* aus dem Jahr 2004. Irgendwas findet man im Wartezimmer ja immer. Der positive Nebeneffekt eines Arztbesuches ist der, dass ich mich dann mal wieder von oben bis unten durchchecken lassen kann. Man wird ja schließlich nicht jünger. Das läuft bei meinem Hausarzt meist so ab: Ich komme nach drei Stunden Wartezeit ins Sprechzimmer. Der Arzt schaut mich über die Kante seiner Goldrandbrille zwei Sekunden lang an und sagt: »Herr Twilfer, Sie müssen mehr Sport machen.«

Dann gehe ich wieder raus, fahre nach Hause, und meine Frau empfängt mich: »Na, was hat der Arzt gesagt?«

Ich ziehe dann gegenüber meiner Gattin den Bauch ein und antworte: »Schatz, du, alles bestens. Kein Bein gebrochen, kein Fußpilz, und auch das Jucken der Nase ist sehr wahrscheinlich nur ein Mückenstich.«

Meine Frau verschwindet dann zufrieden ins Wohnzimmer, und ich atme aus und ringe nach Luft. So auch diesmal.

Ich schaute an mir herunter. Eigentlich biste doch mit deinem Körperbau ganz zufrieden, dachte ich mir. Im Prinzip Modelmaße. Ein Model hoch und drei Models breit. Alles bestens also.

Das schlechte Gewissen war aber ab diesem Moment implantiert. Zum einen gegenüber meiner Frau, der ich einen vom Pferd erzählen musste, und zum anderen gegenüber mir selbst. Und das nagt an einem. Ein schlechtes Gewissen kann einem nämlich gehörig den Alltag versauen, solange man es in sich trägt. Und Ärzte können das besonders gut, das mit dem Schlechtes-Gewissen-Machen. Mediziner raten einem immer zum Sport. Egal, ob man ein Ironman-T-Shirt trägt, Usain Bolt heißt oder fünffacher Weltmeister im Handtaschenweitwurf ist. Ärzte können von ihren Sportdiagnosen nie genug bekommen. Wenn die Götter in Weiß nicht mehr weiterwissen oder kurz vor Feierabend stehen: Sportdiagnose. Ein Herzchirurg, der gerade am offenen Herzen operiert und keine Ahnung hat, wie es weitergeht: »Schwesternschülerin, nähen Sie wieder zu. Der Patient braucht mehr Sport.«

So lag es also wieder mal an mir, dieses schlechte Gewissen aus dem Körperinneren loszuwerden, das Körperäußere in Angriff und sich den Ratschlag des Arztes zum untrainierten Herzen zu nehmen. Zumindest für den kurzen Zeitraum, bis der innere Schweinehund, der keinen Bock auf kalte, gekachelte Hallenbäder und nach Fußschweiß duftende Turnhallen hat, wieder Oberhand gewinnt.

Sport und Fitness sind übrigens auch gar nicht so gesund, wie alle immer glauben. Das habe ich neulich im Wartezimmer meines Doktors in der *MensDeath* von 2003 gelesen. Oder wie erklären Sie sich, dass der Erfinder des Joggings beim Joggen gestorben ist? Wahrscheinlich ist es passiert, nachdem ihm ein untrainierter, armseliger Buchautor mal ein Bein gestellt hat. Ameisen im Stadtgarten plattjoggen war jedenfalls bis dato nicht meine Welt. Trotzdem musste ich aktiver werden, um meinen eklatant vorhandenen Sportmangel in den Griff zu bekommen.

Laufband im Keller und dabei Aktienkurse auf n-tv gucken? Auch nicht so mein Ding. Schließlich verbrennt man schon beim intensiven Umarmen der eigenen Ehefrau bis zu fünfzig Kalorien, je nachdem, wie sehr man sich dabei anstrengen muss. Bei manchen Frauen kommt man ja mit beiden

Armen gar nicht rum. Beim Öffnen des BHs mit dem Mund sind es übrigens schon über achtzig Kalorien. Das wäre dann schon Hochleistungssport, der mehr in meine Welt passt.

Ich ging grübelnd mit einem Mettwürstchen aus dem Kühlschrank ins Wohnzimmer. Meine Frau schaute gerade *The Biggest Loser* an. Also, im Fernsehen.

Ich setzte mich neben sie, und mein Blick fiel auf diese billig gemachte Fernsehzeitung, die immer kostenfrei der Tagespresse beiliegt. Die Journaille besteht zu neunundneunzig Prozent aus Werbung. Und so schoss mir eine Anzeige für ein neues Fitnessstudio ins Auge, das auch bei uns in Gelsenkirchen eine Filiale betrieb und, so wie alle Fitnessstudioketten derzeit, die meiste Sportlichkeit im Preiskampf demonstrierte.

Monatspauschale: 4,95 Euro. Mit Saunanutzung, Freigetränk und kostenfreiem Probemonat sowie Einweisung durch einen Personaltrainer. Mmh, dachte ich mir. Sauna, Bierchen und mit Glück eine Judith Rakers als Fitnesscoach. Einen Monat für lau? Das sollte für einen Waschbeckenbauch genügen. Fürs schlechte Gewissen reichte es allemal.

Kurzum: Ich stand keine zwei Tage später im BIG GYM an der Empfangstheke und ließ mir von einem durchtrainierten Zwei-Meter-Ratgeber-Ungetüm namens Frieder die Spielregeln im Drill Camp erklären. Sein anderer Bizeps maß übrigens auch knapp zwei Meter.

Frieder legte mit einem kleinen Frage-und-Antwort-Spiel los. Aus versicherungstechnischen Gründen nehme ich mal an.

»Ist bei Ihnen irgendwas bedenklich?«, fragte er mich mit runzelnder Stirn.

Ich musste kurz überlegen.

»Ja, ich frage mich seit zwei Wochen, ob ich meinen Wagen mal wieder waschen lassen sollte.«

»Ne, ich meine gesundheitlich. Also, Rückenschäden, Plattfüße, Herzbeschwerden?«

Ich musste noch mal tief in mich gehen.

»Ja, im Prinzip genau in dieser Reihenfolge unmittelbar nach dem Aufstehen. Das Hauptproblem ist allerdings die Bequemlichkeit. Die ist Ursache für den ganzen Mist.«

Frieder notierte fleißig.

»Ja, dann müssen Sie definitiv mehr Sport machen.«

Da waren sie also wieder. Die berühmten Worte mit MÜSSEN und SPORT. Ich muss erst mal gar nichts, dachte ich mir im Hinblick auf den Titanen, der hier im Studio wahrscheinlich nicht nur arbeitete, sondern auch schläft und sterben wird. Ich hatte mal in einem Blog gelesen, dass Extremsportler durchaus früher sterben können als bewegungsresistente Zeitgenossen wie ich. Liegt am hohen Flüssigkeits- und Mineralbedarf eines Extremsportlers, den viele eben nicht ausreichend decken, was auf lange Sicht die Lebenszeit stärker beeinflussen kann als das Übergewicht eines Fettleibigen. Na ja, mein Flüssigkeitsbedarf war am Morgen ebenso ausgiebig mit Kaffee gedeckt worden wie mein Redebedarf in diesem Moment. Aber Frieder ließ nicht locker. Nun kam nach dem Versicherungsteil der Teil mit der Umsatzsteigerung.

»Sie haben übrigens auch die Möglichkeit, bei uns Kurse zu absolvieren. Eine Probestunde heute wäre kostenlos. Interesse?«

Ich bekam große Augen.

»Kurse? Was 'n für Kurse? Veganes Zöpfeknoten?«

Frieder kramte nun wie von Anna Bolika gestochen einige Flyer unter dem Tresen hervor.

»Wir bieten verschiedene Sachen an. Wir haben einige Running-Gruppen, es gibt spezielles Zirkeltraining, Deepworking, Aqua-Bouncing und ganz neu: Piloxing. Na, Blut geleckt?«

Ich war mir sicher, dass jemand anderes gleich Blut lecken würde, und zwar Frieder sein eigenes, wenn er mir nicht endlich Judith Rakers vorstellen und mir mein Freibier kredenzen würde.

»Also, lieber Frieder. Ich mach's mal kurz. Ich bin hier, um meine Plauze wegzubekommen. Und zwar rápido, also am besten bis Ende der Woche. Zirkeltraining hatte ich bereits in der neunten Klasse in Geometrie, und Deepwork, also Tiefbau, erst gestern, als ich meinem Kumpel Stefan geholfen habe, den Sandkasten für seinen unehelichen Kurzen auszuheben.«

Um Frieder nicht vollkommen ins Leere laufen zu lassen, entschied ich mich dann, zum Ende des Tages mal an so einem Piloxing-Kurs teilzunehmen. Natürlich nur an der kostenfreien Probestunde. Wie man mir sagte, sei das eine Mischung aus Pilates und Boxen. Ich hatte mir Klitschko vorgestellt, doch es drohte Klatsch-K.-o. Aber dazu später mehr.

Nun war erst einmal Umziehen angesagt, damit man mir danach endlich meine bildhübsche Personal Trainerin vorstellen konnte. Zumindest hoffte ich auf eine. Bieder Frieder war ja zum Glück nur für den Empfang zuständig. Und wenn schon nicht Judith Rakers hier neben der *Tagesschau* Dienst schob, dann doch wenigstens eine junge Dame, die Verständnis für meine Problemzone mit dem Feinkostgewölbe aufbringen würde. Eine, die eben nicht immer vom Müssen spricht und tausend gute Ratschläge verteilt, noch bevor ich meinen Schweinehund in den Griff bekommen habe.

Ich kam in die Herrenumkleide. Ich gehe meistens in die Herrenumkleide, damit nicht allzu viele Damen kreischen, wenn sie meine geföhnte Rückenbehaarung erblicken und mich mit Charlie aus dem ZDF verwechseln. In der Herrenumkleide habe ich da schon wesentlich mehr Leidensgenossen.

Nein, Spaß beiseite. Ich wollte die Damen mit meinem feinen, wohlgeformten und geschmeidigen Körperbau erst im Fitnessraum und nicht schon in der Umkleide beeindrucken.

Kaum hatte ich meine weißen Adidas-Sportshorts aus dem Zeltlagerurlaub 1989 mit der Kneifzange angezogen und mein altes schwarzes, inzwischen hellgraues Guns-N'-Roses-T-Shirt übergeworfen, da flog auch schon die Tür auf. Es erschienen mindestens sechs gestählte Brocken von Kerl, die unmöglich alle was mit Fitnesstrainer am Hut haben konnten. Einer kam sogar im Blaumann, einer mit Flex und zwei mit Gipsbauplatten in der Hand, die sie mir direkt vor die Sporttasche stellten.

»Lass dich nich stören, Kollege. Wir müssen nur zwischenlagern. Drüben wird gerade alles runtergerissen.«

Runtergerissen?

Die Tür ging erneut einen Spalt weit auf, und ein kompaktes kleines Sixpack ohne Flaschenöffner in der Hose guckte mich an. Zopffrisur, braun gebrannt und von oben bis unten eingeölt, wie 'ne Zwölfer-Muffe nach der Flutschi-Kur.

»Tach, ich bin Ansgar, die Lösung für all deine Fitnessprobleme.«

Super, dachte ich mir. Die Kette warb zwar mit dem Slogan *Wir sind die Antwort auf unsportlich*, aber, wenn ich mir den Kompaktkleinwagen Ansgar so anschaute, war fraglich, ob ich wollte, dass dieser Typ die Antwort auf all meine Probleme sein könnte. Ich behielt erst einmal die Ruhe.

Wir gingen in den großen Hauptraum des Fitnessstudios. Es gab auch noch zahlreiche kleinere versteckte Folterkeller, in denen sich bunte große Bälle, Fahrräder ohne Bodenkontakt und andere Folterinstrumente befanden. Aber wir begannen im Hauptraum, vor den Augen aller, um den Parcours der Qualen der Reihe nach in Angriff zu nehmen. Zwei Bauarbeiter schoben quietschend ein Gerüst an uns vorbei. Ansgar fragte mich zum Glück gar nicht, welche Muskelbereiche oder Körperzonen speziell trainiert werden sollten. Das wäre nämlich so gewesen, als wenn Sie bei einem alten DDR-Plattenbau 1990 gefragt hätten, welche Etage denn am sanierungsbedürftigsten sei. Das volle Programm also, und alles ohne Mettwürstchen zwischendurch.

Ansgar begann mit einem Gerät, das ein wenig an einen Flitzebogen ohne gespanntes Seil erinnerte. Also im Prinzip eine lange flexible Stange, die vibrieren kann und die man in der Hand wippen lassen musste, um dadurch das Wohlbefinden zu erhöhen. Halt! Stopp! Es lesen hier ja auch Kinder. Ganz unglückliche Formulierung, zumal ja nicht mal Batterien mit im Spiel waren. Nein, es war halt so eine lange Lanze, die man in Schwingungen versetzen muss, damit man Kalorien verliert. Danach ist man dann befriedigt und glücklich. So, diese Formulierung war besser. Ein Sportgerät mit Vibrationshintergrund quasi.

Ich stand nun also ganz entspannt mit Ansgar im Rücken und vibrierte mit meiner Stange in der Hand so lange, bis sich die Bauarbeiter beim Einreißen der Decke fast gestört fühlten. Wie mir nämlich erst jetzt bewusst wurde, waren die ganzen braun gebrannten Muskelberge hier im Hauptraum keine Bodybuilder oder guten Freunde von Hulk, sondern professionelle Trockenbauer, die unmittelbar neben uns die Rigipsdecke neu verkleideten. Ansgar meldete sich kurz zu Wort.

»Kai, musste schon mal entschuldigen, aber die Decke war mehr als fällig. Nun könn wa für 'n Umbau ja nicht extra schließen, weil wir ja ein 24/7-Studio sind.«

Ein Bauarbeiter mit Schwingschleifer in der dicken Hand vibrierte mit mir um die Wette und musterte mich argwöhnisch von oben bis unten. 24/7-Studio mit Bauarbeitern? Klang so ein bisschen wie ein 08/15-Swingerclub mit den Vil-

lage People. Immerhin erklärte sich nun die geringe Monatspauschale von 4,95 Euro. Wo war eigentlich die Dame mit
dem Getränkewagen, die mir doch ebenfalls indirekt in meiner Fernsehzeitung versprochen worden war? Ich hatte Heimweh nach meinen Mettwürstchen, meiner Couch und dachte
an Judith Rakers, dieses wohlgeformte Wesen. Ob die auch
mit vibrierenden Stangen trainiert?

Langsam wurde mir klar, dass die Welt der Fitnessstudios
doch etwas anders aussieht, als ich dachte. Bisher sind mir
Fitnessstudios immer nur dann aufgefallen, wenn sie die einzigen Gebäude waren, die nach der Rückkehr aus einer Bar
nachts um vier noch beleuchtet waren. Bodentiefe Fenster gaben dann den Blick auf Fitnesswahnsinnige frei, die mitten in
der Nacht auf Laufbändern um die Wette rannten.

Es gibt meiner Erkenntnis nach drei Arten Fitnessstudio-
besucher: Die erste Art, und dazu gehört die überwältigende
Mehrheit, schließt ein Fünfjahresabo ab, fühlt sich danach
super, aber geht nicht ein einziges Mal ins Studio. Ganz ohne
zu lügen kann diese Spezies auf der nächsten Gartenparty
aber mit Stolz erwähnen, nun bei einer Fitnesskette unter
Vertrag zu stehen. Die zweite Sorte sind die eben erwähnten
Nachtrenner und Tagstretcher, die keine Minute auslassen,
um ihren Körper noch selniger zu trimmen. Der Vorteil daran: Dieser Personenkreis ist in einem Studio unter sich und
verstärkt mein schlechtes Gewissen nicht auch noch in Fuß-
gängerzonen oder sonst wo. Die dritte Sorte Fitnessstudiobe-
sucher schließlich geht schon etwas mehr in meine Richtung.
Zu ihr gehören all jene, die es zumindest geschafft haben,
sich nach dem Abschluss einer Mitgliedschaft in das Studio
zu begeben. Und zwar dann, wenn die Sonne scheint, also
tagsüber. Und während die einzigen Jungs, die um mich herum momentan ernsthaft ihre Muskeln beanspruchten, die

Gipsplatten stemmenden Trockenbauer waren, so saß Sorte drei auf Barhockern an der Vitaminbar und trank Gurkensmoothies im Wert eines Kleinwagens. Gelangweilt blickten sie auf die zwei Fernseher hinter der Theke, in denen gerade Möhrenschnitzmaschinen beworben wurden beziehungsweise Aktienkurse durchliefen.

Das versprochene Freigetränk, das ich nun endlich bekommen hatte, ein 0,2-Liter-Glas Mineralwasser aus dem Galonenspender, war schnell erledigt. Ich blieb aber weiter tapfer, da ich an den Rat meines Arztes denken musste und immer noch der Meinung war, dass ich morgen wie Ralf Möller nach der Kneipp-Kur aussehen würde.

Aber so einfach war die Sache nicht. Das Laufband hatte ich nach fünfzehn Sekunden und achtunddreißig Metern wegen Kreislaufproblemen abgebrochen. Kein Wunder. Wie soll man auf einem geraden Laufband auch keine »Kreislauf«-Probleme bekommen. Die Akkubohrer über mir begannen ein zartes Spax-Schrauben-Orchester, als ich mit Ansgar beim Epizentrum der Trockenbauer ankam, direkt neben der Butterflymaschine. Der Boden, die Geräte, die Pokale im Regal, alles war hier mit einer leichten weißen Staubdecke überzogen. Man hatte den Eindruck, das Medellinkartell habe Probierwochen.

Die Butterflymaschine ist so ein Fitnessgerät, das insbesondere die Brustmuskulatur beanspruchen soll. Der Begriff »Butter« im Namen war in Bezug auf meinen Cholesterinspiegel sicher nicht verkehrt. Ich schaute mal wieder an mir herunter. Brustmuskulatur? Welche Brust denn? Ich quälte mich auch durch diese Disziplin, während die Trockenbauer über mir gerade die Fugen der Platten mit Gips abzogen. Aus dem Baustellenradio erklang »Es lebe der Sport« von Rainhard Fendrich, und mir ging so langsam der Schweiß aus. Die

Achtzigerjahrenummer passte aber immerhin gut zu meinen Shorts, die an der Seite inzwischen leicht eingerissen waren. Wegen der gewachsenen Muskeln nahm ich an.

Da Ansgar vom Sportnerd Kai langsam ebenfalls die Schnauze voll hatte, fing er nun stolz an, mir ungefragt seinen aktuellen Fitnessstand zu erläutern.

»Ich bin ja derzeit in der Massephase. In zwei Wochen sind wieder Wettkämpfe.«

Aha, faszinierend. Ein Bodybuilder erklärt mir, dem minisalamiverseuchten Schreibtischtäter Kai, was von Masseanhäufung. Etwas kontraproduktiv, aber trotzdem nicht uninteressant. Er legte nach.

»Ich bin derzeit im Dauerturn. Vierundzwanzig Stunden täglich Training und manchmal auch noch die Nacht durch.«

Nachts auf dem Laufband. Ich hab's ja geahnt. Ich verdrehte die Augen und arbeitete weiter an der Butterfliege, um meine Oberweite auf Schmetterlingsgröße aufzupumpen.

Das war alles nicht meine Welt. So viel war mal klar. Ich wollte schleunigst zurück in mein gemütliches Universum, an einen Ort, an dem es unter Umständen sogar Spaß machen würde, seinen Körper zu trimmen. Nach dem anschließenden Pilates-Box-Kurs mit zwanzig durchtrainierten elfengleichen Ayurveda-Mamis und perfekt gestylten Smartphone-Teenies, wusste ich namlich: Man sollte Leute um sich haben, die ähnlich wie bei den Anonymen Alkoholikern die gleichen Probleme mit sich herumschleppen wie man selbst. Muskelaufbau unter Fitnesslosern quasi, das wäre ganz nach meinem Geschmack.

Ich weiß gar nicht mehr, wie ich es am Ende meines Probetages überhaupt geschafft habe, mich schadenfrei in mein Auto zu bugsieren und nach Hause zu fahren. Immerhin erinnerte ich optisch an einen Greis nach dem Ultra-Marathon.

Als ich zu Hause ins Wohnzimmer kam, lag meine Frau zusammen mit einer Tüte Popcorn auf dem Sofa und grinste mich hochinteressiert an. Woher denn die zahlreichen Hämatome an meinem Oberkörper kämen, wollte sie als Erstes wissen. Die wahre Geschichte war mir zu peinlich. Darum erzählte ich ihr schon wieder was vom Pferd und nannte als Begründung das Pilates-Boxen, obwohl da ja gar nicht richtig geboxt wurde. Zumindest nicht mit Ohrabbeißen, Ringrichter anspucken und Mundschutz rausschlagen.

Ich hatte gegenüber meiner Frau also wieder das schlechte Gewissen, das ich eben erst versucht hatte wegzutrainieren.

Woher die Hämatome am Oberkörper wirklich kamen? Nun, wissen Sie, was grau ist und im Gesicht richtig wehtun kann? Richtig, eine Gipskartonplatte, die an zu wenig Schrauben angebracht worden war und durch einen großen Gummiball, den ich an die Decke geschossen hatte, heruntergeflogen war. Na ja, zumindest hat mir die Begegnung mit der Gipskartonplatte klargemacht, dass man durchtrainierte Trockenbauer nicht beim Muskelaufbau stören und sich besser an den Ort zurückziehen sollte, wo Menschen trainieren, die altersbedingt noch mehr körperliche Abnormitäten aufweisen als man selbst. Dadurch sinkt die Frustrationsgrenze enorm, und man hat in einer lustigen Gruppe viel mehr Freude daran, seinen Körperbau in den Griff zu bekommen, als allein an irgendwelchen Foltermaschinen. Wie wäre es zum Beispiel mit einer Seniorengruppe? Hier wird das Thema Sport und Fitness nicht mehr so ganz eng gesehen wie bei karriereorientierten Körperoptimierern aus der Heidi-Klum-Lifestylewelt. Mit Fünfhundert-Gramm-Hanteln in den Händen auf einem Gummiball wippen, zur Musik von Andy Borg einen Limbo unter dem Türrahmen durchtanzen und anschließend zeigen, wie lange man einen Maßkrug Bier mit ausgestrecktem Arm von sich strecken kann: Rüstige Rentner wissen, wie man sich motiviert und seinen Körper voller Freude optimieren kann.

Außerdem schmeckt die Runde Eierlikör, die die Seniorinnen vom Aquafitness zum Schluss ihres Kurses immer ausgeben, viel besser als der Gurkensmoothie für 8,50 Euro. Prösterchen!

★ Der große Selbst-Test ★
Bin ich für ein Fitnessstudio geeignet?

Frage 1: Sie melden sich zum Sixpack-Kurs an und suchen an der Hantelbank den Flaschenöffner.

☐ ja ☐ nein

Frage 2: Sie buchen als guten Vorsatz eine Ein-Tages-Mitgliedschaft, inklusive drei Selfies.

☐ ja ☐ nein

Frage 3: Sie sind eine Frau und wundern sich, dass alle im Fitnessstudio größere Brüste als Sie selbst haben, aber nach dem Training in der Männerumkleide verschwinden.

☐ ja ☐ nein

Frage 4: Sie jammern über die Spritpreise, fahren mit dem Auto zum Fitnessstudio und strampeln sich dort auf dem Fahrrad ab.

☐ ja ☐ nein

Frage 5: Sie haben bereits zu Hause im Wohnzimmer eine Personal Couch.

☐ ja ☐ nein

Frage 6: Sie meiden Fitnessstudios, um nicht irgendwann so auszusehen, als könnten Sie beim Umzug helfen.

☐ ja ☐ nein

Frage 7: Nachdem Sie alle SMS mit »Bin im Fitnessstudio!« beantwortet haben, fragt Ihr ganzer Freundeskreis, ob Ihnen das Handy gestohlen worden sei.

☐ ja ☐ nein

Frage 8: Sie melden sich in einem Fitnessstudio an, weil Sie glauben, dass Ihnen Sport das Gefühl gibt, nackt besser auszusehen. Erst später merken Sie, dass Alkohol das auch schafft.

☐ ja ☐ nein

Frage 9: Sie sind eine Frau und möchten gern den Kurs Bauch, Oberschenkel, Po machen. Ihr Partner besteht aber auf Brüste, da Sie von den anderen schon genug haben.

☐ ja ☐ nein

Frage 10: Sie wollen mal Zumba spüren und fragen nach zehn Minuten, wann der durchtrainierte Stammesführer aus dem Kongo denn endlich erscheint.

☐ ja ☐ nein

Wie viele Fragen haben Sie mit Ja beantwortet?

0	Sie knacken Kokosnüsse mit den Pobacken.
1 bis 3	Sie sind gefährlich nah an der Sportsucht.
4 bis 5	Sie gehören zur gesundheitlichen Risikogruppe der Sportaffinen.
6 bis 7	Sie wehren sich erfolgreich gegen den Fitnesswahn.
8 bis 10	Sie müssen mit mir verwandt sein.

NICHTRAUCHER IN 30 700 TAGEN

Wie ich eine gesunde Einstellung zum Thema Zigaretten fand

Eines der größten Laster, dem sich die Deutschen seit Jahrhunderten hingeben, ist das Rauchen. Der gute alte Kolumbus, der 1492 Disneyland entdeckte, soll den Tabak damals zusammen mit der Kartoffel nach Europa eingeschleppt haben. Da die Erdäpfel aber nicht gut brannten und man sie als Knolle schwer zwischen die Lippen bekam, begann der Europäer mit der Produktion von Zigaretten. Ich fröne zugegebenermaßen vielen Lastern, das Rauchen war zum Glück bisher nicht dabei. Was aber nicht heißt, dass ich mit dem Rauchen nie in Kontakt kam.

Bei meinem Kumpel aus Schulzeiten, Mario, war das nämlich ganz anders als bei mir. Sein Leidensweg zum Extremraucher verlief klassisch. Wie die meisten Nikotinabhängigen ist Mario eher zufällig zum Raucher geworden, und natürlich möchte er, so wie viele, auch lieber heute als morgen mit den Zigaretten Schluss machen. Aber er schafft es einfach nicht. Zwar ist es ihm in seinem Leben einmal gelungen, einige Jahre gänzlich ohne Zigaretten, Alkohol und Coupé-Lesen auszukommen, aber dann kam irgendwann der Tag seiner Einschulung, und das ganze Elend nahm endgültig seinen Lauf: Raucherecke, Rote Hand auf Lunge und die Erkenntnis, dass Eisenmangel nicht durch Kettenrauchen in den Griff zu bekommen ist. Die Sucht führte so weit, dass Mario sogar mal in eine Apotheke ging, um dort Geld für den Zigarettenautomaten zu wechseln. Und als der Arzt ihm dann auch noch Bewegung verordnete, begann Mario hinter der Turnhalle heimlich mit dem Drehen, und zwar von Zigaretten. Ich innen Klimmzüge, er außen Glimmzüge.

Obwohl Mario also damals mein Schulkumpel war, standen wir in den Pausen selten zusammen herum, weil er immer irgendwo auf dem Schulgelände unterwegs war. Während ich mir beim Hausmeister am Kiosk Berliner Ballen zum Stillen meiner Zuckersucht reinpfiff, zog Mario sich auf der Jungentoilette morgens um 8.30 Uhr seine ersten selbst gedrehten Teerbalken durch den Schlot. Immerhin zwei Liter Rauch produziert ein Raucher beim Qualmen einer einzigen Zigarette. Unsere überschaubare Schultoilette maß zirka drei mal drei mal zwei Meter. Die achtzehn Kubikmeter waren also nach gut neuntausend Zigaretten zugedampft. Das war in einer großen Pause locker zu schaffen.

Als pubertierender Köttel geht es beim Rauchen auch noch nicht so sehr um den Genuss oder die Stressbewältigung, sondern darum, Aufmerksamkeit zu erregen. Der Coolnessfaktor war also seinerzeit entscheidender für einen Zwölfjährigen als der Geschmack. Und Sie glauben gar nicht, wie cool ich als Zwölfjähriger mit Resten von Berliner Erdbeermarmelade im Gesicht aussah, wenn die Lehrerin gerade das Sexualkundebuch aufschlug, um die weibliche Menstruation zu erläutern.

Vielleicht ist das auch der Grund, warum so viele Menschen nach dem Sex lieber eine rauchen, anstatt sich ein Marmeladenbrot zu schmieren.

»Hach, Schatz, das war super! Sollen wir uns zur Entspannung jetzt erst einmal einen leckeren Berliner anzünden?«

Klingt echt uncool. Wobei ich glaube, dass der Sex eigentlich erst dann richtig gut gewesen ist, wenn es die Nachbarn sind, die zur Entspannung anschließend zur Zigarette greifen. Die meisten meiner Freunde prahlen damit, angeblich nach jedem Sex eine zu rauchen, haben allerdings alle noch D-Mark-Preise auf ihrer halb vollen Zigarettenschachtel stehen. Ich schweife ab, zurück zu Mario.

Mein alter Schulkumpel, inzwischen auch schon über vierzig, trotz Zigaretten leicht übergewichtig und mit einer Hautstruktur wie ein Haufen Schotter im Hafenbecken von Ruhrort, wollte nämlich endlich mit dem Rauchen Schluss machen. Mal wieder. Hauptgrund: Gesundheit. Nebengrund: Kosten. Wahrer Grund: geringerer Wiederverkaufswert seines uralten Astras. Die ehemals schneeweißen Alcantara-Sitze qualmten mittlerweile vierundzwanzig Stunden am Stück. Mario glaubt sogar, neulich auf WDR4 im Autoradio gehört zu haben, wie Roy Black *Ganz in Gelb* gesungen hat.

Die meisten der zwanzig Millionen Raucher in Deutschland immerhin finden, aufhören sei kinderleicht. Viele haben es sogar schon Hunderte Male geschafft. Meistens vom 1. Januar an. Gute Vorsätze, Sie wissen schon. In der Regel hält das dann bis zum 2. Januar. Weil man sich selbst einredet, dass man ja nicht ganz aufhören muss und dass es reicht, ab sofort nur noch Gelegenheitsraucher zu sein, also nur dreißig Zigaretten pro Tag zu rauchen statt zweiunddreißig. Bei keinem anderen Laster ist der Hang zum Selbstbeschiss scheinbar größer als beim (gelegentlichen) Rauchen. Vielleicht sollte man sich also den psychischen Stress des Aufhörens gar nicht erst antun. Du sollst dich nicht selbst anlügen, steht ja schließlich auch so oder so ähnlich im dicken alten Ratgeber der Kirche.

Obwohl es also ziemlich schwierig ist, Menschen vom Rauchen abzubringen, war es mir ein großes Anliegen, meinen guten Kumpel Mario aus seiner Misere zu befreien und ihn in seinen Bestrebungen zu unterstützen, ein erfolgreicher Nichtraucher zu werden.

Ich hatte diesbezüglich in der Vergangenheit auch schon viel unternommen. Direkt nach der Schulzeit hatte ich ihn mit Bärbel, der Tankstellenkassiererin mit dem Katzenpfoten-Tattoo verkuppelt, von der ich wusste, dass sie bisher immer spätestens nach zwei Wochen mit ihren Opfern, den Männern, zusammengezogen war und ab diesem Zeitpunkt alles nach ihrer Pfeife getanzt hatte. Bärbel wäre als militante Nichtraucherin also genau die Richtige für Mario, dachte ich mir im Hinblick auf seine Zigarettensucht, der er auch gern mal in den eigenen vier Wänden erlag. Und siehe da: Bei Bärbel war Schluss mit lustig. Im gemeinsamen Wohnzimmer durfte Mario ab sofort nicht mehr rauchen. Begründung: die Gardinen. Im Schlafzimmer hat Mario noch bei keiner seiner renitenten Frauen rauchen dürfen. (Im Bett gab's nur Berliner Ballen.) Und nachdem Mario es dann noch zwei- bis dreimal heimlich auf der Toilette versucht, sich beim Abaschen aber empfindlich zwischen den Beinen verbrannt hatte, ließ er es endlich ganz sein. Also, das mit Bärbel, nicht das mit den Kippen. Es half also alles nichts, wir mussten als Team härtere Geschütze auffahren. Er, das Opfer seiner Sucht, und ich, das Opfer von Mario.

Ich hatte einige Wochen zuvor in einem Fernsehbericht bei SAT.1 Gold was über sogenannte Hypnosesitzungen gehört, die einem, ähnlich wie viele Ratgeber, das fragwürdige Versprechen gaben, *Nichtraucher nach einem Tag!* zu werden. Das hörte sich so ein bisschen wie das Motto meiner Omma an, die auch ihr Leben lang geraucht hatte. Ihr selbst auferlegter Ratgeberspruch hieß aber *Nichtraucher nach 30 700 Tagen!* Diese Zeitspanne entsprach in etwa ihrem erfüllten Leben mit vierundachtzig Jahren. Danke, Omma! Deine verqualmte Bude war trotz allem immer ein Hort der Gemütlichkeit. Renommierte Renaissance-Maler sind heute noch neidisch, wie viele Gelbtöne du auf zehn Quadratmeter Erfurter Raufaser quartzen konntest.

Übrigens: Das häufig gegebene Versprechen *Nichtraucher in einem Tag!* sollten Sie mit Skepsis betrachten. Das hieße nämlich, dass Sie innerhalb eines Tages Nichtraucher wären, und nach diesem Tag eben nicht mehr. Stichwort: Silvestervor-sätze. Klugscheißen Teil 1 hiermit beendet.

Auch bei Mario sollte die Entwöhnung selbstverständlich schnell gehen, dabei aber bitte länger anhalten. *Nichtraucher nach einem Tag!* klang also passender. Und ob Mario der Ni-kotindrang nun mit Hypnose oder mit Streckbankfolter auf dem Rathausplatz abspenstig gemacht werden würde, war mir bis zu diesem Punkt eigentlich egal. Mir war hauptsäch-lich wichtig, dass Mario es künftig schaffen würde, den Abend mit mir in der Kneipe auch mal wieder an der Theke zu ver-bringen und nicht wie inzwischen üblich vor der Tür in der Kälte bei den anderen Abhängigen.

Obwohl das ehrlich gesagt mittlerweile auch schon egal war, da wir irgendwann ohnehin dazu übergegangen waren, abends gar nicht erst in die Kneipe hineinzugehen, sondern uns mit zahlreichen anderen Qualmern ausschließlich vor der Kneipe zu treffen. Jutta, die Kindergärtnerin, die alle nur Dampfmaschine nannten, brachte einen Kasten Bier mit, und Eugen spielte vor der Tür auf seiner Hammondorgel versaute Gassenhauer aus dem Ruhrpott der Zwanzigerjahre. Auch der Kneipier stand gern qualmend dabei. Er hatte schon vor Mo-naten, nachdem der letzte Gast begann, nur noch draußen zu rauchen, die Kneipe dichtgemacht und sparte seitdem Miete und Nebenkosten. Ja, das Rauchen, eine sehr gesellige Ange-legenheit, die unglaublich viele gesundheitliche Nachteile mit sich bringt, aber doch auch so verflucht viel Gemütlichkeit er-zeugt.

Trotzdem war Mario nun fällig. Wir saßen bei ihm in der Herren-Dampfsauna, die andere Wohnzimmer nennen, und er wählte die Nummer des Veranstalterbüros, das an diversen Abenden in verschiedenen Stadthallen und Kongressräumen von Bahnhofshotels das große Anti-Rauchen-Hypnose-Event versprach. Für nur 298 Euro sei man dabei, hieß es auf einem Flyer, den Mario vor einigen Tagen im Briefkasten gefunden hatte. Und das Schöne war: Eine Begleitperson durfte für lau teilnehmen. Also, mal wieder ein »Krisse-zwei-für-eins«-Angebot. Diese Chance wollte ich mir, auch wenn ich gar nicht betroffen war, nicht entgehen lassen.

Das Telefon tutete. Mario steckte sich erst mal eine an. Ich saß neben ihm auf seiner Couch im Nebel des Grauens und starrte gedankenverloren auf die wichtigsten Requisiten, die auf dem Tisch keines Rauchers fehlen dürfen: Zigarettendrehmaschine, Blättchen, Blutdruckmessgerät, *Apothekenumschau* und der obligatorische volle Aschenbecher. Früher stand hier das klassische offene Modell mit vielen ausgedrückten Stummeln. Mario hatte aber in der K1-Reportage gehört, dass der permanente Anblick von ausgedrückten Zigarettenstummeln dazu führen kann, dass man weniger raucht. Daraufhin hatte sich Mario voller Panik einen Drehascher besorgt. Sie wissen schon, diese Dinger, auf die man eine Kippe legt und dann oben draufdrückt. Der Stummel verschwindet anschließend im Inneren des Aschers wie eine Pfandflasche im Automaten und ward nie wieder gesehen. Aus dem Mund auf die Lungen. Aus den Augen, aus dem Sinn.

Eine junge freundliche Dame meldete sich am anderen Ende der Leitung.

»Chakra Enterprises Event Cooperation Veranstaltungs GmbH und Co KG. Mein Name ist Franziska Möslein-Treiber.«

»Ja, äh hallo, hier ist Mario.«

Mario hustete sich erst einmal das Knäckebrot von der Lunge, bevor er weitermachen konnte. Es klang so, als wolle er Elche anlocken.

»Ich würde gern in einem Tag mit dem Rauchen aufhören.

Gibt's da nur bestimmte Wochentage oder geht das auch sofort? Montag kommt nämlich meine Mutter zu Besuch, und dann muss das Thema durch sein.«

Ich verdrehte die Augen und guckte Mario streng an. Fräulein Franziska meldete sich wieder.

»Äh, hallo Herr Mario. Nun, unser Hypnotiseur Gaucho bietet ja mehrere Gruppenevents auf seiner weltweiten Deutschlandtour an. Haben Sie denn Erfahrungen mit Hypnose? Man muss das schon wollen, sonst funktioniert Hypnose nämlich nicht.«

Mario dachte kurz nach.

»Ich hab als Kind mal vier Stunden lang nachts das Testbild geguckt. Der Kinderarzt sagte meiner Mutter damals, dass sich die Paralyse mit den kreisenden Pupillen wieder gibt. Hielt einen Tag lang. Ich hab also Erfahrung.«

Ich hatte eigentlich erwartet, dass uns Mario lediglich eine Karte für den Abend besorgt und nicht die Dame als Rat gebende Seelsorgerin missbraucht.

»Also, ich kann Ihnen gern zwei Karten für den kommenden Sonntag in der Stadthalle Hückelhoven reservieren. Kommen Sie aber bitte nüchtern.«

Nüchtern? Die Dame ordnete Marios Suchtproblem aufgrund seines wirren Redens wohl mehr im flüssigen Bereich ein.

Frau Möslein-Treiber tippte unsere Daten in die Tastatur ein.

»Paypal, Amex, cash by pay, pay by touch, touch by cash oder Sofortüberweisung?«

Ich kürze mal ab: Am darauffolgenden Sonntag standen wir zusammen mit knapp zweihundert Personen vor der Stadthalle in Hückelhoven und warteten auf den Einlass in das Gebäude. Die Leute schienen alle recht nervös zu sein, der aufsteigende Rauchteppich vor der Hauptpforte erinnerte ein wenig an die brennenden Ölfelder seinerzeit im Irak. Mario hingegen war tapfer geblieben und hatte seit unserer Ankunft an der Halle keine mehr geraucht. Immerhin schon fünf Minuten. Ich war so stolz.

Was würde so ein Hypnoseseminar wirklich bringen? Gibt es tatsächlich Menschen, die hier innerhalb eines Tages mithilfe eines Ratgebers im Strassanzug erfolgreich zum Nichtraucher geworden und vor allem geblieben sind? Gibt es nicht andere, vielleicht sinnvollere Wege, sich das Rauchen abzugewöhnen? Den Mund mit Bauschaum aussprühen zum Beispiel? Oder alle Feuerquellen, also Streichhölzer, Zippos und scharfe Bohnensuppe, aus dem Haus verbannen? Wir wussten es doch auch nicht. Also vertrauten wir erst einmal dem großen Ratgeber Gaucho, der den Abhängigen bereits vor der Halle, von seinen weltweiten Deutschlandplakaten herabblickend, versprach, dass sie durch Hypnose ab morgen Nichtraucher sein würden.

Endlich öffneten sich die Türen, und wir wurden hereingelassen. Im Eingangsbereich befand sich ein kleiner Kiosk, der erstaunlich viele Kaugummisorten anbot, und auch Nikotinpflaster waren erhältlich. Die hatte Mario übrigens vor langer Zeit auch mal ausprobiert, aber wieder abgesetzt, weil sie einfach nicht so gut schmeckten wie seine Zigaretten. Die Pflaster ließen sich zudem schlecht drehen und brannten nicht richtig. Nur Kippen, die gab es an diesem Kiosk nicht. Der Veranstalter hatte also vorgesorgt und startete pünktlich.

Eilig begaben wir uns auf unsere Plätze. Mario wippte neben mir nervös mit dem Bein, auch sein Schweiß auf der Stirn ließ vermuten, dass er bereits auf kaltem Entzug war. Die Bühne war mit einem großen Banner geschmückt, darauf eine Frau mit strahlend weißen Zähnen, die gerade eine Zigarette zerbrach. Nach einigen Minuten erklang eine Form von Entspannungsmusik, die ich sonst nur vom ayurvedischen Töpfe-Trommeln in der Volkshochschule kannte. Bis auf das kollektive Husten wurde es nun still im Saal.

Die Show begann. Nachdem alle mit Klatschen und Husten fertig waren, stellte sich Gaucho kurz vor und erklärte, dass seine Heilmethode die einzige weltweit sei, die in Deutschland Erfolg habe. Voraussetzung für den Erfolg sei aber, dass man wirklich den Wunsch verspüre, mit dem Rauchen aufzuhören. Ein alter Herr neben mir hielt sich sein Kehlkopfmikrofon an den Hals und summte uns röchelnd vor: »Ich will ja gar nicht aufhören. Aber 'ne Scheidung wär mir zu teuer.«

Super, dachte ich mir. Der Mann ist das lebende Schockfoto. Er würde Mario vermutlich schneller helfen, mit dem Rauchen aufzuhören, als Gaucho, der inzwischen die ersten Probanden auf die Bühne bat, um sie in die Kunst seiner Hypnosetherapie einzuführen.

»Meine Damen und Herren, es geht nun um die Macht Ihrer Vorstellungskraft. Stellen Sie sich vor, Sie liegen entspannt auf einer Liege am Strand und lauschen den Worten des Radiomoderators aus Ihrem kleinen Kofferradio.«

Der Herr neben Mario meldete sich mit seinem Lautsprecher erneut zu Wort.

»Ich genieße noch heute jede Zigarette. Als ich meinem Arzt vor vielen Jahren mal gesagt habe, dass ich gern hundert werden möchte und dafür auch auf Alkohol, Zigaretten und Weiber verzichten würde, da hat er mich gefragt, warum ich denn dann überhaupt hundert werden möchte. Seitdem lebe ich mit dem ganzen Scheiß viel entspannter.«

Mario schob sich zur Suchtbekämpfung ein Kaugummi zwischen die Kiemen. Der Mann erläuterte fröhlich weiter.

»Das Kehlkopfmikro hat zwar kein Bluetooth, aber ich

kann mich auch nicht beklagen. Okay, meine Gesundheit ist im Arsch, aber die schönsten Stunden hatte ich mit Piefe im Hals.«

Dass mit der Piefe im Hals war bei ihm wohl wörtlich zu nehmen. Mann, das sah nicht gut aus, schoss es mir durch den Kopf. Trotzdem machte der alte Herr auf mich einen sehr entspannten Eindruck. Entspannter als die meisten anderen hier.

Gaucho interviewte nun die vier Freiwilligen, die zu ihm auf die Bühne gekommen waren.

Gerd, ein zirka fünfundfünfzigjähriger Fugentechniker aus Unna, war der Erste, der von Gaucho versau…, äh verzaubert wurde. Und plötzlich waren sie alle wieder da. Die typischen Sätze, die man eigentlich in jedem Ratgeber schon auf der ersten Seite liest und bei jedem Event in den ersten drei Minuten hört.

»Entspannen Sie sich, und atmen Sie gleichmäßig weiter.«

Mario holte tief Luft und verschluckte sich erst einmal am Kaugummi. Der Husten war sofort wieder da.

Der alte Mann lachte laut und mechanisch über sein Kehlkopfmikro. Es klang ein wenig so, als sei Fips Asmussen mit dem Terminator auf Junggesellenabschied unterwegs.

Gaucho machte weiter: »Atmen Sie nun ein und danach aus.«

Mann, was für ein guter Hinweis. Da weiß man über vierzig Jahre lang nicht, dass man nicht zweimal einatmen und dreimal hintereinander ausatmen soll, sondern dass man das im Wechsel macht, und dann muss man erst mit dem Rauchen anfangen, damit uns Gaucho das erklärt. Toll! Und es funktionierte. Die ganze Halle war für 298 Euro nun so was von voll am Atmen. Ein toller Service, der sicher deutschlandweit Welterfolge erzielen würde.

Gaucho schnappte sich als Nächstes Delicia, eine neunzehnjährige Hausfrau, die angab, wegen »den Stress mit ihre drei Kinders« zur Dauerraucherin geworden zu sein. Sie sollte die Erste sein, die Gaucho mit Hypnose davon überzeugen wollte, dass es besser sei, morgen beim Frühstück die leere Curry-King-Schale nicht als Aschenbecher zu missbrauchen.

»Delicia, hören Sie mir nun genau zu. Und ganz wichtig: Atmen Sie ruhig weiter.«

Meinte er ruhig atmen im Sinne von: Atmen Sie gleichmäßig. Oder meinte er: Atmen Sie bloß weiter, damit Sie mir nicht live auf der Bühne umkippen? Egal, Delicia gehorchte ja und atmete wie befohlen einmal ein und einmal aus. Ein cleveres Mädchen.

Der Herr mit Kabelempfang neben uns nahm einen Schluck aus seinem Flachmann, den er kurz zuvor verstohlen aus der Jackentasche gezogen hatte.

Na, dachte ich mir, der hat aber noch einige Hypnoseabende in anderen Suchtfragen vor sich. Sonst wird die Scheidung tatsächlich teuer.

Gaucho beschäftigte sich währenddessen weiter mit Delicia. Er nahm sie sich von hinten. Nein, schöner formuliert, er stand hinter ihr und schnappte sich mit beiden Händen ihren Bauch. Wahrscheinlich, um zu überprüfen, ob Delicia noch atmete, so rot wie sie vor Scham schon angelaufen war.

»So, ich werde jetzt dafür sorgen, dass Sie Zugang zu inneren Möglichkeiten erhalten …«

Der Flachmann-Oppa erkannte auch seine inneren Möglichkeiten und verschwand zum Pinkeln, während Mario gebannt zur Bühne schaute und sich abtastete.

»Innere Möglichkeiten?«, fragte Mario mich etwas irritiert.

Ich überlegte kurz, ob ich dem alten Herrn folgen sollte, um mir ein Snickers gegen die plötzlich aufkeimende Zuckersucht zu holen. Aber ich konnte Mario mit seinen Atemübungen in diesem entscheidenden Moment nicht allein lassen. Außerdem war ich immer noch gespannt darauf zu erfahren, wie es ein Heilpraktiker schaffen würde, nur mit guten Worten ein suchtförderndes Gift wie Nikotin, das einige hier über Jahrzehnte eingesogen hatten, nun plötzlich aus dem Körper verschwinden zu lassen. So weit zumindest meine Skepsis als Laie. Gaucho sprach langsam, ruhig und gelassen weiter. Der Vorteil dieser verzögerten Kommunikation mit vielen Redepausen lag auf der Hand: Er bekam einen zweistündigen Abend mit sehr wenigen Worten über die Bühne. Also auch so wie beim Terminator.

Auch wenn ich skeptisch war, ich fand zu diesem Zeitpunkt immer noch, dass Gaucho eine faire Chance verdient hatte. Trotzdem ging ich ebenfalls kurz Wasser lassen. Überprüfen konnte man Gauchos Erfolgsquote ohnehin nicht, da das Versprechen ja lautete, *Nichtraucher nach einem Tag* zu werden. Und nach einem Tag werde ich von den zweihundert Teilnehmern, die man hätte fragen können, sehr wahrscheinlich nur einen bei mir heulend am Grill stehen haben, weil es nicht geklappt hat. Mario!

Ich kam nach einigen Minuten zu meinem Platz zurück. Der ältere Herr war auch wieder da und guckte sich gelangweilt von der Bühnenshow ein Pornovideo auf seinem Smartphone an. Sein Mikrofon baumelte neben ihm, eingestellt auf volle Lautstärke. Der stöhnende Porno-Klaus im Video klang wie C-3PO nach dem Jahres-TÜV. Ich schätzte den lebenslustigen Herrn neben mir auf mindestens fünfundachtzig Jahre. Na ja, dachte ich mir im Hinblick auf die beiden Sexakrobaten im Video, auch Sportinvaliden können ja am Bildschirm die olympischen Spiele genießen. Er roch von seiner Pinkelpause nach Rauch und genoss die Athletinnen in dem Video. Und was war mit Mario?

Um Gottes willen! Es wurde ernst. Ich hatte, abgelenkt durch Porno-Klaus, gar nicht mitbekommen, dass Mario inzwischen auch auf der Bühne war. Er hatte sich in einer kurzen Schlange eingereiht, um als einer der Nächsten von Gaucho, dem Nikotin-Guerilla, auf die gute Seite der Macht zurückgeholt zu werden. Gaucho hatte unterdessen Martha hypnotisiert, eine weitere Hausfrau, diesmal im mittleren Alter. Martha hing auf dem Stuhl auf der Bühne wie eine Muppetfigur, in der kein Arm steckte. Die Augen hatte sie geschlossen. Die Schwerkraft lockte Spucke aus ihrem Mund. Gaucho tänzelte wie ein Koch, dessen Kressesüppchen zu verkochen drohte, um sie herum.

»Sie müssen nun erst einmal den inneren Willen aufwecken. Trotzdem schlafen Sie tief und fest. Alles ist entspannt. Und vergessen Sie nicht zu atmen, hören Sie. Sie müssen nun ...«

Ich hörte immer nur: SIE MÜSSEN.

Warum führt der Weg zum Erfolg eigentlich immer über das Müssen? Alles ist im Leben an Bedingungen geknüpft. Eigentlich langweilig, oder? Besser wäre doch eine Herangehensweise in kleinen Etappen und ganz ohne Müssen.

Analyse: Wie heißt das Problem? Zigarette! Falsch! Noch mal gefragt: Wie heißt das Problem? Sucht! So, und die Sucht wurde durch die Zigarette ausgelöst. Aber nicht durch eine einzige. Nein, es ist die tägliche Armee aus Zigaretten, die das geschafft hat. Die Dosis macht ja bekanntlich das Gift. Das Ziel könnte also sein (nicht müssen): Vernichtung der Armee in kleinen Schritten. Aus Lucky wird dann Counter Strike. Man startet zum Beispiel damit, täglich eine Zigarette weniger zu rauchen. Klappt super, wenn man normalerweise alle zehn Minuten eine raucht und nun mal 'ne viertel Stunde eher schlafen geht. Am nächsten Tag geht man dann eine halbe Stunde früher ins Bett und so weiter. Rauchentwöhnung im Schlaf quasi. Wer den ganzen Tag über pennt, der bleibt kein Kettenraucher. Das versichere ich Ihnen. Oder machen Sie doch mal einen Tauchkurs. Auch hier werden Sie feststellen, dass man während der Ausübung dieses schönen Hobbys weniger raucht als früher beim Skatabend. Und für fortgeschrittene Kettenraucher, so wie Mario, empfehle ich: nicht die Zigaretten pro Tag, sondern noch etwas detaillierter die Glimmzüge zählen, die man pro Tag so macht, und jeden Tag nur einen einzigen mehr durch einen Klimmzug ersetzen. So wie früher in der Turnhalle unserer Schule. Das ist dann Rauchentwöhnung light und gleichzeitig Fitness für den Raucherarm. Von heute auf morgen alles auf null zu fahren, schafft ohnehin kein Mensch. Weder mit Hypnose noch mit Feuerzeugwegwerfen. Man soll es ja nicht glauben, aber es gibt tatsächlich Kettenraucher, die nur eine einzige Kippe am Tag qualmen. Das ist dann zwar eine recht dünngliedrige Kette, aber immer noch eine, die zusammenhängt. Es ist daher egal, ob Sie pro Tag sechzig Zigaretten oder nur eine einzige rauchen. Wenn Sie jeden Tag auch nur einen Zug weniger nehmen, dann müssten Sie rein mathematisch irgendwann bei null Zügen pro Tag angekommen sein. Vorausgesetzt, Sie sterben nicht vorher an Lungenkrebs. Sorry, auch das kann passieren. Und die Sucht? Ja, Herrgott, die bleibt einem natürlich erst einmal erhalten. Ich kann mich ja in diesem Buch nicht um alles kümmern. Die Sucht in Körper und Kopf hat nichts mit Mathematik zu tun, und die wird man so schnell nicht los.

Mein Oppa sagte diesbezüglich immer: »Hömma, an irgendwat müssen wa doch kaputtgehen.«

Recht hat er gehabt. Nur sollte dieser Zeitpunkt nicht allzu früh im Leben eintreffen. Aber solange man sich ein Leben lang Sorgen macht, zu früh abzunippeln, weil man sich ungesund ernährt oder gänzlich auf den Genuss im Leben verzichtet, solange läuft das Leben an einem vorbei. Manchmal schneller, als man möchte.

An mir lief nun Mario vorbei. Stinksauer und mit einem goldumrandeten Hypnosezertifikat aus dem C64-Nadeldrucker in der Hand.

»Wat 'ne Scheiße! Und dafür die ganze Kohle.«

Ich schaute Mario etwas konfus an.

»Was is 'n los? Hat er dich nicht hypnotisiert bekommen?«

»Doch! Ich war komplett in mir. Total geatmet und so. Ein. Aus. Innerer Frieden. Gleichgewicht hergestellt. Schwer gefühlt. Mindestens 'ne Tonne schwer. Und dann macht der mich wach und ...«

»Ja, was, und?«

»Na ja, ich dachte mir: Boah, jetzt 'ne Fluppe auf den Stress.«

Mario saß im Auto neben mir auf dem Beifahrersitz. Ich hatte ihm auf den Schrecken hin angeboten, ihn mit seinem Wagen nach Hause zu fahren. Ich glaubte sogar, bei Mario ein leichtes Zittern zu erkennen. Grund war aber nicht der Entzug, sondern die latente Angst davor, was gewesen wäre, wenn Gaucho es tatsächlich geschafft hätte, ihm das Rauchen abzugewöhnen. Keine lustigen Abende mehr vor unserer Stammkneipe? Keine geselligen Pokerabende bei mir im Gartenhaus? Keine Entspannungszigarette nach dem Berliner-Ballen-Essen?

Mario schien glücklich, und ich fühlte mich nach dem kuriosen Ausflug in die Welt der Anti-Rauchen-Ratgeber wie paralysiert. Marios Aschenbecher in der Mittelkonsole war von ihm mal durch eine leere Halbliter-Dose Gulaschsuppe ersetzt worden, und wie immer war sie auch heute wieder randvoll mit Zigarettenstummeln. Er kurbelte das Fenster runter, steckte sich die Letzte aus der Einundzwanzig-Uhr-Schachtel an und nahm einen tiefen Zug. Ich glaube, er pustete ihn aus tiefstem Herzen und tiefster Lunge gegen die Umbra-Sonnenblende statt aus dem Fenster. Ich erkannte eine Trotzreaktion. Die Sucht hatte ihn zwar immer noch fest im Griff, nach diesem Hypnoseausflug hatte er aber vorübergehend noch was Inneres gefunden. Und zwar seinen Frieden mit dem ganzen Thema, und ganz viel Erkenntnis. Mal wieder.

Wir beiden Kumpel haben den Feldzug gegen das Rauchen aber trotzdem noch nicht so ganz aufgegeben. Ich helfe immer noch, wo es geht, und habe Mario vor ein paar Wochen einen Freizeit-Job bei der Feuerwehr in Herne besorgt. Die Kombination Feuerwehr und Rauchen klingt spannend, und genauso ist es auch. Mario ist nun Feuerwehrstatist bei Übungen. Er wird also an Trainingstagen dreimal pro Tag von der Feuerwehr aus einem brennenden Musterhaus befreit, nach einem Übungsfeuer im Rettungswagen erstversorgt und mit der Drehleiter aus Bäumen gerettet. Und das Praktische daran ist, dass überall absolutes Rauchverbot herrscht.

Und ich? Na ja, ich mag's ja im Prinzip genauso actionreich. Ich habe inzwischen Spaß daran gefunden, fremden Menschen zärtlich ins Gewissen zu reden und auf den Geschmack zu bringen. Nicht auf den einer Zigarette, sondern auf den, mit dem Rauchen aufzuhören. Wenn ich demnächst mal wieder beim Heimspiel in der Nordkurve stehe, versuche ich die Jungs nach dem 0:4 zur Halbzeit mal mit guten Worten davon zu überzeugen, dass es doch besser ist, das Qualmen einzustellen. Die sind dann meist ganz entspannt. Ansonsten bringe ich ein paar Berliner Ballen mit, zum Stressabbau.

★ Die 10 schlimmsten Sätze zum ★ Thema Rauchen, die viele nicht mehr hören können

Platz 10: *Rauchen fügt den Menschen in deiner Umgebung Schaden zu.*
Ja, stimmt, aber das schafft das Finanzamt auch.

Platz 9: *Rauchen ist krebserregend!*
Mir doch egal, was diese Krustentiere anmacht.

Platz 8: *Deine Lunge ist sicher schon komplett geteert.*
Natürlich, und morgen kommen weiße Streifen drauf und ein paar Leitplanken dazu.

Platz 7: *Du sollst nicht rauchen, nicht saufen und nicht fluchen!*
Ach, verdammt, jetzt ist mir die Kippe ins Bier gefallen.

Platz 6: *Schockbilder sollen dich vom Rauchen abhalten.*
Ich sehe auch jeden Monat meine Lohnabrechnung und gehe trotzdem weiter arbeiten.

Platz 5: *Zigaretten sind ungiftig, bis man sie in den Mund steckt und anzündet.*
Ja, das stimmt. Verhält sich mit einer Klapperschlange allerdings genauso.

Platz 4: *Heutzutage ist das Rauchen nicht mehr so cool wie früher.*
Genau, daher gibt es heutzutage auch Zigaretten, die man auflädt, und Handys, die brennen können.

Platz 3: *Eine hohe Anzahl der Minderjährigen raucht bereits.*
Ja, und der Rest ist zu besoffen, um die Packung aufzumachen.

Platz 2: *Eine der häufigsten Todesursachen ist das Rauchen.*
Stimmt, direkt hinter dem Erfrieren auf dem Balkon.

Platz 1: *Möchtest du wirklich erleben, dass deine vierzehnjährige Tochter in der Wohnung raucht?*
Solange sie das nicht vor ihren beiden Kindern macht.

DIE CHARITY-DIÄT

Wie ich den Kilos den Kampf ansagte

Wussten Sie eigentlich, dass Frauen mit starkem Übergewicht meist länger leben als schlanke Männer, die ihnen regelmäßig die Fettleibigkeit vorhalten? Diese Erkenntnis habe ich erlangt, als ich mal einer Dame im Drogeriemarkt zur Schwangerschaft gratuliert habe und erst durch die knapp an meinem Ohr vorbeifliegende Packung Corega-Tabs bemerkte, dass die Frau schon über siebzig war.

Es ist generell eine äußerst heikle Angelegenheit, schadenfrei mit seinen Mitmenschen über das Thema Übergewicht zu sprechen. Kein Wunder, da inzwischen weltweit zirka 2,2 Milliarden Menschen betroffen sind. Das ist eine ganz schön fette Menge und natürlich eine Steilvorlage für zahlreiche Schlauberger, die uns sagen wollen, wie wir entspannt abnehmen können. Zwar sind nicht alle Übergewichtigen im Schwerlastkranbereich unterwegs, aber auch die kleinen Fettpölsterchen bewegen uns regelmäßig dazu, mal wieder irgendeine neue oder altbekannte Abmagerungskur in Angriff zu nehmen oder uns zumindest durch den Wust von Ratgebern zu kämpfen, die natürlich stets die einzig wahre Diät versprechen. Für viele ist das Diäten schon fast ein Dauerzustand geworden.

Und was gibt es nicht alles für schöne Möglichkeiten, seine Pölsterchen im besten Fall innerhalb kürzester Zeit loszuwerden. Die Ratgeber verheißen einem hier die schönsten Dinge: *15 Kilogramm in zwei Tagen* (durch Beinamputation zum Beispiel), *Schlank im Schlaf*, *Schlank im Vollrausch* oder *Schlank durch Atemverzicht*. Selbstverständlich wird uns dann auch versprochen, dass wir mit der jeweiligen obskuren Methode schneller zum Ziel kommen als mit der anderer Ratgeber. Denn was der Diät-Affine nicht gern mag, ist, wenn's mit dem

Abnehmen zu lange dauert. Der Zeitfaktor ist also beim Gewichtsverlust entscheidend.

Dabei ist im Prinzip doch alles so einfach, wie mir mal ein Ernährungswissenschaftler erklärt hat. Nicht mehr als 1200 Kalorien pro Tag futtern, und man nimmt ab – fertig. Zwar nicht innerhalb von zwei Tagen, aber sogar ganz ohne Sport. Bloß: 1200 Kalorien pro Tag? Das ist schon verdammt wenig. Da kannste dir ja im Restaurant nach dem Gruß aus der Küche direkt die Rechnung kommen lassen.

Erfolgreiches Diäten muss doch auch angenehmer gehen, dachte ich mir vor einigen Monaten, nachdem ich beim Frühstück mit meiner Frau über mein Halloween-Outfit diskutiert hatte. Das Ganze lief damals so ab: Ich blätterte in einem Prospekt mit Kostümen und fragte beiläufig: »Schatz, sag mal, hast du eine Idee für ein grausames, furchterregendes Halloweenkostüm für mich in diesem Jahr?«

»Kai, wenn ich dich so ansehe. Geh am besten nackt!«

Das saß. Warum hat sie mich als Autor nicht gleich »Kugelschreiber« genannt? Ich fühlte mich an jenem Tag zwar beleidigt, probierte den Nackedei-Vorschlag meiner Frau aber wenige Tage später dennoch aus. Die Nacht auf der Wache war dann allerdings mindestens genauso gruselig wie Halloween.

So wie die Polizeibeamten aus meiner Horrornacht sind wir alle täglich von Mitmenschen umgeben, die entweder wesentlich schlanker als man selbst sind, genauso aussehen oder eben wesentlich übergewichtiger durch die Weltgeschichte laufen als man selbst. Man ist also latent genötigt, Vergleiche zu ziehen. Und an diesem Punkt fängt das Elend mit dem Wunsch abzunehmen an. Wären alle Menschen dieser Erde von Natur aus fett wie eine Seekuh, dann wäre das Standard und vollkommen okay. Den gesundheitlichen Aspekt mal außen vor gelassen, obwohl eine Seekuh weder Rücken- noch Kniebeschwerden hat. Mein persönlicher BMI, also der Body-Mass-Index, die magische Alarm-Zahl, die entscheidet, wann mal wieder Diät angesagt ist, liegt bei derzeit 6%$2§ (Mist, vertippt). Insofern fällt es mir leicht, hier offen und ehrlich über mein Gewicht zu sprechen.

Trotzdem kam auch in meinem Leben irgendwann der Moment, an dem ich mehr oder weniger freiwillig eine amtliche Diät testete und dabei auf die klassischen von den Deutschen geliebten Abnehmprogramme zurückgriff. Ausschlaggebend für das letzte Experiment Extrem-Diäting war eine Comedylesung. Wenn man Lachbuchautor ist, so wie ich, dann absolviert man regelmäßig drei Arten von Lesungen. Die erste Gattung ist die klassische Buchhandelslesung im Buchladen Ihres Vertrauens. Die zweite Art sind die Comedylesungen mit Bühnenatmosphäre und Scheinwerferlicht. Und die dritte Sorte sind Privatveranstaltungen, also Lesungen, die eine Organisation, ein Verein oder eine Firma zur Belustigung aller Anwesenden bucht. Sehr beliebt sind hier Weihnachtsfeiern mit entsprechendem Vor-Wein-Glühen. Das sind stets sehr lustige Abende, die ich nicht missen möchte. Auf einen ganz speziellen Abend hätte ich aber verzichten sollen.

Vor einigen Monaten war es in Sachen Privatlesung nämlich mal wieder so weit. Der ausschließlich aus reifen Damen bestehende Verein »Dralle Ladys mögen's heiß e.V.« hatte mich zu einer besonders außergewöhnlichen Comedylesung nach Duisburg eingeladen. Ich sagte im Hinblick auf den Vereinsnamen natürlich sofort neugierig zu, ohne zu wissen, dass es sich um eine pfundige Damenrunde drehte, die scheinbar Tag und nackt in der Sauna verbringt. Die Wellness-Weiber quasi. Und weil nur bloßes Schwitzen irgendwann zu langweilig geworden war, hatten die Damen entschieden,

Events ins Leben zu rufen und während des Saunierens unterhalten zu werden. Zum Beispiel durch eine lustige Lesung. Das Schlimme war, dass der Autor natürlich auch mit am Saunaofen sitzen musste. Oh, dachte ich mir. Daunenjacke ade. Jetzt wird's ernst. Ein gemischter Saunaabend mit zahlreichen nackten Damen. Dazwischen ein fast nackter Autor und Aufgüsse mit Orangenaroma. Das war Halloween Teil zwölf.

Ich mach's kurz. Das mit dem schwitzenden fast nackten Autor stimmte. Das Orangenaroma hingegen versprühten eher die Antlitze der Oberschenkel der reizenden Damen. Die Hagelschäden sahen aus, als habe der Klimawandel in Duisburg seinen Ursprung gefunden. Ja, sorry, ich dokumentiere hier ja nur.

Der Mädelsclub mit ordentlich Ruhrpottflair veranstaltete diese lustigen Saunaabende seit einigen Monaten regelmäßig unter dem Stichwort Charity. Charity hieß, dass alle, die daran teilnahmen, also auch die arme Sau Autor, etwas für einen guten Zweck tun mussten. Und zwar nicht Kohle spenden, sondern zunächst einmal Pfunde. Die Idee: An besagtem Saunaabend würden sich alle Anwesenden wiegen, und nach zwei Monaten, beim nächsten Saunaabend, würde man überprüfen, wer am meisten abgenommen hatte. Die Anzahl Kilos, die schließlich verloren gegangen war, wurde dann in Form harter Euros gespendet. Eine schöne Idee, wie ich fand. Aber musste ich als Nicht-Mitglied wirklich daran teilnehmen? Ich war doch nur Gastschwitzer. Wenn ich Glück habe, sei an dem Abend eventuell auch noch ein Fotograf vom Duisburger Stadtanzeiger mit dabei, der mich mit meinem Dr.-Snuggels-Handtuch um die Hüften und Buch in der Hand auf einer Waage in der Mixed-Sauna ablichtete. Ganz ehrlich, der ZDF-Fernsehgarten im strömenden Regen wäre mir in diesem Moment lieber gewesen. Eine Saunalesung inklusive Charity-

Diät? Was kann man in seiner Karriere als Autor eigentlich sonst noch alles erreichen?

Und so wurde ich an besagtem Abend in Duisburg bereits vor dem Eingang zur Saunalandschaft von einer netten beleibten Dame namens Brigitte empfangen.

»Kai, herzlich willkommen bei die dicken Tanten hier in Duisburg. Wir tun ja heute für den guten Zweck abnehmen. Weiße Bescheid, ne. Jedet Kilo sind fünf Euro. Und damit auch keiner schummelt, wird den aktuellen Stand wöchentlich auf Facebook gepostet. So, dann mach dich getz ma nackig und vergess nich, deine dicke Schwarte mitzubringen. Damit wa auch wat für zum Lachen haben.«

Ich hoffte, dass Brigitte mein Buch meinte und verschwand in der Umkleidekabine. Aus Scham möchte ich das dann folgende Ereignis an dieser Stelle etwas abkürzen. Es wurde die unentspannteste Lesung meiner Autorenkarriere. Sie müssen sich das Bild folgendermaßen vorstellen: Direkt am Saunaofen steht im Dampf des frischen Himbeerblütenaufgusses ein Mann, der drei Viertel des Jahres am Schreibtisch sitzt und auch so aussieht. Ein leicht in die Jahre gekommenes Schalke-04-Handtuch um die Hüften (Dr. Snuggels war in der Wäsche), eine Hand am Buch, die andere am Handtuch, damit auch bloß nichts verrutscht. Das macht besonders viel Spaß beim Umblättern. Aber, was soll's? Die Mädels haben sich mit Sektglas und entsprechendem Promillewert bei fünfundsechzig Grad Celsius köstlich amüsiert. Anschließend gab es statt FDH-Diät eine waschechte FKK-Diät, denn die Hauptarbeit begann ja erst nach dem schweißtreibenden Sauna-Leseabend. (Warum muss ich auch immer zu allem Ja und Amen sagen?) Jetzt ging's nämlich ans Abnehmen.

Das Foto auf dem Titelblatt des Duisburger Stadtanzeigers, das mir natürlich auch nicht erspart geblieben war, trug übrigens folgende Bildunterschrift: »Ruhrpottautor kommt ganz schön ins Schwitzen.« Und diese Zeile wurde dann auch zum Programm meiner nächsten Wochen. Auf was für einen Mist hatte ich mich da nur wieder eingelassen? Drei Monate diäten und die Ergebnisse regelmäßig online posten. Na, Prost Mahlzeit! Am Abend nach der Lesung schaute ich mir auf dem Pressefoto noch mal meine Killerplauze an und entschied dann, dass das Runde nun erst mal ins Eckige musste. Ich ging ins Bett. Doch der Ehrgeiz hatte mich gefressen, und so legte ich am nächsten Tag voller Tatendrang los.

Diät-Woche 1: Ich musste am Morgen des ersten Tages an den Spruch meiner Omma denken: »Kind, iss den Teller auf, sonst gibbet keine Sonne.« Hab ich damals so oft gemacht, dass ich mittlerweile glaube, das Schmelzen der Polkappen geht allein auf meinen Deckel. Ich setzte mir als Ziel für die erste Woche die Zahl drei. Ja, ich fand, dass drei Gramm Gewichtsverlust nicht wenig sind. Das wäre immerhin ein Anfang. Aber wie sollte ich starten? Kalorien verbrennen hat ja nichts damit zu tun, dass man Schokoriegel anzündet. Ich überlegte stattdessen, ob es sinnvoll sei, auf zu enge Kleidung zu verzichten. Je länger und weiter die Kleidung, desto weniger sieht man meinen Bauchansatz – Diät-Logik. Man nimmt quasi erst einmal optisch ab. Aber ganz ehrlich: Warum sollen Übergewichtige eigentlich keine kurze Kleidung tragen? Dumme Menschen dürfen ja auch reden. Ich entschied mich aus Trotz für die engste Buchse an diesem Morgen, die ich auf dem Stapel »Getragen, aber geht noch« finden konnte, und wählte zunächst einmal den Klassiker aller Diäten. Der, bei dem man durch das Zählen von Punkten abnehmen soll. Also, nix Flensburg oder Treuepunkte bei REWE. Nein, durch Futtern Punkte sammeln oder besser, durch Nicht-Futtern Punkte sparen. Gibt zwar keine Bonusmeilen oder Treueherzen, aber immerhin ein gutes Gefühl beim Abnehmen.

Ich begann zunächst mit dem Ziel von hundert Punkten pro Tag, schmierte mir ein daumendickes Nutella-Brot und kreuzte morgens um acht Uhr die ersten sechsundneunzig Punkte weg. Herrlich! Diät kann so lecker sein, dachte ich mir und hatte für den Rest des Tages immerhin noch genau vier Punkte übrig. Ein halbes Salatblatt oder eine dünne Scheibe von den kleinen Partygürkchen sollten da anstelle der Tüte Chips am selben Abend noch möglich sein. Gott, war ich glücklich. Ich freute mich von acht Uhr morgens bis abends um sieben wie Bolle auf diese dämliche Gurkenscheibe.

Doch dann kam mal wieder der Hobby-Ökonom in mir durch. Wie könnte ich mir zusätzliche Punkte erkaufen und trotzdem abnehmen? Ich brauchte so 'ne Art Bitcoins für Übergewichtige, die mir die Tüte Chips am Abend doch noch erlauben würden. Eine Art Ausgleichszahlung durch den Gewichtsverlust an anderer Stelle. Immerhin war um 20.15 Uhr das Staffelfinale von *The Blacklist* angesagt. Da waren Partygürkchen lächerlich. Ich machte also einen Deal mit mir selbst. Wenn ich mir vor dem Abend die Haare und die Fingernägel schneiden würde, dürfte ich so viel Gewicht verlieren, dass ich auf zusätzliche, sagen wir, 2467 Punkte kommen müsste. Okay, grob gerechnet, aber immerhin. Dafür würde ich tags drauf auch mit Glatze spazieren gehen müssen. Durch Komplettwachsing im Beinbereich und das Ablegen des Eheringes konnte ich außerdem noch zusätzliche Gramm verlieren. Ich setzte meine kühne Rechnung in die Tat um, und *The Blacklist* war gerettet. Die feurigen Ofenchips übrigens auch.

Ich war so was von happy, und das inmitten einer Diät nach wenigen Stunden. Am folgenden Sonntag postete ich das Ergebnis der ersten Charity-Diätwoche. Gewichtsverlust:

0,0023 Gramm. Meine in die Jahre gekommene Waage hat allerdings nur eine Nachkommastelle, sodass die restlichen Zahlen von mir geschätzt worden waren.

Diät-Woche 2: Meine Frau meinte zwar nach der ersten Woche, dass ich, wenn ich mal umkippen würde, immer noch größer sei als bisher, aber ich war stolz auf das Diät-Ergebnis der ersten sieben Tage. Daher begann ich mit dem zweiten Diät-Klassiker: Trennkost. Trennkost heißt nicht, dass man seine Scheidung ausgiebig mit Pudding feiert. Nein, Trennkost heißt das umstrittene, aber ausgiebig empfohlene Verfahren, bei dem man eiweißhaltige Lebensmittel von kohlehydratreicher Nahrung trennt. Also, Spiegelei auf Brot wäre da nicht so gut. Ich entschied mich dementsprechend für drei Rühreier am Morgen und einen Kartoffelauflauf mit Hollandaise-Sauce abends um halb zwölf Uhr. Ich nahm nicht ein Gramm ab. Was 'ne Scheiße. Und während ich schon drauf und dran war, mich zum Panda umschulen zu lassen, den ja alle niedlich finden, obwohl er nur frisst und faul rumliegt, klingelte mein Handy. Brigitte, die Blockbohlen-Pomeranze, nahm mich zur Kontrolle fernmündlich erneut in den Schwitzkasten.

»Na, Kai! Wat macht dat Abnehmen? Hab dat Diätfoto vonne erste Woche bei dir in Fazzebook gesehen. Du has da doch nich wat mit Photteshop getrickst, oder?«

»Äh, hi Brigitte. Ne, du, die muskulösen Oberschenkel liegen bei uns in der Familie. Läuft alles super mit dem Abnehmen. Ich hab schon kkkrzzkrrkz Kilo geschafft. Du, hast du auch so ein Kratzen in der Leitung? Lass uns später noch mal quatschen.«

Ich drückte Brigitte weg. Das hatte mir gerade noch gefehlt. Dass sie mich beim Tricksen mit Photoshop erwischt und merkt, dass die Oberschenkel von Cristiano Ronaldo in mein Foto eingebaut worden waren.

Zurück zur Trennkostdiät. Es war inzwischen der Abend des vierten Tages angebrochen. Ich hatte die ganze Woche über fleißig getrennt. Plastik vom Restmüll, RTL2 von arte und die Schokolade vom Papier. Trennkost par excellence.

Die Waage sah das leider anders. Ich schaute auf die Kaufquittung des Geräts aus dem Jahre 1993, ob eventuell noch Garantieansprüche für das Ding bestanden. Sie musste kaputt sein. Ich hatte nichts abgenommen. Nicht ein Gramm. Mein Ziel für die Trennkostwoche waren immerhin drei Kilogramm gewesen. Fünf Kilo war ich von dem Ziel noch weg.

Mann, dachte ich mir. Diese verfluchte Comedylesung in der Sauna könnte im Nachhinein meinen ganzen Ruf kaputt machen. Wie sollte ich das mit dem Abnehmen nur schaffen? Es war doch für einen guten Zweck.

Diät-Woche 3: Ich hatte mich ernsthaft mit meinem bisherigen Misserfolg beim Diäten auseinandergesetzt und überlegt, bei welcher Beschäftigung es einem wohl am besten gelingen könnte, auf reichhaltiges Essen und kalorienreiche Getränke zu verzichten. Public Viewing? Miese Idee. Mau-Mau-Abend mit Mario. Ganz dämliche Idee, da dort immer viel gesündigt wird. Hot-Dog-Wettessen mit meiner Frau? Also ehrlich. Dann fiel es mir ein: schlafen. Ja, natürlich, das war die beste Lösung. Vor Kurzem hatte ich nämlich im Internet gelesen, dass es eine Diät gibt, bei der man im Schlaf abnehmen kann. Entscheidend sei, dass man seine innere Bio-Uhr austrickst. Gut, dann mal ran an die Buletten beziehungsweise weg von den Buletten. Die Uhrzeit, zu der man Nahrung zu sich nimmt, ist bei der Schlaf-Diät das A und O. Das heißt, am Abend keine Kohlenhydrate mehr in sich hineinstopfen. Morgens hingegen kann man essen, bis der Arzt kommt. Gesagt, getan: Nachdem ich mir am ersten Diät-Tag morgens ein Käsefondue zubereitet hatte und vom örtlichen Bauernhof ein Spanferkel am

Spieß habe aufbauen lassen, kam der Arzt dann auch. Und ich wegen zu hohen Cholesterins unter ärztliche Beobachtung.

Meine Frau brach in Jubelstürme aus. Sie begann an meinem Diät-Willen zu zweifeln, und wie stets fand sie sehr diplomatische Worte, um mich von meinem Leiden zu erlösen.

»Kai, willste dir den ganzen Diät-Quatsch nicht noch mal überlegen? Sicher hast du einen kleinen Bauch vor dir. Aber sieh das doch mal so: Gutes Werkzeug hängt man doch auch immer unter ein Vordach.«

Trotz dieser sehr überzeugend klingenden Worte hielt ich an der Challenge fest. Und der zweite Tag meiner Schlaf-Diät verlief dann auch schon viel geordneter. Ich aß morgens gut und satt, mittags etwas weniger (vier Müsliriegel statt die ganze Vorteilspackung), und abends verzichtete ich wiederum auf Kohlenhydrate. Ich versuchte mich an Apfelchips, um meinem Körper das knusprige Geräusch und die raschelnde Chipstüte zumindest vorzutäuschen. Abends rief Brigitte wieder an.

»Du, Kai! Wir sind schon bei zwölf Kilo angelangt. Also, der ganze Verein mit seinen achtundsechzig Mitgliedern. Und du? Wie sieht's bei dir aus?«

Ich ging in mich, um nicht wieder – im wahrsten Sinne des Wortes – in ein Fettnäpfchen zu treten. Achtundsechzig Mitglieder? Ziemlich großer Haufen, diese Sauna-Ladys, dachte ich kurz. Wenn die bei Robbie Williams mal alle gleichzeitig ihre Schlüpper auf die Bühne werfen, dann denkt die Menge, das Stadiondach käme runter.

»Du, Brigitte. Es wird immer besser. Mache gerade *Schlank im Schlaf*. Kennste bestimmt. Wenn du mich nicht geweckt hättest, hätte ich noch ein paar Gramm mehr weg. Ich leg mich auch direkt wieder hin. Ist ja auch schon sechzehn Uhr. Bis nächste Woche mal.«

So langsam fing Brigitte an, mit ihrer Kontrollwut zu nerven. Auch wenn es nichts half, ich war doch immerhin bemüht, verdammt noch mal. Man muss so eine Diät ja auch erst einmal psychologisch schaffen. Jeder Mensch tickt anders, und so ist es wohl in erster Linie eine Kopfsache, welche Diät bei wem am besten funktioniert und welche nicht. Wenn Sie aussehen wie die Herdecker Wildbuben, dann wird eine *Schlank im Schlaf*-Diät vermutlich erst dann helfen, wenn Sie tot sind und gar nicht mehr aufstehen müssen.

Nachdem auch Woche vier bis sieben keine Wunder hervorgebracht hatten, begann nun die achte und letzte Diät-Woche schneller als gedacht. Der nächste Saunaabend stand vor der Tür. Und der Erfolg? Nun, nachdem ich mich auch noch an den bekannten *Glyks-*, *Päch-* und *Kann-passieren*-Diäten abgearbeitet hatte, diese aber ebenso wenig zu nennenswerten Ergebnissen geführt hatten, war nun der Moment der Entscheidung gekommen.

Kurz bevor ich nach Duisburg aufbrach, um mich im Ruheraum der Saunalandschaft amtlich und unter der Aufsicht des Pressefotografen wiegen zu lassen, lag ich zu Hause auf der Couch. Ich streckte meinen Ranzen in Richtung Zimmerdecke und überlegte, wie ich mal wieder etwas tricksen könnte. Was blieb mir auch anderes übrig? Zuzugeben, dass ich in den acht Wochen nicht ein Gramm ab-, sondern ein halbes Kilo zugenommen hatte, wäre mehr als peinlich gewesen.

Einige Stunden später im Ruheraum der Sauna-Ladys zog ich meinem Nervenkostüm das dicke Fell über. Brigitte moderierte das Charity-Ergebnis an. Sie hatte sich natürlich an der Brigitte-Diät versucht, zum Glück aber auch kein Mikrogramm abgenommen. Zumindest sah man nichts. Und wie ich merkte, trickste sie auch. Beim Wiegen zwei Monate zuvor hatte sie in der Sauna nämlich eine schwere beschlagene Hornbrille auf der Nase gehabt. Diesmal nicht. Das Ergebnis: Sie hatte doch tatsächlich 175 Gramm abgenommen. Das machte immerhin 87 Cent für den guten Zweck. Das Waisenhaus mit den unterernährten Kindern in Mali wird sich freuen. Endlich kann man dort die kaputte Glühbirne im leeren Kühlschrank austauschen. Brigitte jedoch war über die horrende Summe, die sie durch harten Verzicht erarbeitet hatte, erstaunt.

Nachdem alle weiteren Pfundsweiber gewogen worden waren und man bei inzwischen siebzig Euro für den guten Zweck angekommen war, lag es nun an mir, die Summe auf hundert Euro aufzurunden. Aufzurunden, das war das passende Wort.

Ich stieg auf die Waage. Um auch kein Gramm zu verschwenden, legte ich die Brille zur Seite, zog die Uhr und den Ring ab und tauschte mein Schalke-04-Handtuch gegen eines vom BVB. Die sind nämlich meist nur einmal genäht, wesentlich billiger und somit leichter produziert, sodass sie nur einen Bruchteil der flauschigen Schalke-04-Saunatücher wiegen.

Der Fotograf stellte sich in Position, die Sauna-Ladys wirbelten mit den Armen und machten ein lautes Oooooohhhhhh. Und dann: %7#/«§ Kilogramm auf dem Display der Waage (Mist, wieder vertippt). Ich hatte doch tatsächlich 5,8 Kilo abgenommen.

Ich rundete spendabel auf sechs Kilo auf und spendete dreißig Euro für die Kinder in Mali. Alle waren begeistert. Der Fotograf haute zum Glück sofort wieder ab, und ich schwitzte vor Panik so, als habe ich die letzte *Schlank im Schlaf*-Nacht in der griechischen Dampfsauna verbracht.

Nachdem ich dem Hausmeister des Wellness-Tempels noch die versprochenen zwanzig Euro gegeben hatte, weil er die Waage im Ruheraum kurz vor meinem Auftritt gegen meine manipulierte von 1993 ausgetauscht hatte, fuhr ich zufrieden nach Hause.

Fazit der Angelegenheit: Die ganzen Diät-Ratgeber haben mich dazu bewogen, meine Ernährung mal komplett umzustellen. Die Flasche Cola steht mit der Dose Erdnüsse nun rechts neben der Fernbedienung und nicht mehr links.

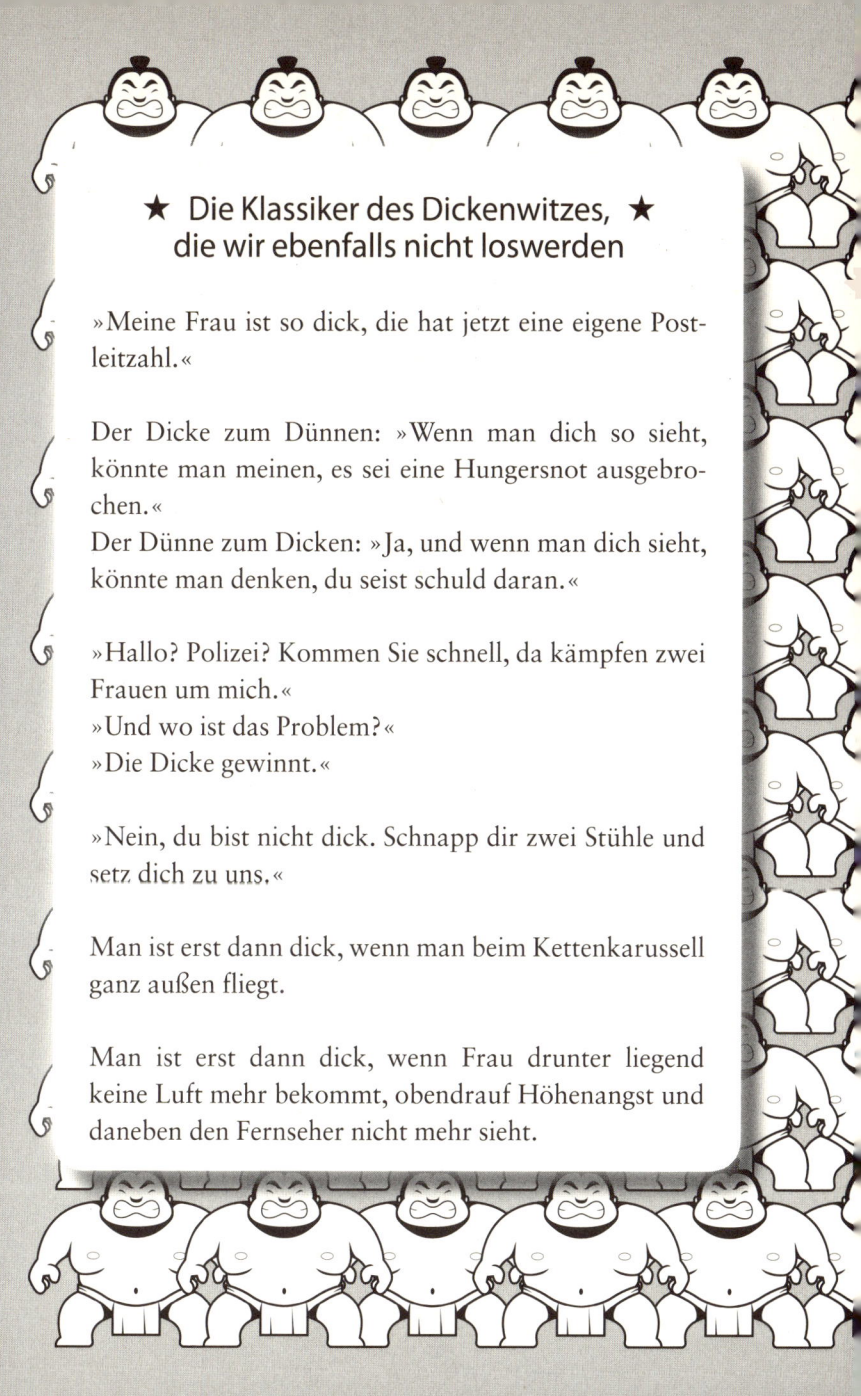

★ Die Klassiker des Dickenwitzes, ★
die wir ebenfalls nicht loswerden

»Meine Frau ist so dick, die hat jetzt eine eigene Postleitzahl.«

Der Dicke zum Dünnen: »Wenn man dich so sieht, könnte man meinen, es sei eine Hungersnot ausgebrochen.«
Der Dünne zum Dicken: »Ja, und wenn man dich sieht, könnte man denken, du seist schuld daran.«

»Hallo? Polizei? Kommen Sie schnell, da kämpfen zwei Frauen um mich.«
»Und wo ist das Problem?«
»Die Dicke gewinnt.«

»Nein, du bist nicht dick. Schnapp dir zwei Stühle und setz dich zu uns.«

Man ist erst dann dick, wenn man beim Kettenkarussell ganz außen fliegt.

Man ist erst dann dick, wenn Frau drunter liegend keine Luft mehr bekommt, obendrauf Höhenangst und daneben den Fernseher nicht mehr sieht.

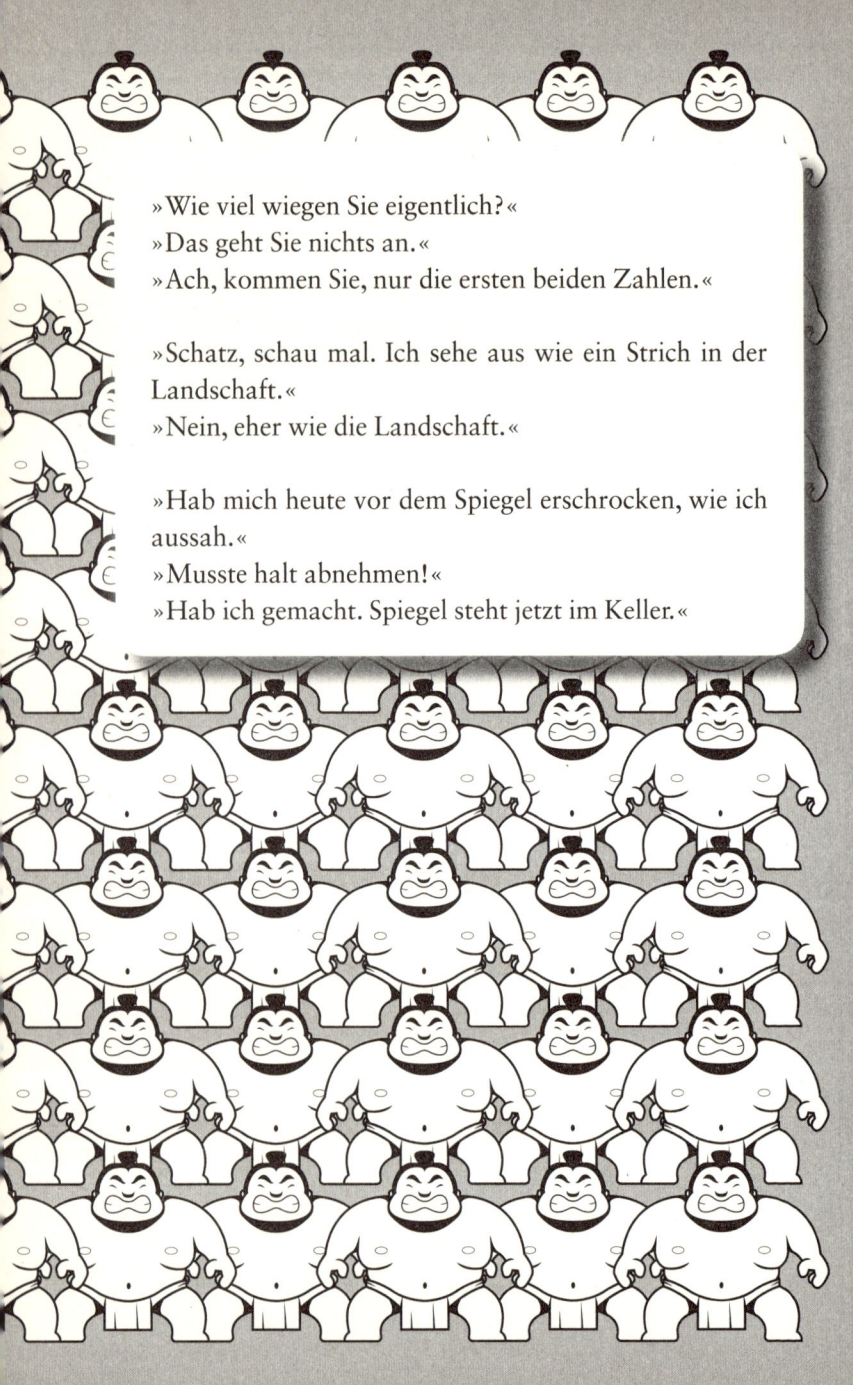

»Wie viel wiegen Sie eigentlich?«
»Das geht Sie nichts an.«
»Ach, kommen Sie, nur die ersten beiden Zahlen.«

»Schatz, schau mal. Ich sehe aus wie ein Strich in der Landschaft.«
»Nein, eher wie die Landschaft.«

»Hab mich heute vor dem Spiegel erschrocken, wie ich aussah.«
»Musste halt abnehmen!«
»Hab ich gemacht. Spiegel steht jetzt im Keller.«

ERD-GESCHOSS

Wie es mir gelang, eine Traumfrau anzusprechen

Es gibt neben der Programmierung eines Satellitenreceivers aus Taiwan, der passiven Abseitsregel im Fußball und der Länderpunktevergabe beim Eurovision Songcontest nicht viel Komplizierteres als das Kennenlernen der richtigen Partnerin oder des richtigen Partners. Egal, ob zwischen Mann-Frau, Mann-Mann, Frau-Frau, Mann-Gummipuppe oder Frau-Thermomix. Ein trautes Miteinander bedingt Respekt, Zuneigung und aufrichtige Treue. Und weil das in dieser komplizierten Welt für viele Männer, Frauen und Gummipuppen nicht so einfach ist, tummeln sich auch auf diesem Themengebiet zahlreiche Ratgeber, die angeblich wissen, wie das passende Pendant zu finden ist.

Früher war das natürlich mal wieder alles viel besser. Die Generation vor uns lernte sich mit vierzehn beim Tanztee in Willys Strohhalmbar kennen, heiratete mit achtzehn und pflegte in der darauffolgenden fünfundsechzigjährigen Beziehung nicht nur das Porzellanservice aus der Aussteuer, sondern auch den Dicken beziehungsweise den Dicken seine Olle. Ich glaube, das liegt einfach daran, dass man sich zum Thema Dates und Beziehung gar nicht so viele Gedanken gemacht hat wie heute. Damals wurde angegraben, geheiratet und fertig war die Laube. Trauring, aber wahr.

Heutzutage hingegen ist das Kennenlernen des richtigen Partners beziehungsweise die amtliche Führung der darauffolgenden zwanzigminütigen oder wahlweise zwanzigjährigen Partnerschaft zu einer Wissenschaft mutiert, die klaren Spielregeln unterworfen ist. Nur das Beenden einer Beziehung ist im Zeitalter von WhatsApp einfacher geworden. »Sorry, wir haben uns auseinandergelebt. Vor allem DU! Tschüss.«

Meine Frau hat das Thema Beziehungsende gleich beim Kennenlernen ganz klar und deutlich formuliert, und zwar ganz ohne Ratgeber. Sie sagte: »Kai, wenn du mich mal verlässt, sei sicher, ich komm mit!« Damit war alles geklärt, und wir wussten, das Unternehmen Partnerschaft läuft, obwohl meine Frau ab und zu hohe Personalkosten verursacht.

Meine Frau sieht das zum Glück ähnlich. Sie hat sich zwar schon als Kind einen Prinzen gewünscht. Allerdings keinen, der den Drachen tötet, sondern eher einen, der die Gattin wohlwollend erträgt, wenn sie mal wieder eins dieser feuerspeienden Ungeheuer ist. Insofern kann man sagen: Jede Beziehung, die länger als drei Monate halten soll, muss den täglichen Fallen, also das mit den hohen Personalkosten und den Drachenangriffen, trotzen können. Voraussetzung ist aber erst einmal, dass man eine Partnerschaft richtig startet.

An dieser Stelle möchte ich Ihnen gern noch einmal Viktor vorstellen, unseren neuen polnischen Hausmeister, den ich bisher eigentlich nur vom »Schüßschöntachnoch« her kannte. Viktor wohnt, so wie es sich für einen Hausmeister gehört, bei uns im Haus in der Erdgeschosswohnung. Hausmeister leben nämlich immer Parterre und sind nicht selten alleinstehend. Erdgeschosswohnung, um die Flurwoche besser kontrollieren zu können, und alleinstehend wegen des Hausmeisterbildes, das die deutschen Frauen hartnäckig vor Augen haben: Aldi-Pantoffel, grauer Kittel, Fingernägel mit Patina im Havanna-Braun-Ton und ölig nach hinten geklebte vereinzelte Haare auf der glänzenden Platte. Doch im Falle von Viktor trog der Schein. Viktor war das, was man als Frau eigentlich ein strammes Bürschchen nennen würde. 1,90 Meter groß, ein Kreuz wie eine Wohnzimmerwand im Gelsenkirchener Barock und konkav, also schlank. Ich bin vom Körperbau eher konvex orientiert, Viktor ist konkav. Sein Singledasein lag wohl auch weniger am Aussehen als mehr an den schlechten Erfahrungen, die Viktor in den vergangenen Jahren mit Frauen gesammelt hatte, wie er mir mal zwischen Gelber Tonne und Wäschekeller erzählte.

»Kai, Problem war nicht falsche Werkzeug. Problem war Baustelle Frau. Hat sie mir gesagt: Viktor, in Bett du bist Null! Hab ich gesagt: Beste Jockey kann nix machen, wenn er sitzt auf totem Pferd. Dann ich wieder war Single.«

Sie merken, hier war tatkräftige Hilfe vonnöten. Und daher tat ich nun endlich mal das, was Millionen Deutsche auch tun. Ich besorgte Viktor einen dieser zahlreichen Ratgeber zum Thema Kennenlernen und legte ihm das Buch mit einem freundlichen Gruß auf die Fußmatte. In der Hoffnung, dass nicht Wendela, die Tofu-Trine aus der WG, das Ding in die Finger bekommen würde. Das wäre nämlich der Super-GAU gewesen. Wendela und Viktor mit Klangschale bei der innigen esoterischen Tagesmeditation in unserem Gemeinschaftsgarten. Ein gruseliger Gedanke. Wendela war der Typ Frau, dem man nun wirklich keinem Menschen wünscht. Egal ob Hausmeister in Gelsenkirchen oder Präsident der Vereinigten Staaten. In ihrem esoterischen Wahn hatte mich Wendela sogar mal gefragt, ob man im Internet auch ein Gerät bestellen könne, mit dem es möglich sei, Kontakt zu toten Menschen aufzunehmen. Ich hab ihr dann per Premiumversand 'ne Schüppe liefern lassen. Doch zurück zum armen Viktor, der sich bei der Suche nach einer Frau bisher so schwertat.

Die Ratgeber, die man in Sachen Partnerschaftssuche derzeit im Buchhandel so erwerben kann, konzentrieren sich meist auf ein Rezept: die Angst zu überwinden, jemand anderen anzusprechen. Damit verbunden sind die Fähigkeit des Small Talks und die Steigerung des Selbstbewusstseins. Sehr interessanter Ansatz, wie ich finde, zumal ich meine Frau beim ersten Treffen direkt ins Koma gequatscht habe. Viele Männer tun sich aber schwer, eine Frau nicht nur überhaupt, sondern vor allem mit den richtigen Worten anzusprechen.

So dauerte es sogar eine Woche, bis der schüchterne Viktor mich nach meiner Geschenkübergabe im Treppenhaus anquatschte.

»Kai, ich habe Buch über ersten Kontakt ganz gelesen.«

Erster Kontakt? Hatte ich ihm ein Buch von Erich von Däniken über Außerirdische gekauft oder einen Kennenlernratgeber?

»Is alles gut und schön, aber Tiger will nicht nur gucken, sondern auch mal jagen.«

Ich gab Viktor recht und schlug direkt meine Tageszeitung auf, die ich zuvor aus dem Briefkasten geholt hatte.

»Viktor, hier! Guck mal. Geh doch abends mal raus. Tausende Partys, Annoncen, Festivals, keine Ahnung. Da ist bestimmt 'ne Maus für dich dabei.«

Ich blätterte gedankenverloren die Fake News mit den Wetteraussichten weg und landete auf der Seite für die Veranstaltungen am Wochenende.

»Hier, Viktor, alles dabei. Ü30-, Ü40-, Ü100-Party.«

Viktor guckte mich erschrocken an.

»Ü100?«

»Ja, das ist mehr so Special Interest. Da geht's mehr um Kilos als ums Alter. Aber Ü40 wäre doch genau dein Ding, Viktor. Schickes Hemd, Vollbad in Irisch Moos und ab die wilde Fahrt.«

Viktor musterte mich nun von oben bis unten mit einem hinterlistigen Gesichtsausdruck.

»Kai, wie alt bist du?«

»Zweiundvierzig, warum?«

Und so standen wir am folgenden Samstag in der Ü40-

Schlange am Eingang zum Pflaumenaugust, einer berühmt-berüchtigten Anbaggerlocation im Ruhrgebiet. Ich hatte es einfach nicht übers Herz gebracht, Viktor allein in sein Verderben laufen zu lassen. Noch eine Abfuhr und Viktor wäre wohl von derselbigen am Mittwoch zur Entsorgung abgeholt worden.

Diesmal musste es klappen. Das Buch war gelesen, meine geballte Erfahrung als Ehemann stand an seiner Seite, und Viktor sah mit weißem Rüschenhemd aus dem John-Travolta-Gedächtniskoffer richtig schnicke aus. Dazu patinafreie Fingernägel und gegeltes Haar, ganz ohne Öl. Die Sterne schienen es gut mit unserem Premium-Hausmeister zu meinen. Zudem – ich gebe es zu – ist eine Singleparty als Paar wesentlich einfacher zu wuppen als allein. Frauen machen das ja auch nicht anders. Die Damen gehen schließlich immer zu zweit. Aufs Klo, in den Urlaub und eben auch auf eine Singleparty. Diese weiblichen Duos bestehen oft aus einer hübschen schlanken und einer beleibten, sagen wir, etwas weniger gut geschnittenen Freundin, die aber schließlich auch verkuppelt werden muss.

Es dauerte dann auch keine zwanzig Minuten, bis Viktor und ich ein solches Pärchen ausfindig gemacht hatten. Erst jetzt sah ich, dass Viktor, der Vollpfosten, fast das halbe Buch, das ich ihm geschenkt hatte, als Gedankenstütze auf seinen Unterarm und seine Hand geschrieben hatte. Er sah aus wie ein Bundesligafußballer, der seinem Tätowierer ein Jahresgehalt überwiesen hatte.

»Viktor, lass die das bloß nicht sehen. Du musst spontan rüberkommen. Was du sagst, darf auf keinen Fall auswendig gelernt wirken. Denk an das wichtigste Kapitel. Sei du selbst, sei spontan und sei witzig.«

Viktor schien das erste Kapitel aus dem Buch aber nicht richtig gelesen zu haben.

»Kai, ich hab im Internet gelesen beste Anmachsprüche. Warte mal, ich probier aus.«

Bevor ich Viktor am Rüschenärmel festhalten und an den Inhalt des Ratgebers erinnern konnte, stürmte er auf die beiden Mädels an der Buffettheke zu. Er hob seinen Handrücken mit den Anmachsprüchen und haute direkt einen raus.

»Challo, Schatzi! Irgendwie erinnerst du mich an meine Ex.«

Die Blondine schmierte Viktor erwartungsgemäß eine, und selbst die schäbige Freundin marschierte schnurstracks in Richtung Hugo-Bar. Ich war ebenso entsetzt.

»Mann, Viktor! Bist du bescheuert? Denk doch mal an den Ratgeber. Du hast dir doch extra den entscheidenden Mist auf den Arm gepinselt. Du musst das behutsamer machen. Sei doch erst einmal charmant witzig. Darauf stehen die Frauen. Egal, ob du klein, dick oder pickelig bist, wichtig ist Charme und vor allem Humor.«

Es war nicht schwierig, das nächste Frauencouple zu finden. Viktor hatte noch mal etwas Parfüm nachgelegt, und wir näherten uns nun zentimeterweise und gaaaanz unauffällig dem nächsten Damenpärchen. Der DJ half uns zufällig mit dem topaktuellen *Mambo Number 5*, und Viktor nutzte die lockere Stimmung für den Frontalangriff in Sachen Humor.

»Challo! Du auch hier? Ich bin Viktor.«

»Hi! Ich heiße Schantall. Ja, ich tu auch hier sein.«

Das war mal ein Opener aus dem Bilder-, äh Ratgeberbuch. So geht das. Ich bestellte mir ein Bier und war sicher, dass der Abend ab jetzt in die richtige Richtung laufen wird. Wenn jetzt noch der Humor aus Viktor heraussprudeln würde, dann könnte es klappen. Viktor legte los.

»Schantall, pass auf. Da is eine Blondine und der geht in Geschäft.«

Schantall unterbrach Viktor.

»Die Blondine geht in der Geschäft?«

Viktor kam sofort aus dem Konzept.

»Äh, ja. Ich bin Pole.«

Jetzt war Schantall wieder im Bilde.

»Ach, so. Ein polnisches Geschäft?«

Viktor bekam erste Schweißperlen auf der Stirn, so als erzähle er zum ersten Mal einen Witz.

»Also, Schantall. Die Blondine sagt in den Geschäft: Ich brauche blaue Deutschlandfahne ...«

Schantall zog an ihrem Strohhalm mit diesem Blick, den Frauen immer dann haben, wenn sie eine Mischung aus leicht angesoffen und ratlos an den Tag legen.

Viktor schaute auf seine Hand.

»... und der Mann in Geschäft sagt: Wir nur haben Deutschlandflagge in Schwarz, Rot, Gold. Und die Blondine dann sagt: Dann ich nehme eine in Gold.«

Ich verdrehte die Augen. Schantall guckte Viktor mit an der Unterlippe hängendem Strohhalm und zusammengekniffenen Augen fragend an. Die dicke Freundin von Schantall lachte sich dagegen fast tot, ohne die Pointe auch nur ansatzweise kapiert zu haben. Ab einem gewissen Promillewert benötigt ein Witz eben keine Pointe mehr.

Ich zog Viktor ein Stück von den beiden weg.

»Sag mal, Viktor, das war dämlich, hier ausgerechnet einen billigen Blondinenwitz zu erzählen. Du merkst doch, dass bei den beiden oberhalb der Nasenwurzel nicht allzu viele Nervenzellen zusammenfinden. Mit Humor meinte ich Sprachwitz, aber doch keine Otto-Schallplatte.«

Viktor schaute mich überrascht und zugleich enttäuscht an.

»Otto?«

Die Blondine Schantall kam noch mal auf uns zu.

»Sach ma, warum eigentlich goldene Flagge? Du hast doch gesagt, du bist Pole, oder? Die haben doch voll so 'n Kreuz in der Fahne.«

Auch Viktor hatte eine Fahne, und so zog ich ihn nun endgültig aus dem Aktionsbereich der beiden Ruhrpottgrazien heraus. Schnell überlegte ich mir einen handfesten Strategieplan wie aus dem Ratgeber-Lehrbuch.

»Viktor, wir machen das jetzt mal mit System. Dass du als Mittvierziger keinen Bock auf Ü30 und Ü100 hattest, sei dir ja verziehen. Du solltest dich aber unbedingt auf deine Altersgruppe, also die Ü40, einlassen, dich nicht wie Ü2 benehmen und irgendwelche Schantalls mit U10-IQ anquatschen. Lass uns mal da drüben an die Cocktailtheke gehen. Dann zeig ich dir, wie das funktioniert.«

Wir gingen in ein weiteres östrogenes Epizentrum, und auch dort dominierten die Frauenpärchen, nicht selten bestehend aus einem emanzipierten, selbstbewussten Karriereweib und einer lieb verschmusten Hello-Kitty-Briefpapier-Sammlerin.

In meinen Bemühungen, als versorgter Ehemann nun auch meinen Hausmeister zu verkuppeln, geriet ich leider erst einmal an das emanzipierte Karriereweib. Ich startete mit einem Burner in Sachen Kennenlernspruch.

»Du, sag mal, sind wir nicht auf unterschiedliche Schulen gegangen?«

Die Botox-Trulla schaute mich an.

Sei tapfer, Twilfer, dachte ich mir. Es geht ja um Hello-Kitty für Viktor. Die Prada-Petra ist nur der Türöffner. Sie musterte mich erst einmal von oben bis unten.

»Ach, ja? Schule? Aus welcher Stadt kommst du denn?«

Ich gab mich selbstbewusst.

»Äh, aus Gelsenkirchen.«

»Gelsenkirchen? Lächerlich! Da fliegen doch höchstens die Tauben zum Kacken hin.«

Dann drehte sie sich wieder weg, und ich stand an der Cocktailbar wie der Bussi Bär vor Godzilla. Die Hello-Kitty-Schmink-Schanaia drehte sich aber nicht um, sondern unterhielt sich plötzlich mit Viktor. Kai hat sich zum Horst gemacht, aber die Mission war erfüllt, dachte ich mir.

Dann machte der von mir fälschlich als leicht bräsig sowie schüchtern eingestufte Hello-Kitty-Vamp den Mund auf und zog Viktor zu sich an den Barhocker.

»Ey, Tiger! Liest du abends gern im Bett?«

Sie knöpfte ihre Bluse auf und enthüllte zahlreiche Tattoo-Botschaften, die vom Halsansatz bis fast zum Bauchnabel reichten.

Noch bevor ich mich nun aufmachte, um ein weiteres Bierchen zu ordern, erkannte ich im Dekolleté-Bereich ihr Mega-Tattoo: »*ICH BEUERE NICHTS!*«

Super, schoss es mir durch den Kopf. Wenn der Tätowierer sich nicht verstochen hätte, wäre das genau der richtige Spruch für Viktor. Und so besoffen, wie Hardcore-Kitty war, musste man auf das »Beuerchen« wohl auch nicht mehr lange warten. Viktor grinste indes über beide Ohren. Die Maus zog ihn noch weiter an ihren Barhocker heran. Nachdenklich beobachtete ich die beiden Fummler, während ich mit der Zunge langsam die Limone in mein Tex-Mex-Bier schob. Uiuiui, hoffentlich hatte ich hier die richtige Wahl zum Verkuppeln getroffen. Die Gucci-Gundula knallte unterdessen mit dem Kopf auf die Theke. Die war endgültig aus dem Spiel, und Helloknutsch-Me hatte freie Bahn.

»Ich steh so unglaublich auf harte Burschen. Möchtest du heute mein Feger sein?«

Viktor ging einen Meter zurück.

»Also, ich nich fegen heute. Feierabend! Auch Hausmeister hat mal frei.«

»Ach, du bist Hausmeister? Und ich hatte Schönheitschirurg gehofft«, grinste sie.

Na, super, dachte ich, während ich einen leichten Sicherheitsabstand zwischen mich und Kitty brachte. Das war's dann. Doch ich wurde vom Kätzchen erneut eines Besseren belehrt.

»Das ist ja witzig. Ich hab mal eine ganz tolle Erfahrung mit einem Hausmeister gemacht. Ich wurde vor einigen Jahren im Hausflur überfallen. Der Täter wollte Geld, Handy und so weiter. Ich hatte aber nix dabei. Und da fragte der Abzocker doch tatsächlich, ob ich ihm nicht wenigstens einen runterholen könne. Dabei kannte ich doch gar keinen im Haus. Und der Hausmeister wohnte Parterre.«

Ich nahm einen Schluck von meinem Bier und war mir immer noch nicht sicher, ob ich Viktor mit der unbeholfenen Kuppelei nun einen Gefallen getan hatte oder nicht. Kitty erzählte weiter.

»Na, und dann ging die Tür vom Hausmeister auf, und er fragte, ob er irgendwie helfen könne. Seitdem stehe ich total auf starke Hausmeister. Haste denn auch einen grauen Kittel und so Aldi-Pantoffeln?«

Ich war froh, als wir endlich im Taxi saßen und Viktor mit mir und einer Telefonnummer auf seiner Wange nach Hause fuhr. Ich sehe Kitty nun häufiger bei uns im Hausflur. Die Geräusche, die seitdem aus der Erdgeschosswohnung bis zu uns nach oben hallen, sind oft recht merkwürdig. Ich weiß ja nicht, was für frivole Hausmeisterspielchen die beiden mit dem verschwundenen Vorhängeschloss und dem Handfeger aus dem Müllkeller nun regelmäßig praktizieren, aber dank meiner Unterstützung ist Viktor seit unserem Ü40-Ausflug nun mit größter Freude festgebunden. Manchmal helfen Ratgeber (aus dem Mehrparteienhaus) also doch, und sei es, weil der Ratsuchende das Gegenteil von dem macht, was ihm geraten wird ...

★ Wie man eine Singleparty richtig meistert. ★
Für Sie und Ihn in neun Schritten

Schritt 1:

SIE: 3 Stunden im Bad für Körper, Haare und Telefonat mit der Mutter.

ER: 3 Minuten im Bad fürs Pinkeln.

Schritt 2:

SIE: 1 Stunde Klamottenauswahl vor dem Kleiderschrank.

ER: 1 Sekunde vor dem Wäscheberg »Getragen, aber geht noch«.

Schritt 3:

SIE: 30-minütige Suche im Telefonbuch nach der Freundin, die einem durch ihr Aussehen am wenigsten Konkurrenz macht.

ER: 1-minütiges Telefonat mit dem Kumpel, der am trinkfestesten ist.

Schritt 4:

SIE: 1 Stunde Vorglühen mit alkoholfreiem Sekt, um nicht zu betrunken zu werden.

ER: 10 Minuten Vorglühen mit Strohrum-Tequila, um ordentlich betrunken zu werden.

Schritt 5:

SIE: Bloß nicht zu spät da sein, um die besten Männer zu verpassen.

ER: Bloß nicht zu früh da sein, um von den Verzweifelten angesprochen zu werden.

Schritt 6:

SIE: Mitten auf die Tanzfläche und viel zappeln, um positiv aufzufallen.

ER: Mitten an die Theke und wenig bewegen, um nicht negativ aufzufallen.

Schritt 7:

SIE: Flirtbotschaft auf ein kleines Zettelchen schreiben und beim Flirtteam des Veranstalters abgeben.

ER: Telefonnummer auf einen Bierdeckel schreiben und in ihren Ausschnitt stecken.

Schritt 8:

SIE: »Ich liebe dich!«

ER: »Wo? Direkt hier?«

Schritt 9:

SIE: »Ich hab den schönsten Arsch der Welt!«

ER: »Ich bin der schönste Arsch der Welt!«

Schritt 10:

SIE: »Sollen wir in den nächsten Wochen mal telefonieren?«

ER: »Soll ich dich morgen früh anrufen oder wachschubsen?«

DER DRACHE MUSS ATMEN

Wie ich endlich Ordnung
in meinen Alltag brachte

Die schlimmsten Ratgeber sind meiner Meinung nach die, die einem gleich das ganze Leben erklären und optimieren wollen. Bücher oder Menschen, die zum Rundumschlag ausholen und finden, dass wir unseren kompletten Alltag falsch leben. Vor allem in den eigenen vier Wänden. Diese Ratgeber habe ich seit Kurzem gefressen. Was mich so aufregt? Es sind diese absurden, lebensfernen Erläuterungen. Etwa wenn behauptet wird, dass wir beispielsweise einlagiges Toilettenpapier besser finden sollen als vierlagiges oder dass wir beim Kartoffelschälen mit Entschleunigung schneller vorwärtskommen können als mit Eile. Alles schön und gut, für viele Menschen sicher eine gute Hilfe, aber für mich ist das nichts.

Meine Lebensdevise lautet nämlich: Wenn ich in den Augen anderer schon was falsch mache, dann bitte richtig. Daher lebe ich seit meiner Geburt in einem überaus geordneten Chaos. Das hat den Vorteil, dass zumindest ich immer weiß, was ich wo finde. Ob die Gattin die Entscheidungen, die man dann so aus dem Bauch heraus trifft, also zum Beispiel das Frühstücksei in der Mikrowelle zu kochen, am Ende gut findet oder nicht, unterliegt dann immerhin einer fünfzigprozentigen Chance. Insofern braucht man für das Chaos in den eigenen vier Wänden Putzlappen gegen Eigelb, innere Ruhe und eine tolerante Ehefrau, aber sicher keinen schlauen Ratgeber, der einem erklärt, wie man sein Leben zu Hause ordnet.

Simplify your Kinderzimmer, Cleaning your magic Life oder wie immer die schlauen Alleswisser in Buchform heißen, die uns ein geordnetes Leben schmackhaft machen wollen: Sie sind, wie ich finde, überflüssig! Wir Ruhrpottler sind ohnehin an Kummer gewöhnt, was chaotische Zustände angeht. Hier im Ruhrgebiet findet man schöne Dinge an Stellen, an denen andere nicht mal suchen würden. Allerdings nicht bei mir im Hausflur, wie ich vor Kurzem feststellen musste.

Wendela, die Müsli-Mutti aus der Wohngemeinschaft, war nämlich auch so eine typische Life-Optimiererin. Es reichte ihr allerdings schon lange nicht mehr, nur ihr eigenes Leben zu optimieren und ihre Bude regelmäßig nach den Grundsätzen der nepalesischen Wohlfühlmythologie auszumisten. Nein, sie fand im Laufe der letzten Jahre wohl auch Gefallen daran, sich ungefragt um fremde Buden zu kümmern. Irgendwann schoss ihr wohl durch den Kopf, dass auch meine Wohnung nicht so ganz ihrem Karma-Flow entsprach und man mal etwas dagegen tun muss, damit das Chi bei uns im Haus wieder besser fließen kann. Der Drache muss schließlich atmen können, wie es in ihrer chinesisch-mythologischen Humbuk-Parallelwelt so schön heißt. Und so nahm das Unglück dann seinen Lauf.

Ich riss gerade wieder einen schlauen Spruch von der Pinnwand im Hausflur ab, als Wendela ihr neues Liegefahrrad an mir vorbeischob.

»Herr Twilfer, müssen Sie hier im Flur auch noch Unordnung stiften? Die Zettel mit den Tagesbotschaften hängen doch ganz friedlich einfach nur so herum. Meinen Sie, der Flur wird ordentlicher, wenn sich die zerknüllten Zettel auf den Briefkästen stapeln?«

»Ich wünsch dir auch einen guten Morgen, Wendela. Ich möchte die Zettel, für die ein armer Baum sterben musste, nur wieder in den natürlichen Kreislauf bringen. Das hat mit deinen beknackten Ratgebersprüchen überhaupt nichts zu tun.«

»Ach ja, Herr Twilfer. Dann habe ich einen anderen Vorschlag in Sachen Papierrecycling. Statt sich weiterhin darum zu bemühen, Feuer in Ihre Geschichten zu bringen, sollten Sie mal beginnen, mehr Ihrer Bücher ins Feuer zu werfen. Auch da schließt sich dann ein natürlicher Kreislauf. Ihre Schreiberling-Bude sieht ohnehin aus wie die typische Autorenbutze. Da reicht ein Blick in Ihre Diele. Wie wär's denn mal mit Aufräumen? Das macht auch viel entspannter. Wir veranstalten übrigens nächsten Sonntag einen Hoftrödel. Da sind bestimmt noch dreißig Meter Standfläche für Ihren Müll frei. Das müsste ja gerade so reichen.«

Ich blieb die Ruhe selbst, auch wenn ich innerlich kochte.

»Wendela, ich fang mit dem Aufräumen gleich morgen früh an. Versprochen! Aber bevor ich mit dem Ausmisten des Stalls beginne, jage ich erst einmal die Schweine vor die Tür.«

Ich öffnete Wendela die Haustür und schob sie mithilfe des Türblatts nach draußen auf die Straße.

Hoftrödel? Eigentlich gar keine schlechte Idee. Man müsste nicht umständlich seinen ganzen Firlefanz von Sockenwärmer bis kaputtem Schokoladenbrunnen bei eBay verticken, sondern könnte den Mist direkt aus dem Fenster auf den Verkaufstisch abseilen. Vielleicht hatten Wendelas Umerziehungsabsichten in Sachen Ordnung und Aufräumen ja tatsächlich was Gutes an sich. Ich rannte zügig in meine Wohnung. Und siehe da, schon beim Öffnen der Tür sah ich plötzlich alles in einem anderen Licht.

Meine Diele ist der klassische deutsche schmale Flur, den man nur seitwärts durchlaufen kann. Okay, die Architekten der letzten Jahrhunderte haben sich nicht wirklich Mühe gegeben, die deutschen Dielen breiter zu gestalten, da es sich bei einer Diele ja nur um ein sogenanntes Durchgangszimmer handelt. Ein schönes deutsches Wort, wie ich finde. Durchgangszimmer. Bei mir zu Hause sind eigentlich alle Räume so gebaut worden, dass man hinein-, hindurch- und auch wieder hinausgehen kann. Trotzdem ist der Deutsche natürlich bemüht, diese minimale Fläche in der Diele auch optimal auszunutzen. Möbelhersteller sind dem Verbraucher da schon sehr entgegengekommen und produzieren inzwischen Schuhschränke mit Klappläden in der Stärke einer Zeitungsseite. Für immerhin zwölf Paar Schuhe. Die anderen vierundachtzig Paar Schuhe meiner Frau sind dadurch aber im Schlafzimmerschrank gelandet. Und genau da wollte ich nun ansetzen. Simplify your Schlafzimmer. Vierundachtzig Paar Schuhe in einen Umzugskarton, Fenster auf und ab auf den Hof für den Trödel. Dritter Stock? Egal! Kann den Schuhen nichts anhaben. Was benötigt meine Frau neun Jahre nach der Hochzeit auch noch ihre Brautschuhe? Weg damit!

Auch die *Cosmopolitan*-Jahrgänge 1992 bis 2017 flogen gleich hinterher. Die kauft sicher unser homöopathisches WG-Mädchen mit Dutt und Vollbart, sodass die Hefte zumindest im Haus bleiben würden. Ich setzte mich für einen Moment in die Küche, um durchzuschnaufen, und siehe da, ich fühlte mich schon viel besser. Verflucht noch mal, sollte Magic-Aufräumen tatsächlich Erfolg gehabt und mein inneres Gleichgewicht schon zu diesem frühen Zeitpunkt beeinflusst haben? Wurde ich nun ein besserer Mensch, nur, weil ich endlich die Schuhe meiner Frau aus dem Haus geschmissen hatte? Es schien so. Ich musste mich beeilen, da meine Frau gleich von der Arbeit zurückkommen würde und mit der Wahl meiner Trödelartikel sicher nicht ganz einverstanden wäre. Aber, hey, bei dieser Aufräumaktion ging es ja auch um ihr Wohlbefinden.

Mein Blick fiel auf die zahlreichen alten Blechdosen, die bei uns auf dem Küchenschrank standen und in denen meine Frau seit Jahren seltene Gewürze sammelte. Warum? Gegenfrage: Warum sammeln Frauen Muscheln, rosafarbene Kuscheltiere und leere Parfümflacons? So! Meine sammelt also alte

Gewürze. Es ist nur so, dass niemand diese Gewürze je angerührt hat, geschweige denn so mutig war, sie auch mal ins Essen zu mischen. Die Dinger konnten vor der Ankunft meiner Frau auch noch schnell in den Hof bugsiert werden. Die Hängeschränke hatte ich dabei gleich mit abgeschraubt. Halbe Sachen, war plötzlich meine neue Devise, brachten mich bei der Neuordnung meines Lebens ja nicht weiter. Und nachdem ich dann auch noch die pastellfarbenen Vorhänge, die *Shades of Grey*-Trilogie und die usbekischen Swarowski-Imitate in Umzugskartons eingepackt und über die Balkonbrüstung in den Hof geschmissen hatte, ging plötzlich das Türschloss.

Meine Frau stürmte mit Tasche unterm Arm und einem schon im Hausflur begonnenen Satz in unsere vollkommen neu definierte Diele.

»… und da hab ich ihr dann gesagt, dass wir auch mal Bock auf so einen Hoftrödel hätten. Wendela macht auch Kuchen für alle im Haus.«

Dieses Biest Wendela. Ich wusste, dass sie meiner Frau auch auflauert und das Ding mit dem Hoftrödel stecken musste. Alles war bis dato so gut durchdacht gewesen. Nun würde es schwieriger werden zu begründen, warum sicher auch andere Frauen mit knapper Kasse das Brautkleid meiner Frau schön finden würden. Oder warum Manga-Bücher auch von mehreren Experten gelesen werden können. Meine Frau begrüßte mich noch freundlich.

»Sach ma, Schatz. Hast du aufgeräumt? Hier sieht alles so, äh, anders aus.«

»Du, ich hatte Langeweile, und da dachte ich mir, ich schaffe mal etwas Ordnung in unserem Leben.«

»Ordnung in unserem Leben schaffen? Da reicht ein Nachmittag aber nicht aus. Ich hab den Hoftrödel übrigens sofort zugesagt und Wendela auch angeboten, dass du ihr ein wenig hilfst. Sie hat da einige schwere Sachen, die sie allein nicht in den Hof geschleppt bekommt.«

Ich war begeistert.

»Ach, ja? Was denn? Ihre Oberschenkel?«

Ich schob mit dem Fuß unauffällig eine letzte vergessene Glasfigur unter die Couch.

»Ich werde dieses WG-Wunderland da oben mit Sicherheit nicht betreten. Da kriegste an der Wohnungstür keinen Begrüßungscocktail, sondern 'ne Tetanusspritze. Kannste vergessen, Schatz.«

»Och, Kai. Komm! Wendela will sich sogar von den Sisalbrücken trennen, die bei ihr im Schlafzimmer liegen. Ich würde mir ihre Teppiche gern mal ansehen.«

Ich merkte, wie sich das Thema »Optimier your Zuhause for mehr Live-Balance« langsam verselbstständigte und wuchs. Warum müssen Menschen mit ihren Ratgebern auch dafür sorgen, dass solche Prozesse überhaupt in Gang gesetzt werden? Eigentlich war ich doch mit all den Plörren in meiner Wohnung bisher ganz zufrieden gewesen. Doch jetzt hatte ich die Büchse der Pandora ja mehr oder weniger selbst geöffnet. Es gab kein Zurück mehr. Die Wohnung musste leerer werden, um mein Leben weiter zu optimieren.

»Warum hat Wendela denn überhaupt Brücken in ihrem Schlafzimmer?«, fragte ich meine Frau neugierig.

»Ich dachte, Brücken sind nur da, wo auch Verkehr stattfindet.«

Und so wurde es noch ein lustiger Ausmistnachmittag mit meiner Frau. Ich hatte mein kleines Hobbyzimmerchen vorsorglich abgeschlossen, sodass die Comicsammlung, die alten *Masters of the Universe*-Actionfiguren und die Hörspielkassetten in Sicherheit waren. Den Schlüssel versteckte ich unauffindbar irgendwo in der Küche.

Die hier thematisierten Aufräumratgeber behaupten ja, dass das Maß an seelischem Gleichgewicht proportional mit der Menge steigt, die man aus seiner Wohnung rausschmeißt. Wenn man also nicht aufpasst und es bis auf die Spitze treibt, dann sitzt man wenige Tage später nackt auf dem Boden seiner leer geräumten Wohnung und ist glücklicher als nach einem intravenösen Einlauf mit flüssigem Nutella. Es war also wichtig, dass meine Frau und ich den Absprung noch rechtzeitig schafften, damit ich vom ganzen Aufräumen und Ausmisten nicht irgendwann so high sein würde, dass ich im Rausch auch noch meinen heiligen Schalke-04-Autogramm-Ball von der glorreichen Saison 1987/88 mit auf den Hoftrödeltisch packte.

Wir machten daher erst einmal im Bad weiter. Meine Frau drehte munter die Handbrause vom Brauseschlauch ab. Ich stutzte.

»Äh, Schatz. Der Duschkopf auch? Ich finde, der hat unser Leben eigentlich immer recht sauber gehalten. Ist das nicht etwas zu viel cleaning your soul?«

»Nein, Kai. Das Ding wollte ich schon lange entsorgen. Der Kopf duscht nämlich nicht richtig. Der hat so komische Einstellungen. Stufe 1: Waschen, Stufe 2: Lack entfernen und Stufe 3: Demos auflösen. Das Ding fliegt raus.«

Ich wunderte mich in diesem Moment zwar mehr über die Einstellung meiner Frau als über die des Duschkopfes, aber ich gehorchte. Man kann sich ja auch nur mit dem Schlauch abspritzen, dachte ich mir. Die Elefanten im Zoo werden schließlich auch nicht anders gesäubert.

Umzugskarton 18. Voll!

Ganz zum Schluss unseres Thementages »Aufräumen für den inneren Weltfrieden« kamen wir noch an eine heikle Stelle, die gemeinsame DVD-Sammlung, die zwar im Regal fein säuberlich getrennt stand, aber nun als Ganzes auch auf den Prüfstand kam.

»Kai, *Als die Frauen noch Schwänze hatten*, die Kamelle mit Senta Berger von 1970 kann weg, oder?«

Ich stürzte auf meine Frau zu und nahm ihr den Film aus der Hand.

»Bist du wahnsinnig? Da hat Ennio Morricone die Musik gemacht. Weißt du, wie hoch die ungeschnittene Fassung gehandelt wird? Außerdem, wer soll den denn auf dem Hoftrödel kaufen? Wendela bestimmt nicht. Die interessiert sich nicht für Schwänze. Und wo wir gerade dabei sind …«

Ich griff in den Umzugskarton.

»… die *Lass jucken, Kumpel*-Komplettbox, *Angriff der Killertomaten*, *Nonstop Nonsens* mit dänischer Tonspur und die *MacGyver*-Making-Ofs bleiben auch hier. Sonst wird es zu unübersichtlich auf dem Verkaufstisch im Hof.«

Um wenigstens ein bisschen Platz im Regal zu schaffen, einigten wir uns dann auf *Notting Hill*, *Sex and the City*, die Komplettbox *Falcon Crest* sowie den ganzen Disney-Pröddel der letzten hundert Jahre. Kän yu fiel se laaaf tuneiiiit? Und Tschüss!

»Mann Kai, das tut echt weh. Das sind alles Filme, bei denen Frauen Taschentücher benutzen.«

Ich schaute meine Frau von oben bis unten an.

»Schatz, wenn ich dir erst einmal alle Filme zeige, bei denen Männer Taschentücher benutzen, dann könnten wir den Hoftrödel auch auf der Reeperbahn aufziehen.«

Dann war es endlich geschafft: Meine Frau und ich waren den Tipps der Aufräumratgeber blind gefolgt und hatten die komplette Bude brav ausgemistet. Und all das nur, um uns besser zu fühlen. Das Schlimme war allerdings, je mehr Sachen über die Umzugskisten in den Hof wanderten, desto mehr

Dinge vermisste ich auch. Klobürste, Autoschlüssel, Brille und Matchboxkoffer zum Beispiel. Manche Dinge hätten wir doch behalten sollen. Nun ja, die Sachen waren ja noch nicht verkauft, sondern nur gut verpackt über den Hof in den Keller gebracht worden.

Einige Tage später, am Hoftrödelsonntag, holten wir die Sachen dann endlich wieder ans Tageslicht. Ja genau, Sonntag. Ausgerechnet! Der Sonntag, ein Wochentag, den normale Menschen ausschließlich dafür nutzen, um zu brunchen, Omma zu besuchen oder stundenlang Doppelpass auf Sport 1 zu gucken. Die Kirche lasse ich mal außen vor. Und was machen die Twilfers? Hoftrödel. Aufbau ab sechs Uhr morgens.

Hinsichtlich der Frage, wie man den heiligen Sonntag verbringt, gibt es genau drei Sorten Mensch. Zu der ersten Kategorie gehören all diejenigen, die nach einer langen Woche den Sonntag nutzen, um nichts zu machen. Zu der zweiten Sorte die, die sonntags all das machen, was sie in der Woche nicht schaffen. Und zu der dritten Gruppe zählen schließlich jene, die, wie ich, von Montag bis Sonntag nie was machen. Zumindest nicht morgens um sechs Uhr.

Doch diesen Sonntag war alles anders. Meine Frau und ich standen mit unseren Sachen zu aller Herrgottsfrühe im Hinterhof. Unser Stand befand sich direkt neben dem von Gernot, dem Vollbartmädchen. Auch einige Leute aus den umliegenden Häusern hatten sich eingefunden, und es herrschte schon viel Trubel in Sachen Kaufen und Verkaufen.

Das Schöne an Trödelmarktständen ist ja, dass man auf Grundlage des Warenangebots direkt auf den Charakter des Verkäufers schließen kann, da häufig intimste Dinge aus dem Privatleben auf den Tapeziertischen eines solchen Marktes landen. Gernot hatte seinen kleinen Neffen dabei und punktete, um sein Leben zu optimieren, mit dem kompletten IKEA-

Dekorationsbestand von 1992 sowie einer Sammlung ausgestopfter Schmetterlinge hinter Glas. Mörder! Ich stellte demonstrativ unsere Glasschmetterlinge aus Usbekistan daneben. Zusätzlich bot Gernot noch diverse Sperrmüllfundstücke und einen alten Heimtrainer an. Ich konnte mir einen Spruch nicht verkneifen.

»Na, Gernot. Tour de France vorzeitig abgebrochen? Fang doch mal mit Fußball an. Essen hat 'ne sehr erfolgreiche Damenmannschaft.«

Gernot ignorierte mich geflissentlich, während meine Frau unterdessen mit Wendela über unsere olle Gewürzsammlung plauderte. Und siehe da, die erste Dose Pulver ging über den Ladentisch. Ich haute noch einen raus.

»Wendela, das ist Second-Hand-Schnupftabak, den mein Oppa von der Zeche mitgebracht hat. Da kannste dir 'n schönen Tee draus kochen.«

Nach gut zwei Stunden machte ich den ersten Kassensturz. Wir waren doch tatsächlich schon 2,85 Euro im Plus, und das obwohl meine Frau in ihrer gutmütigen Art zuvor zehn Euro für Wendelas Spendenprojekt »Allergischen Kindern helfen« gegeben hatte. Oder waren's algerische?

Als ich gerade nachsehen wollte, warum die CD *André Rieu – Live in Castrop-Rauxel* für zwanzig Cent immer noch auf dem Tisch vor sich hingammelte, gab es plötzlich einen lauten Knall. Wendela war rückwärts auf ihren Verkaufstisch gekippt. Einfach so, wie ein Baum, der beleidigt durch seine Fällung schnurgerade umkippt. Rumms. Game Over! Zum Glück fiel sie weich auf ihre handgeknüpften Sisalbrücken aus dem Schlafzimmer.

Unter den Nachbarn brach Panik aus. Alle rannten zur bewusstlosen Wendela, um zu überprüfen, was passiert war. Neben ihr lag eine Tupperdose mit irgendeinem Brei, vermutlich den, den sich Wendela fünfmal täglich kochte. Das wussten wir, weil dann immer der komplette Hausflur roch. Der vor dem Verkaufstisch ausgebreitete Sisalteppich war vollgekotzt wie die Komawiese auf dem Münchner Oktoberfest.

Gernot erzählte irgendwas von einer Nussallergie, und meine Frau beschlich plötzlich ein grausamer Verdacht. »Kai, Wendela hat vorhin bei uns die Dose mit dem schwedischen Muskat mitgenommen. Kann das davon sein?«

Ich beruhigte meine Frau, während ich die 112 wählte.

»Schatz, das kann nicht sein. Nachdem ich die Dosen alle zusammengeschüttet hatte, war der Muskatanteil ja nur noch minimal.«

»Du hast was? Bist du bescheuert? Ich hatte da eine volle Dose Nusspulver aus Australien mit auf dem Schrank. Wie kannst du den ganzen Kram in eine einzige Dose mischen?«

Die Notrufnummer tutete.

»Du, so passte mehr in den Umzugskarton.«

»Notrufzentrale Gelsenkirchen. Was kann ich für Sie tun?«

Meine Frau nahm mein Handy und drückte das Gespräch weg, als sie sah, wie Wendela langsam wieder zu sich kam und sich auf ihren Teppich im Hof setzte. Der Drache atmete also wieder. Dabei sah es so aus, als wollte sie mit ihrer fliegenden Brücke gleich zu Aladdin und den vierzig Räubern losdüsen. Meine Frau war stinksauer.

»Wendela, alles klar? Der Kai hat sich gerade ganz spontan dazu bereit erklärt, mit dir in die Ambulanz zu fahren. Nur zur Sicherheit.«

Ich hatte was? Das konnte nicht der Ernst meiner Frau sein. Wendela sah im Gesicht aus, als habe ein Kleinkind eine Butterkeksexplosion im Mund gehabt, und ich sollte mit diesem Drachen nun auch noch am frühen Sonntagmorgen bis ins Krankenhaus schippern?

Nachdem die sechsköpfige Familie aus Albanien in der Notfallambulanz von der Migräne geheilt und Vatis abgebrochener Fingernagel wieder repariert worden war, kamen Wendela und ich nach gut drei Stunden zurück auf unseren Hof. Sie hatte sich berappelt und mir für den nächsten Hoftrödel einen Einlauf mit Sambal Oelek gewünscht. Ansonsten war sie wieder bester Dinge.

Alle Tapeziertische waren inzwischen – bis auf unseren – leer gekauft worden, und Wendelas nussfreie Kuchenspende war von Gernots Neffen vertilgt worden. Gernot spielte mit dem Jungen unterdessen Fußball im Garten unseres Nachbarn. Erst als ich genauer hinschaute, erkannte ich, dass es sich bei dem Fußball nicht um irgendein Tombola-Werbegeschenk aus Plastik handelte, sondern um meinen heiligen Schalke-04-Autogramm-Ball aus der erfolgreichen Saison 1987/88. Alle Unterschriften waren durch das Bolzen inzwischen im Autogramm-Nirwana verschwunden. Ich holte mir das abgeschabte Heiligtum zurück und marschierte auf meine Frau zu.

»Das nehme ich dir persönlich. Da war Thon drauf, Täuber und sogar Toni Schuhmacher. So was kriegste doch nie wieder.«

Gernot schrie von Weitem, dass er die Idee, vom Heimtrainer auf Fußball umzusteigen, gut fand. Meine Frau blieb ruhig: »Ach Kai, die alten Männer auf dem Ball, für die interessiert sich doch sowieso keiner mehr. Übrigens: Wir haben in der von dir gemischten Gewürzdose auch den Schlüssel von deinem Hobbyzimmer gefunden. Den hast du dort wohl versteckt. Dank deiner Actionfiguren, der Jan-Tenner-Hörspiele und der Sigurd-Comic-Erstauflagen haben wir jedenfalls noch stolze 467 Euro verdient. Toll, oder?«

Zugegeben, ich konnte die Freude meiner Frau nicht ganz

teilen. Auch weil von dem Geld zum Schluss kaum noch was übrig war.

Das Endergebnis sah nämlich so aus, dass meine Frau fast den ganzen Kram aus der WG aufgekauft hatte, und umgekehrt die WG nun jeden Abend meine alten Hörspielkassetten hörte, während ich total life-optimiert in meinem leeren Hobbyzimmer auf dem staubigen Sisalteppich von Wendela hockte und ausrechnete, was es mich kosten würde, das ganze Zeug von Wendela und Gernot wieder zurückzukaufen. Bei meiner Frau im Wohnzimmer dudelte unterdessen der Wegschmeiß-Song »Leichtes Gepäck« von Silbermond.

★ Die 10 goldenen Regeln des Aufräumens ★

Küche
1. Alles Essbare aufessen, auch die versteinerten Nudeln mit der Aufschrift Fossili.
2. Das Licht ausmachen oder zumindest so dimmen, dass man den Inhalt des Spülbeckens nur schemenhaft erahnen kann.

Wohnzimmer
1. Bewegliche Dinge wie Fußnägel, Salzstangen und Kronkorken aus der Couchritze entfernen und unter das Sofa schieben.
2. Zwei Minuten vor dem Besuch schämen im Verhältnis zu zwei Stunden Staubsaugen ist eine beachtliche Zeitersparnis.

Schlafzimmer
1. Die Tür des Kleiderschrankes nicht öffnen oder so schnell wieder zuschlagen, dass nichts rausfallen kann.
2. Wenn Sie Ihre Frau mit vollem Namen deutlich anspricht, ist das ein klares Zeichen dafür, die stinkenden Socken von ihrem Wecker zu entfernen.

Büro

1. Wenn Ihr WLAN-Signal schwächer wird, ist das ein noch deutlicheres Zeichen dafür, mit dem Aufräumen anzufangen.
2. Nicht stundenlang mit Dingen wie zum Beispiel sprechenden Kaffeetassen spielen, die man beim Aufräumen nach Jahren wiederentdeckt hat.

Garage

1. Aufräumen heißt nicht Umräumen, auseinanderschrauben und wieder zusammenbauen.
2. Sägespäne sind der Feenstaub der Männerwelt.

ALLES AUSSER BETRIEB

Wie ich es schaffte, mich im Büroalltag durchzusetzen

Seit zig Jahren werden Menschen in den unterschiedlichsten Berufen ausgebildet. Der eine entscheidet sich dazu zu studieren, wie man reichen Glucken mit Botox die Falten aus der Stirn zieht. Ein weiterer sieht seine Berufung darin zu erlernen, wie man sein Leben lang kleine Brötchen backt. Und ein Dritter empfindet es als ganz zauberhaft, wenn er den ganzen Tag über in einem Callcenter sitzt und hasserfüllten Anrufern erklärt, warum deren Sat-Receiver mal wieder abgestürzt ist und diese das WM-Finale nun übers Radio hören müssen.

Es gibt auf diesem Planeten schöne, ausfüllende und sinnstiftende Berufe auf der einen Seite und schlichtweg Kackjobs auf der anderen Seite. Hat man seinen Beruf aber erst einmal akzeptiert, dann wird man jeden Job positiv betrachten. Auch eine Politesse wird Ihnen in den meisten Fällen bestätigen, dass sie einen großartigen, sinnvollen Beruf ausübt. Immerhin ist sie den ganzen Tag über an der frischen Feinstaubluft, umgeben von freundlichen Mitmenschen. Allerdings ist sie wohl die Einzige, die das so sieht.

Insofern tut man gut daran, sich vor der Berufswahl erst einmal darüber klar zu werden, welcher Job eigentlich der Richtige für einen ist. Auch ist es nicht unwichtig zu wissen, wie man sich in einem dann folgenden Bewerbungsgespräch richtig artikuliert und im späteren Berufsleben korrekt verhält, um eventuell sogar Karriere zu machen.

Genau an diesem Punkt kommen wieder die schlauen Ratgeber ins Spiel, die uns nicht nur all das erklären können, sondern auch wissen wollen, wie man sich bei der Ausübung seines Berufes richtig konzentriert, selbstbewusst auftritt und vor allem, ganz wichtig, sich gegenüber seinen Mitstreitern, also den Kollegen, richtig verhält. Viele wissen das nämlich gar nicht so genau, und so kann man durch den frühzeitigen Rat eines einzigen Menschen Klippen wie Mobbing, Stress am Arbeitsplatz, Depressionen und den Wunsch, den Chef vierzuteilen, elegant umschiffen.

In meinem Fall, Beruf Autor, fallen zum Glück einige Hindernisse berufsbedingt schon mal weg. Kollegen am Schreibtisch nebenan habe ich keine, und selbstbewusst auftreten muss ich während der Arbeit am Buch eigentlich nur dann, wenn ich mich mit meiner Frau um das letzte Mettwürstchen im Kühlschrank streite. Nichtsdestotrotz habe aber auch ich mich irgendwann mal dazu entschieden, diesen Beruf des Schreibers auszuüben. Das heißt, auch ich habe irgendwann mal so eine Art Bewerbung verfasst, mich indirekt einem Vorstellungsgespräch ausgesetzt und versucht, nicht direkt zu Beginn meines Schaffens in die Kulissen zu fallen, also einen guten Eindruck zu hinterlassen. Nicht so ganz klassisch wie eine Azubine in einer Sparkassenfiliale, aber dennoch auch nicht ganz so weit davon entfernt.

Weil viele Berufstätige in jungen Jahren nicht wissen, wie man das professionell angeht, gibt es eine Frau wie Ursula. Ursula ist eine gute Freundin von mir, die ich seit vielen Jahren kenne. Eine reife Dame mit grauem Pagenschnitt und von der etwas rabiaten Sorte, die sich nicht viel im Leben gefallen lässt, mitunter auch gern mal etwas überreagiert. Ich kann mich noch gut erinnern, wie ich sie damals in meiner Stammbäckerei kennengelernt habe. Die junge Verkäuferin, wohl erst seit wenigen Tagen dort beschäftigt, sagte zu Ursula: »Ich geb Ihnen mal ein Brötchen mehr, weil sie nicht so schön sind.«

Ganz unglücklicher Satzbau, das gebe ich zu. Aber als Ursula dann den Stapel *Bäckerblume*-Hefte nahm und ihn in Richtung Bäckereifachverkäuferin warf, da war mir direkt klar, die macht beruflich irgendwas mit »Chef sein«. Und genauso war es auch, wie ich nach und nach herausfand. Ich traf Ursula nämlich nun häufiger zufällig bei uns im Viertel, und sie quatschte mich dann immer an. Egal ob beim Bäcker oder vor der Fleischtheke: Ungefragt erzählte sie mir, wie man, nicht nur als Bäckereifachverkäuferin, sondern auch sonst, seinen Beruf richtig ausüben müsse, um es im Leben zu was zu bringen.

Wow! Eine reife, erfahrene Lady, die wusste, wie man so richtig steil Karriere machen konnte. Mit schäbigen Gratis-Brötchen scheinbar nicht. Und obwohl Ursula selbst nie etwas Richtiges gelernt und keine Anstellung in ihrem Leben länger als drei Wochen am Stück innehatte, ist sie in meinen Augen die geborene Berufsberaterin und der beste Job-Coach, den man sich vorstellen kann.

Als Ursula neulich mal wieder neben mir beim Metzger stand und mit abschätzigem Blick gröbste Schmierwurst von der eingeschüchterten Verkäuferin orderte, da passierte es dann. Ursula hatte, wie sie mir später mal erzählte, vom Lotto-Mann erfahren, dass ich seit einigen Jahren als Autor tätig bin, Bücher schreibe und diese auch live auf der Bühne in Form von Comedylesungen den Leuten vorstelle. Eine ideale Steilvorlage also, um mich zu fragen, ob ich nicht mal als lebendes Musterexemplar mit in einen ihrer Coaching-Kurse kommen könne. So quasi als Beispiel dafür, wie das mit der Jobauswahl, dem selbstbewussten Auftreten und dem Umgang mit Kollegen ablaufen müsse. Auch das Thema Konzentration läge mir doch sicher im Blut.

Ich musste schlucken. Das Einzige, was mir vor Auftritten regelmäßig im Blut liegt, ist der Entspannungssekt, den ich mir wegen des fürchterlichen Lampenfiebers immer dann kippe, wenn ich in Kummersdorf vor acht gähnenden Leuten meinen Leseabend über die Bühne bringen darf. Und mehr als drei Sätze auswendig zu lernen ist leider auch selten drin. So viel also zum Thema Konzentration im Beruf. Ich bin da mehr von der Sorte »Geh raus, wird schon schiefgehen«. Na ja, aber um mir nicht meinen Ruf als selbstbewusstes Autoren-Kampf-schwein zu versauen, sagte ich natürlich sofort zu, ohne zu wissen, was da auf mich zukäme.

Keine zwei Tage später saß ich mit meinem Gesäß auf einem top-ergonomisch gestylten Designerstuhl in irgendeinem Businessbesprechungszimmer einer großen Spedition bei Gladbeck. Ursula stand mit einem Laserpointer aus dem China-Importshop neben mir und feuerte die ganze Zeit über wirre Leuchtpunktsalven auf eine große weiße Wand.

Die Teilnehmer, also die Mitarbeiter der Spedition, nennen wir sie der Einfachheit halber besser Versuchskaninchen, saßen stillschweigend um einen großen ovalen Tisch und bestaunten das reife Muttertier Ursula mit ihren Coaching-Tipps. Es hatte so ein bisschen was von Ministerkonferenz und Lagebesprechung kurz nach dem Ausbruch des dritten Weltkrieges. Andächtige Stille füllte den Raum.

Hauptziel von Ursula war es heute, den Probanden zu erläutern, wie man den angeschlagenen Büroalltag in diesem Unternehmen so auf die Reihe bekommt, dass alle wieder produktiver werden, mehr Konzentration an den Tag legen und durch selbstbewusstes Auftreten ihre individuellen Ziele in den Mittelpunkt stellen. Schließlich hat in so einem Unternehmen jeder Mitarbeiter andere Sorgen, und nur wenn alle Probleme berücksichtigt werden, klappt es auch im Team, und man verhindert Ärger im Betrieb. So Ursulas Motto.

Ich holte mir erst einmal eine Tupperdose mit einer schönen Mettstulle raus und folgte Ursula ebenso gespannt wie die knapp fünfzehn Teilnehmer. Ursula war gerufen worden, weil in dem Speditionsunternehmen seit geraumer Zeit Spannungen existierten, die das eben erwähnte Arbeitsklima negativ beeinflussten und die Produktivität des Unternehmens senkten. Was *ich* da an diesem Nachmittag zu suchen hatte? Herrgott, ich weiß es doch auch nicht. Aber weil ich nicht uninteressiert daran war, als Einzelkämpfer mal etwas über den Alltag eines typischen deutschen Bürokollegiums zu erfahren, lauschte ich andächtig.

Wir begannen mit einer kleinen Vorstellungsrunde. Vom LKW-Fahrer über die Vorzimmerdame bis hin zum Key-Account-Chef-Inspektions-Direktional-Kassenwartsanwärter für Global Interests waren alle wichtigen Mitarbeiter versammelt, um herauszufinden, was in der Vergangenheit in diesem Unternehmen schiefgelaufen war. Nur der Chef war bewusst ausgespart worden, damit die Mitarbeiter auch frei von der Leber reden konnten. Der Geschäftsführer hatte aber vorsorglich seine Gattin mit in die Runde eingeschleust.

Nachdem Ursula nun gefühlt stundenlang was über den respektvollen Umgang mit Kollegen philosophiert hatte, legte auch schon Günther los, der seit fünfunddreißig Jahren als Kraftfahrer für den Betrieb arbeitete.

»Ja hallo, Milady. Mein Name ist Günther. Ich tu hier seit ewig und drei Tage kutschen und fühle mich seit zwei Monaten gewischt.«

Gewischt? Er meinte wohl gemobbt. Na ja, in dem Alter muss man ja nicht jeden neudeutschen Mist auf der Pfanne haben, dachte ich mir. Ursula setzte ihren verständnisvollen Dackelblick auf und hinterfragte direkt, warum Günther sich denn nach einer so langen Zeit der Betriebszugehörigkeit gemobbt fühlen würde.

»Dat is wegen Olga, die Kanaille auße Legoistik (er meinte Logistik). Die versteckt immer meine Filtertüten, klaut Klorollen aus 'n Handschuhfach und dreht die Radios inne Böcke alle auf Schlagerparade Nordrhein. Dat is pure Schekane (er meinte Schikane). Und nur, weil ich die ma an Arsch gepackt hab.«

Olga, die Günther schräg gegenübersaß, verdrehte die Augen.

Uiuiui, dachte ich mir, da hat mich Ursula aber zu einem sympathischen Haufen mitgeschleppt. Der Umgang unter Kollegen scheint hier ja wirklich blendend zu funktionieren. Ursula schaltete sich sofort wieder ein.

»Äh ja, Günther, ein Berufsalltag ohne Filtertüten ist natürlich nicht, äh, so schön. Wie wär's denn, wenn ihr beiden euch einfach mal in den Arm nehmt und drückt? Das hört sich jetzt erst mal nicht einfach an, ich weiß. So was befreit aber unglaublich und setzt Spannungen frei. Vielleicht sollten wir das nun alle mal machen. Nehmen Sie doch einfach mal den oder die Kollegin in den Arm, den oder die Sie bisher am wenigsten mochten.«

Keine zwei Minuten später standen wir alle kuschelnd in einem Besprechungsraum einer mittelgroßen Firma in Deutschland, Jahresumsatz fünf Millionen Euro. Günther drückte die Klorollen-Olga fest an sich. Sie entschuldigte sich etwas widerwillig und gab sogar zu, im letzten Hochsommer für den vergorenen Hering in der LKW-Lüftungsanlage verantwortlich gewesen zu sein. Drei weitere Kerle im Anzug drückten die Putzfrau, mit der sie regelmäßig Zoff hatten, weil die nicht wusste, dass auch Urinale ab und zu gesäubert werden mussten. Ich hatte Ursula im Arm. Ich kam zwar mit meinen beiden Armen nicht ganz um sie herum, aber ich war ja auch nur als lebendes Vorführmodell eingeladen gewesen, sodass es bei uns beiden nicht um das Verbessern der kollegialen Beziehung ging.

Als wir alle fertig gekuschelt hatten, kamen wir zum Thema

selbstbewusstes Auftreten innerhalb der Firma. Nichts scheint im heutigen Berufsleben wichtiger zu sein als ein toughes Auftreten, um es im Bürokrieg zu nennenswerten Erfolgen bringen zu können. Biste ein stilles Mäuschen, haste in der harten Welt der Büro-King-Kongs nichts zu suchen. Man muss auch schon mal den Mund aufmachen, wenn einem was unter den Nägeln brennt. Ursula wählte daher als abschreckendes Beispiel Annette aus, die sehr sympathisch, aber etwas schüchtern wirkende Assistentin der Geschäftsführung. Nun schlug auch endlich meine Stunde. Ich sollte Annette zeigen, wie man selbstbewusst vor Publikum tritt und die Leute in seinen Bann zieht. Hatte ich das jemals geschafft? Ich war mir nicht sicher. Ursula moderierte mich trotzdem an.

»So, meine Damen und Herren, und nun möchte ich Ihnen Kai Twilfer vorstellen, der ja, wie Sie gerade gesehen haben, bereits sehr entschlossen ein Mettbrötchen gegessen hat. Er steht regelmäßig vor Publikum und muss sich dort selbstbewusst geben, um die Leute von sich zu überzeugen. Kai, schieß los! Erzähl doch mal, warum es für den Berufsalltag so wichtig ist, dass man sich Respekt verschafft.«

Ich wischte mir noch schnell ein Stück Zwiebel vom Kinn weg und stand erst mal auf. Macht sich ja immer gut. Egal ob vor der wackeligen Omma im Bus, dem Verkehrsrichter oder im Kino, wenn Chewbacca vor einem sitzt. Erst mal aufstehen, um den Überblick zu bekommen.

»Ja, äh, hallo an alle Bürolinge. Ich bin Kai, und ich hatte früher unglaublich Probleme, meine Schüchternheit zu überwinden. Äh ...«

Ich kam mir vor wie bei den anonymen Workaholikern.

»... also, äh, erst durch den rauen Alltag in der neunten Klasse habe ich dann endlich gemerkt, dass ich lernen muss, mich auch mal durchzusetzen und selbstbewusster zu werden.«

Ich wollte gerade anfangen zu erzählen, wie ich dem dominanten Lateinlehrer mal ganz selbstbewusst »penis bonus, pax in domus« auf die Aktentasche geschrieben hatte, als plötzlich Anette, die Assistentin der Geschäftsführung, aufstand und zu heulen anfing.

»Scheiße! Ich bin schwanger. Vierter Monat. Vom Chef! So, jetzt isset raus. Jetzt wissen et alle.«

Ich musste ein Mett-Zwiebel-Bäuerchen unterdrücken. Ursula bekam große Augen, zumal ja auch die (Noch-)Ehefrau des Chefs im Raum saß, die wohl glaubte, sich verhört zu haben, denn sie fragte: »Sie sind von *wem* schwanger?«

Die Assistentin flennte weiter.

»Mann, Ihr Oller hat mich doch so lange spitz gemacht, bis wir in Führerhaus vom MAN die Nummer durchgezogen haben. Und nur, weil Günther keine Gummis im Handschuhfach hatte, habe ich jetzt den Braten in der Röhre.«

Das konnte der ohnehin schon gescholtene und mehr als gewischte Günther nicht auf sich sitzen lassen.

»Ach, dat is ja wohl dat Allerletzte. Und jetzt tu ich in Schuld sein, weil ihr bei mir inne Koje gebumst habt. Dat war bestimmt auch die Filtertüten-Olga. Gib et zu, du Kanaille. Sach, wo du meine Gummis versteckt hast.«

Die Klorollen-Diebin war nun auch wieder mit im Ring, während die Ehefrau des Chefs der Assistentin einen Holunderblaubeersaft ins Gesicht schüttete. Man konnte Ursula ansehen, wie ihr der Coaching-Nachmittag zunehmend aus den Fingern glitt. Sollte sie nicht eigentlich das Gleichgewicht im Büroalltag dieses Unternehmens beratend wiederherstellen? Na, ihr Anliegen zu demonstrieren, wie man selbstbewusst auftritt und sich von seinen Problemen löst, klappte ja immerhin schon ganz gut.

Ich konnte über diesen vermeintlichen Erfolg aber nicht

lange nachdenken, da die wütende Olga plötzlich eine Dose Kaffeepulver zwischen Günthers Brusthaar und sein geöffnetes Holzfällerhemd schüttete. Auch sie stellte sich sehr selbstbewusst an.

»So, und jetzt is hier mal Truck-Stop! Die Filtertüten ja, dat geb ich zu, aber für deine Pariser biste selbst verantwortlich. Wenn du auf dem Rastplatz Bärenholz nicht immer so viele Nutten knattern würdest, dann hätte der Chef auch noch eines gefunden, um die Annette nicht zu schwängern.«

Günther platzte der Kragen. Er ging mit dicken Stirnadern auf Olga los. Die Ehefrau des Chefs tippte panisch die Kurzwahl auf dem Tischtelefon, um ihren Gigolo-Mann an die Strippe zu bekommen und ihn mit Details zu konfrontieren. Günthers Haupthaar, bestehend aus fünf fettigen Haarsträhnen, die im EAN-Strichcode-Look quer über die blanke Platte gelegt worden waren, hingen nun wirr oberhalb des Ohrläppchens in Richtung Schulter. Mit knallrotem Kopf machte er urplötzlich Ursula für das ganze Desaster verantwortlich. Wenn Ursula das Thema nicht angesprochen hätte, dann hätte Günther die Filtertüten-Frau unproblematisch mit einer der nächsten Lieferungen Bohnensuppe nach Weißrussland entsorgen können, und alles wäre gut gewesen. So hatte Ursula den ganzen Mist aber erst losgetreten.

Ich begann, mir nun hochkonzentriert Notizen für mein nächstes Bühnenprogramm zu machen, und biss lehrbuchmäßig selbstbewusst in ein paar Kekse, die durch die Tumulte inzwischen auf meiner Hose gelandet waren. Urtier Ursula stand mit drohendem Zeigefinger vor dem zwei Köpfe kleineren Günther, der hektisch dabei war, sich seine drei Haupthaare wieder zu ordnen. Die schwangere Assistentin wischte sich indes immer noch heulend den Holundersaft von ihrem Rüschenblüschen.

Erst als plötzlich der Chef des Unternehmens in den Besprechungsraum lugte, war Ruhe im Karton. Seine Ehefrau tippte immer noch auf sämtlichen Kurzwahltasten herum.

Der Chef hieß übrigens Erwin Paulmann, war selbstbewusste 1,56 Meter groß, hatte einen schief sitzenden hellbraunen Anzug an und trug eine Krawatte mit Flecken, deren Herkunft ich nach den hier ausgeplauderten Geschichten nicht mehr genau wissen wollte. Er begrüßte uns scheißfreundlich mit dem Satz:

»Meine lieben Schäfchen, weiß jemand, wo die Schutzhüllen für die Kündigungsbestätigungen gelandet sind? Diese extra dicken aus Gummi.«

★ Anleitung für einen erfolgreichen ★ Arbeitstag im Büro

7.00 Uhr: ankommen, wach werden.

7.30 Uhr: durch das anstrengende Bemühen, wach zu werden, auf der Tischplatte einschlafen.

8.00 Uhr: erneut wach werden.

8.15 Uhr: mit schmutziger Kaffeetasse in die Küche gehen.

8.30 Uhr: erste Auseinandersetzung mit Kollegen wegen fehlender Filtertüten.

9.00 Uhr: erster Kaffee intus.

9.10 Uhr: zweiter Kaffee halb intus, halb auf der Bluse (wahlweise Hemd).

9.20 Uhr: mit drittem Kaffee in der Hand Runde durch die Büros der Kollegen, um Raucher zu finden.

9.40 Uhr: erste Zigarettenpause vorm Nebeneingang.

10.00 Uhr: zurück am Platz, Abwesenheitsnotiz im Mail-Postfach einrichten und Telefon umleiten.

10.15 Uhr:	erstes Studium der Wochenkarte der Kantine.
10.20 Uhr:	fällige Arbeit an den Praktikanten delegieren.
10.45 Uhr:	zweite Raucherpause und festlegen, was man zum Mittag essen wird.
11.00 Uhr:	erstes Meeting des Tages nutzen, um den Kaffeefleck zu entfernen.
12.00 Uhr:	Mittagspause Teil 1: essen.
12.30 Uhr:	Mittagspause Teil 2: über Kollegen lästern.
13.00 Uhr:	dritte Raucherpause mit der Überlegung, wer heute Geburtstag hat und Kuchen dabeihaben könnte.
13.15 Uhr:	zweite Auseinandersetzung mit Kollegen, diesmal wegen fehlender Dosenmilch.
13.30 Uhr:	toter Punkt erreicht, daher Beginn von Yoga-Übungen am Schreibtisch.
14.00 Uhr:	Fun-E-Mails im Haus verschicken, damit alle sehen, dass man am PC sitzt und arbeitet.
14.30 Uhr:	zweites Meeting, um die Ergebnisse des ersten Meetings noch mal zu besprechen.

15.00 Uhr:	Brainstorming dazu, wie das dritte Meeting aussehen könnte.
15.20 Uhr:	endlich Zigarettenpause und Geburtstagsständchen für den Praktikanten.
15.30 Uhr:	Plünderung der Kuchenplatte des Praktikanten.
16.00 Uhr:	erhaltene Fun-E-Mails checken, Karten für das Phantasialand online bestellen und Parship-Profil mit neuen Fotos bestücken.
16.30 Uhr:	drittes Meeting, Vorbereitung auf den Feierabend.
16.45 Uhr:	Tasche packen, Tastatur ausschütteln, Kaktus auf der Fensterbank gießen und letzte Zigarettenpause.
16.59 Uhr:	SMS an den Praktikanten verschicken, mit der Aufforderung, die Kuchen-Schweinerei in der Küche aufzuräumen und die Gemeinschaftstoiletten zu säubern.
17.00 Uhr:	Feierabend und Aufbruch in Richtung After-Work-Party.

Ich hab mich abgeschrieben

Wie ich ohne Finanzberater mein Geld vermehrte

Es wird an dieser Stelle mal wieder Zeit, Stefan ins Spiel zu bringen. Einige von Ihnen kennen ihn, das ist mein Sammlerkumpel aus alten Zeiten, der nicht nur seine Sammelleidenschaft für alles Mögliche hegt, pflegt und dem Rest der Welt damit auf den Senkel geht. Nein, Stefan ist auch ein alter Sparfuchs, der versucht, aus jedem Handschlag einen Nutzen zu ziehen. Stefan handelt also allein nach dem Prinzip: Wo kann ich noch etwas optimieren, um zu sparen? Meistens Geld.

Stefan ist mittlerweile so sparsam, dass er tütenweise Lakritzschnecken aus dem Discounter-Angebot nach Hause schleppt, um sich tags drauf einen Satz Winterreifen zu kacken. So ein deplatzierter Geiz ist fast schon unheimlich. Aber egal, da Stefan dadurch zu einem durchaus unterhaltsamen Zeitgenossen geworden ist, den ich mir aus meinem engen Freundes- und vor allem Beraterkreis nicht mehr wegdenken kann. Stefan hat also jederzeit einen brandheißen Anlagetipp.

Schon als Teenager, als dieser Sparfuchs unbedingt zu einem Konzert des Rappers 50 Cent wollte, bat er jeden in der Familie um einen ganzen Euro, angeblich um noch einen Freund mitzunehmen. Clever, oder? Ich stand allerdings schon damals mehr auf 1 Eurodance. Tja, it's my life!

In meinem Fall verhält es sich in Sachen Geld, Einnahmen und Ausgaben nämlich so, dass ich mich bloß darum bemühe, am Monatsende zumindest einen Euro mehr eingenommen als ausgegeben zu haben. Aber auch dieser Euro will ja im besten Fall irgendwo gewinnbringend angelegt werden. Das Geld wächst nun mal nicht auf Bäumen, sodass ein bisschen Strategie in Sachen Geldanlage nicht falsch sein kann. Gut also, wenn man einen Finanzfuchs wie Stefan, einen neunmalklugen Bankberater und einen dicken Ratgeber wie *Der schnelle Weg zum reichen Sack* in petto hat.

Es ist inzwischen ein paar Wochen her. Es war mal wieder einer dieser berühmten Montage, an dem mich die übelste Krankheit niedergestreckt hatte, die einem Autor wiederfahren kann. Dagegen sind Angina, Fluenza, Diarrhöe und Heimweh harmlos. Mich hatte eine amtliche Schreibblockade ereilt, die einen sechs Stunden am Schreibtisch kleben lässt und … ja, nichts! Es passiert außer Kartenlegen in »Windows« und Rausgucken aus »windows« eben nichts. Gar nichts. Man schreibt drei Wörter auf und löscht diese am Ende des Tages wieder, weil sie doof waren. Eine nervige Sache, die bei fast jedem Autor gelegentlich eintritt.

In meiner Verzweiflung rief ich Stefan an und fragte, ob er nicht eine Idee habe, was man an diesem tristen Montag unternehmen könne. Außerdem hatte ich ja gestern den erwähnten Ratgeber über das schnelle Reichwerden gekauft. Als sehr vielversprechende Anlagegüter werden dort zum Beispiel griechische WLAN-Kabel und kanadische Creolen-Ohrringe empfohlen. Das würde sicher auch Stefan gefallen.

»Kai, sag mal, bist du eigentlich bekloppt, mich ausgerechnet jetzt anzurufen? Ich bin mitten in der Kalkulation für meine Hochzeit.«

»Wie, Hochzeit? Wen willst du denn jetzt schon wieder heiraten, Stefan?«

Stille am anderen Ende.

»Nein, ich heirate nicht jetzt, sondern am Wochenende. Mein Steuerberater hat mir die Ehe dringend empfohlen. Ich kann dadurch zirka zweiundfünfzig Euro im Jahr sparen. Splitting der Ehegattin oder wie das steuerlich heißt. Na ja, und jetzt bin ich mitten in der Planung für Kutsche, Kapelle, Kirche, Knaller und Kuchen.«

»Sag mal, Stefan. Zweiundfünfzig Euro? Du kennst das Mädel doch erst ein paar Tage. Meinste nicht, dass dich die Frau, also, äh, ich meine die Hochzeit am Ende teurer zu stehen kommen könnte, als die lächerliche Steuerersparnis wert ist?«

Wieder Stille am anderen Ende.

»Kai, pass auf! Komm hierher und hilf mir, aber erklär mir nicht, wie man Geld gewinnbringend anlegt. Ich hab für dich übrigens auch 'n brandheißen Anlagetipp. Bring dein halb volles WM-Sammelalbum von 1982 mit. Hab auf dem Flohmarkt 'ne ganze Kiste mit Stickern bekommen. Die geht sonst an eBay. Bis gleich!«

Ich kramte zwischen meinen alten Fußballalben und marschierte mit der Weltmeisterschaft 1982 unter dem Arm zu Stefan, der ganz in der Nähe wohnte. Stefan hat derzeit das Glück, mit seiner neuen Freundin heiße Nächte verbringen zu dürfen. Er wohnt nämlich seit Kurzem ohne Ventilator im Dachgeschoss.

Stefans Freundin war es dann auch, die mir die Tür öffnete und sich dabei kurz vorstellte. Ein heißer Schwall abgestandener Luft strömte mir entgegen. Im Hintergrund lief überlaut Bruno Mars mit »I think i wanna marry you«.

»Hi, ich heiße Britt!«

Ich verstand kein Wort. Mars machte mein Trommelfell zu Milky Way.

»Wie heißt du?«

»Ich heiße wie der Klebstoff, nur mit B am Anfang!«

Ich war etwas durch den Wind.

»Hallo Buhu, ich bin Kai.«

Dann endlich stellte Stefan den Schnulzenscheiß, der keine fünfzig Cent mehr wert war, aus, und man konnte sein eigenes Wort wieder hören.

»Hi Kai, du alter Muschelputzer. Du, über das Glitzerbild von Jupp Derwall reden wir später. Ich muss jetzt kurzfristig mit Britt zu meinem Anlageberater in die Bank. Der ist Profi durch und durch. Es geht um einen Kredit für das Hochzeitsinvestment. Und du kommst schön mit, damit du endlich mal lernst, wie man Geld richtig investiert. Der Typ da in der Bank, der weiß alles über Krötenwanderung.«

Hochzeitsinvestment? Krötenwanderung? Mir schien es eher so, als wolle Stefan mal wieder auf Gedeih und Verderb sein hart erarbeitetes Geld, das er als Angestellter in einem Gartencenter verdiente, sinnlos in Luft auflösen lassen. Aber ich machte gute Miene zum bösen Spiel, schließlich war ich sogar als Trauzeuge vorgesehen.

Na ja, so marschierten wir nun also zusammen mit Buhu, meinem Wunderbuch über Geldvermehrung und einem mehr als motivierten Stefan in Richtung Mini-Bankfiliale. Die typische Zweigstelle eines Geldinstituts, irgendwo im tiefsten Stadtteilwust von Gelsenkirchen. Waschbetonfassade, Ommas mit Rollator, die direkt vor der Tür die dicken Fünfhunderter der Jahresrente durchzählten, und zahlreiche Glasschaukästen, aus denen uns auf Postern glückliche Familien von irgendwelchen Plastikstühlen aus Reihenhausgärten entgegenlächelten. *Wir schaffen Ihre Immobilie!* war darüber zu lesen.

Ich war mir nicht sicher, ob die Geldexperten in dem Bauspar-Bunker nicht vorher mein Geld und mich schafften. Also das Geld ins Ausland, und mich in den Wahnsinn zu treiben.

Stefan öffnete die Tür der Filiale. Ich musste an diese riesigen Bankfilialen aus den James-Bond-Filmen denken. Die mit diesen großen Schalterhallen im Barockdesign. Mit Stuckdecken, Marmorböden und lasziven Damen, die mit Aktenköfferchen und Sonnenbrille gerade die Anzahlung für ihre Yacht abgeholt hatten. Wie gesagt, ich musste dran denken. Die Realität war eine total heruntergekommene Bankfiliale, die wohl in kurzer Zeit dem Online-Banking weichen musste und in die man daher auch nicht mehr viel Geld investiert hatte. Stefan, Buhu und ich waren also mit einer Zeitmaschine in die Siebzigerjahre zurückkatapultiert worden, als psychodelische Teppichmuster jeden Bankkunden hypnotisierten und man infolgedessen den Bankberatern alles glaubte und unterschrieb.

Stefan setzte sich mit Buhu so vor den Schreibtisch von Bankmitarbeiter Olaf Stegmann, als wolle er das Ja-Wort mit dem Kreditvertrag gleich mit unterschreiben.

Ich hockte mich auf einen Freischwinger daneben. Freischwinger sind diese Stühle, auf denen man permanent mit dem Kopf wackelt, weil es keine hinteren Stuhlbeine gibt, sodass alles, was der Bankberater einem empfiehlt, automatisch abgenickt wird. So weit zumindest meine Vermutung, die später noch bestätigt werden sollte.

»So, Herr Stefan …«

Stefan unterbrach den Karrieristen.

»Nein, Schmidt-Scholtau! Ich heiße Schmidt-Scholtau, und die bezaubernde Frau neben mir ist Buhu, äh Britt. Ach ja, und der Trauzeuge zu meiner Rechten braucht gleich mal 'n ordentliches Investment.«

Der Banker schaute auf seine Unterlagen.

»Gut, Frau Britt und Herr Schmodt-Schiltau. Wie Sie mir am Telefon ja bereits mitgeteilt haben, beabsichtigen Sie zu heiraten.«

Stefan war entsetzt.

»Nein, ich beabsichtige nicht, ich muss. Der Horst Gebauer hat alles hochgerechnet und diese Ehe so bestimmt.«

Der Bankberater kam leicht aus dem Konzept.

»Ist das der Herr neben Ihnen?«

»Nein, das ist mein Investment-Steuermanager. Der hat mir gesagt, dass ich mit Frau billiger bin als mit ohne.«

Ich holte mein Buch *Der schnelle Weg zum reichen Sack* heraus und legte es ganz demonstrativ direkt neben die *Ich Chef! Du nix!*-Tasse des Bankberaters.

»Guten Tag, mein Name ist Twilfer. Kai Twilfer. Wenn Sie die beiden Frischverliebten mit Geld überschüttet haben, dann hätte ich gern im Anschluss einen guten Anlagetipp für mich. Ich hab auch Sicherheiten.«

Der Bankberater tippte wie wild auf seiner mit Krümeln übersäten Tastatur.

»Äh, ja. Also, wir haben für junge Pärchen durchaus ansprechende Kreditoptionen, inklusive Absicherung im Scheidungsfall.«

Jetzt kam Buhu ins Spiel.

»Ach, die Absicherung im Scheidungsfall kommt von der Bank? Ich dachte immer, da muss der Olle löhnen.«

»Nein, ich meine, dass die Bank dann das Kreditrisiko übernimmt.«

Buhu verstand nur Bahnhof, und ich las mir indes das kleine hauseigen publizierte Comic-Heft durch, das am Platz des Bankberaters für quengelnde Kinder hinterlegt worden war. *Koks und Knatter – die beiden Abenteurer auf der Suche nach der schnellen Mark.* Das Heft war von 1997.

Der Bankberater quatschte nun Tacheles.

»Also, Herr Schodt-Schmiltau, da Sie ja als Kunde bereits seit vierzig Jahren bei uns ein Jeans-Sparbuch führen, können wir Ihnen auch ein gutes Kreditangebot für den schönsten Tag in Ihrem Leben machen.«

Stefan musste erneut korrigieren.

»Der schönste Tag in meinem Leben war der, als ich auf dem Flohmarkt die deutsche *Batman*-Erstausgabe gefunden hatte.«

»Ja natürlich, Herr Schmild-Schottau, das war sicher auch ein gutes Investment, aber in unserem Fall bieten wir Ihnen satte fünfhundert Euro zu zwölf Prozent. Was haben Sie denn eigentlich an Sicherheiten? Wir bräuchten Sicherheiten in Höhe von zirka zweitausend Euro.«

Stefan ging in sich. Buhu wurde zunehmend gelangweilt, kramte ihre Maniküreutensilien aus der Handtasche, und Stefan verkündete stolz: »Ich hab 'ne gigantische Kronkorkensammlung. Da sind Dinger aus Botswana, Peru und Guatemala dabei. Die ist mit Geld gar nicht aufzuwiegen. Die kann ich gern als Pfand hier hinterlegen.«

Ich sah mich schon am nächsten Tag mit fünfzehn Umzugskartons voller Kronkorken in die Bankfiliale marschieren. Wir wären die Ersten, die es schafften, nicht Flaschen, sondern die Kronkorken zu verpfänden.

Bankberater Stegmann schaute uns verzweifelt an.

»Äh, Herr Schmold-Schittau, haben Sie eventuell einen Bürgen, der diese hohe Summe absichern kann? Wir sind ja gewillt, Sie in Sachen Investment gut zu beraten, aber Sie müssen verstehen, bei so hohen Summen, da brauchen wir Sicherheit.«

»Ein Bürge? Ich glaube, ich kenn da einen.«

Stefan drehte sich zu mir. Buhu lackierte sich inzwischen die Nägel in Knallrot, und mir blieb in meinem Freischwinger nichts anderes übrig, als zu nicken, als Stefan mich fragte, ob ich für die Kreditkohle bürgen könne.

»Der Kai is da genau der Richtige. Der hat zu Hause wertvolle Actionfiguren, da legen Sie aber die Ohren an. Damit kann der Ihre ganze Bank kaufen.«

Im Hinblick auf meinen vergammelten He-Man von 1988 und die abgewetzte Theke aus Wurzelholzimitat in dieser Retrobank musste ich Stefan sogar recht geben.

Der Bankberater war zufrieden.

»Gut, dann tragen wir Ihren Kumpel Herrn Kai als Bürgen ein, und schon bekommen Sie von uns sage und schreibe fünfhundert Euro für Ihre Hochzeit. Gell, gnädige Frau, da können Sie's dann aber krachen lassen.«

Buhu lächelte schmal, da sie wohl schon durchrechnete, wie sie die Gulaschkanone mit Erbsensuppe in den Hof bekommen sollte, um die geplanten hundertfünfzig Hochzeitsgäste mit nur fünfhundert Euro satt zu bekommen.

Ich schob erneut unauffällig mein Buch, wie ich ein reicher Sack werden kann, in Richtung Bankberater.

»Sagen Sie, wenn ich schon als Bürge mit in den Hafen der Ehe einlaufe, wie wär's denn dann mit einem brandheißen Tipp, wie ich auch mein Bargeld sinnvoll anlegen kann?«

»Ja natürlich, Herr Kai, dafür sind wir ja da. Was machen Sie denn beruflich?«

»Ich bin Schriftsetzer. Ich versuche Worte in die richtige Reihenfolge zu bringen.«

Der Bankberater schüttete sich erst einmal einen lauwarmen Kaffee nach.

»Schriftsetzer? Och, dann würde ich Ihnen empfehlen, das Geld zu Hause zu sparen. Wir haben da so kleine putzige Spardosen von *Koks und Knatter*. Wissen Sie, wir wollen Sie ja nicht mit Strafzinsen belästigen, die …«

»Okay, ich korrigiere noch mal. Ich bin Bestsellerautor, habe in den vergangenen zwei Monaten in drei Galaxien Milliarden Bücher verkauft, und Stephen King sitzt nachts an meinem Bett und weint vor Neid.«

Ich musste zugeben, dass ich leicht übertrieben hatte (es ist nicht Stephen King, sondern Rosamunde Pilcher), aber ich verschaffte mir urplötzlich doch noch Gehör beim Bankberater meines Vertrauens.

»Ach so, Herr äh, na wenn da so ist, dann würde ich Ihnen gern einige Bausteine empfehlen, die speziell für Senioren entwickelt wurden.«

Bausteine für Senioren? Ich war kurz davor, dem Bankfuzzi das dicke Buch mit der Millionärs-Formel einzuführen. Aber im Querformat.

»Ich brauche aber keine Bausteine und auch nichts für Senioren.«

»Herr Kai …«

»Herrgott, Twilfer!«

»Ja, Herr Gott-Wilfer, ich weiß, das klingt erst einmal absurd. Aber für uns als Bank sind alle Menschen über achtzehn rein bilanztechnisch Senioren. Sie mit zweiundzwanzig können da also gar nichts zu. Hö! Hö! Hö!«

Ich versuchte, das für mich belanglose Gespräch wieder auf meine Frage zu lenken.

»In diesem schlauen Ratgeberbuch steht drin, dass man innerhalb eines Jahres Millionär werden kann. Schafft Ihre Bank das mit mir auch?«

Der Bankberater tippte wieder was in die Tastatur.

»Nun ja, wenn Sie als Milliardär zu uns kommen, sicher. Aber ich bin mir auch sicher, dass das in diesem Buch etwas überspitzt …«

Stefan kam nun wieder ins Spiel, nachdem er Buhus Hand gehalten hatte, bis sich ihr schnell trocknender Nagellack in Beton verwandelt hatte und man mit den Polierarbeiten beginnen konnte.

»Der Kai meint doch nur, dass in diesen Büchern immer so viel gequatscht wird, von wegen, man kann Kohle ansammeln und vermehren, ohne was dafür tun zu müssen. Ich hab Kai ja schon mal erklärt, dass man mit Überraschungseierfiguren Wahnsinnsrenditen erzielt, aber …«

»Ja, ja, Stefan. Nun lass den Bankier doch mal ausreden.«

Zahlenjongleur Stegmann schaute zu uns beiden.

»Herr Gott-Wilfer, haben Sie sich schon mal Gedanken über eine Lebensversicherung gemacht? Leben braucht schließlich Sicherheit. Wir können Ihnen da was mit einer Laufzeit von sechzig Jahren anbieten. Zu Beginn sind die Raten zwar sehr hoch, aber ab dem fünfzigsten Jahr des Einzahlens sinkt die Rate immens.«

Mit zweiundvierzig eine Lebensversicherung über sechzig Jahre abschließen? Jopi Heesters hätte damit wohl die Bank gesprengt. In meinem Fall war mir klar, dass nun eher das Leben des Bankberaters Stegmann Sicherheit brauchte.

»Na ja, Herr Gott-Wilfer ...«

»Nein, nicht Gott. Twilfer!«

»Okay, Herr Nichtgott-Wilfer, dann bleiben eigentlich nur noch Immobilien, Aktien, Gold und Riestern. Alles besser als Hartzen, oder? Hö! Hö! Hö!«

Ich stellte mich nun doof und ließ nicht locker. Schließlich wollte ich ja nicht wissen, ob ich irgendwann mal zum Trilliardär werde, sondern wie mir das in zwei Monaten gelingt.

»Herr, äh, also ich kann Ihnen diesbezüglich ansonsten nur hartes Sparen empfehlen. Können Sie denn kurzfristig Rücklagen bilden? Ein bisschen Sparpotenzial hat doch jeder.«

Stefan schaute mich streng an.

»Kai, ich hab dir gleich gesagt, Sky, Videothekenabo, Netflix, Prime, Maxdome, Rakuten, Videoload, Turbo-Glasfaser und dann noch die GEZ-Heinis. Ich finde die zweitausend Euro im Monat kannste sinnvoller anlegen als in Serienstaffeln.«

»Stefan, so viel ist das gar nicht. Und ehrlich gesagt, will ich auch gar nicht sparen.«

Bankberater Stegmann kam in sein Element.

»Also, Herr Niegott-Wilfert, Sie müssen ...«

Und zack, da war es wieder. Das Wort *müssen*. Ich muss erst mal gar nichts, dachte ich mir im Hinblick auf den Bankberater. Dieser Abzocker! Der würde mir an diesem Tag in dieser abgenudelten Bankfiliale sicher nicht erklären können, wie ich mit Nichtstun morgen früh steinreich sein werde. Ich musste also mal wieder auf meinen Freund Stefan hören, meinen kostenfreien Anlageberater, der es eigentlich immer gut mit mir meinte und der für jeden Senior den passenden Baustein hatte.

Was der Bankberater an diesem Montag ebenso wenig geschafft hat wie das schlaue Buch über Vermögensbildung und -mehrung, das hat mein lieber Kumpel Stefan mit seiner leicht verpeilten Neu-Ehefrau Buhu nun hinbekommen. Den ultimativen Tipp, um Kosten zu sparen: Und so habe ich nun meine Frau ein weiteres Mal geheiratet. Ein aufgefrischtes Eheversprechen quasi. Mit Käsekuchen, Elvis-Imitator und rosa Chevrolet. Bei strahlendem Sonnenschein mit den Trauzeugen Stefan und Buhu. Seine Kohle in Liebe zu investieren, schien mir die beste Strategie. Bezahlte Liebe quasi. Und da ich über diesen legendären Tag und die anschließende Hochzeit Stefans ein Buch schreiben möchte, kann ich den ganzen Klumpatsch steuerlich als Recherchearbeit absetzen. Hab ich zumindest mal im Halbschlaf bei *WISO* gesehen. Na, wenn das mal keine Investition in die Zukunft gewesen ist.

★ Die 10 kuriosesten Fakten über Geld und ★ Gold, die Ihnen aber garantiert nichts nützen

Platz 10: Grippeviren halten sich auf Geldnoten bis zu vierzehn Tage.

Platz 9: Der Drogenboss Escobar gab monatlich zweitausendfünfhundert Dollar für Gummibänder aus, um sein Drogengeld zu bündeln.

Platz 8: Aus einer Tonne Smartphones gewinnt man mehr Gold als aus einer Tonne Golderz.

Platz 7: Die meistgedruckten Banknoten sind die Geldscheine aus dem Monopoly-Spiel.

Platz 6: Auf dem Grund der Weltmeere befinden sich zehn Milliarden Tonnen Gold.

Platz 5: Die Inflation in Deutschland war mal so hoch, dass man Geldscheine als Tapetenersatz nutzte, da richtige Tapeten teurer gewesen wären.

Platz 4: Milliardäre haben im Schnitt drei Kinder.

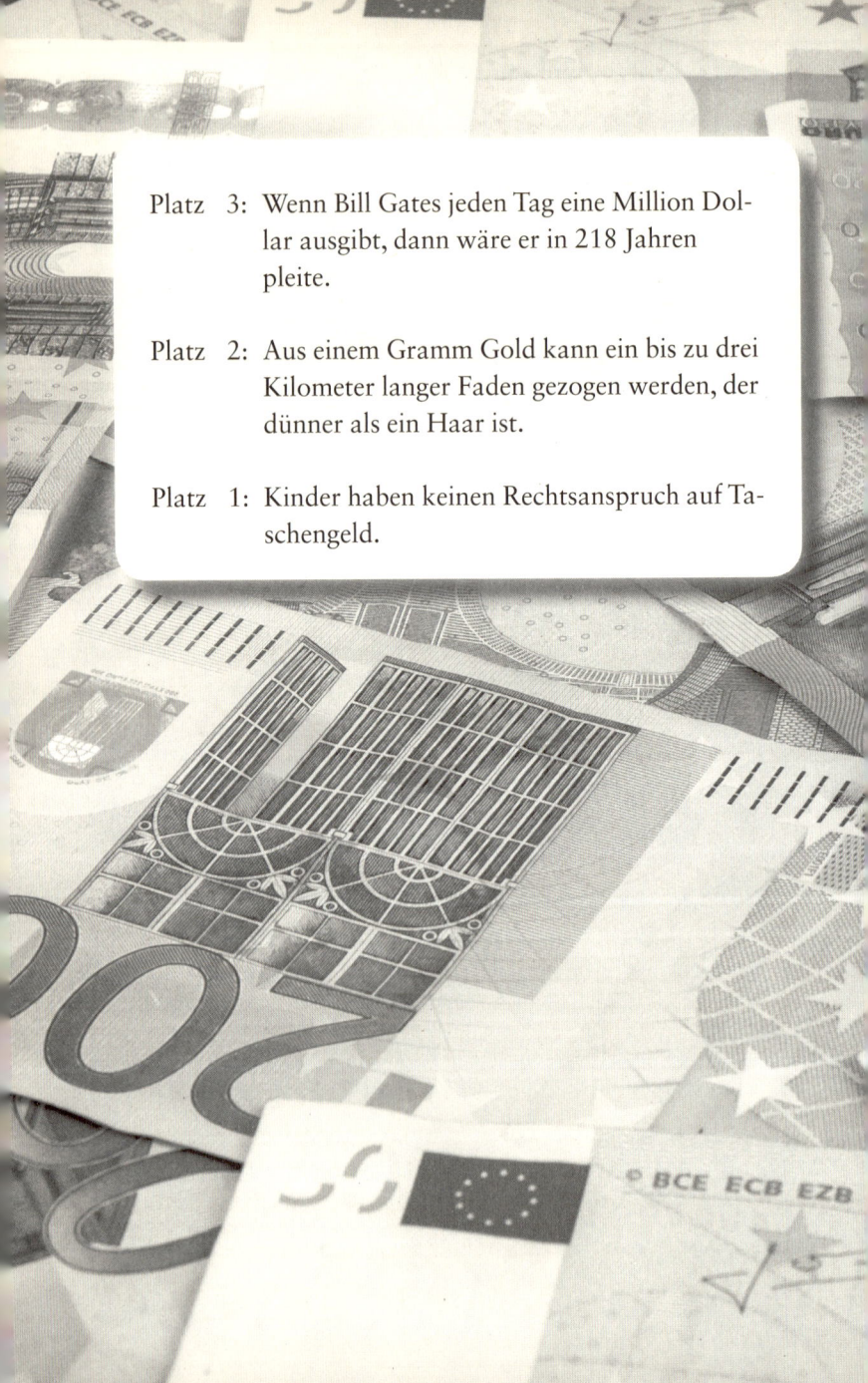

Platz 3: Wenn Bill Gates jeden Tag eine Million Dollar ausgibt, dann wäre er in 218 Jahren pleite.

Platz 2: Aus einem Gramm Gold kann ein bis zu drei Kilometer langer Faden gezogen werden, der dünner als ein Haar ist.

Platz 1: Kinder haben keinen Rechtsanspruch auf Taschengeld.

WECHSELHAARE

Wie ich dem Älterwerden die kalte Schulter zeigte

Die Sängerin Madonna hat das Thema Älterwerden mal ganz treffend auf den Punkt gebracht. Sie sagte vor nicht allzu langer Zeit, sie schätze junge Männer mehr als früher. Die wüssten zwar nicht, was sie tun, aber sie könnten es immerhin die ganze Nacht.

Das Thema Altern ist omnipräsent, nicht nur im Bett mit Madonna, sondern auch sonst überall. Frauen, die ähnlich viele Lenze auf dem Buckel haben wie die Popdiva, sind zwar trotz Faltenwurf immer noch recht heiß, allerdings kommt diese Hitze nun mehr in Form von Schüben und hat weniger mit Testosteron, sondern eher was mit den Wechseljahren zu tun. Wie schön also, dass wir Männer oll werden können, ohne uns mit dem Thema Wechseljahre auseinandersetzen zu müssen. Ja, Pustekuchen! Dass Männer mit den Themen Wechseljahre und Älterwerden nichts am Hut haben, ist nämlich leider ein Trugschluss. Auch Männer können in eine Art Alterspubertät kommen, wie ich vor einigen Wochen schlagartig feststellen musste. Nach der echten Pubertät ist das die zweite Phase im Leben eines Menschen, in der er feststellt: Mist, irgendwat passiert da gerade mit mir. Ich mutiere in ein anderes Wesen. Ich bekomme zwar keine grüne Haut, große Muskeln und brülle durch die Gegend, aber eine nicht aufzuhaltende Transformation ist trotzdem im Gang. Rooooaaar!

Und das Lustige daran ist: Niemand, weder Männlein noch Weiblein, kann sich dem Alterungsprozess widersetzen. Trotzdem scharwenzeln auch zu diesem Themenkomplex wieder zahlreiche Besserwisser um einen herum, die behaupten, den Alterungsprozess in erster Linie optisch, aber auch psychisch außer Kraft setzen zu können. Botox olé!

Ich bin mit dem Thema Altern bisher eigentlich recht gelassen umgegangen. Zwar erinnern mich die Kerzen auf meiner Geburtstagstorte inzwischen an altrömische Fackelzüge, aber bis zu meinem vierzigsten Lebensjahr hat mir das keine großen Sorgen bereitet.

Angefangen haben meine ganz persönlichen Wechseljahre nämlich schon mit dem Einsetzen der Pubertät. Bis zu diesem Zeitpunkt war das Leben unbeschwert. Ich hatte damals meine eigene Suchmaschine, mit vier Buchstaben, sie hieß Mama, und ich musste mich um nichts selbst kümmern. Aber mit der Pubertät begann für mich das gnadenlose Altern. Ich wurde erwachsen. Sogar die Schlümpfe im Fernsehen wurden immer älter. Sie heißen heute allerdings Avatar.

Dabei war die Zeit als Baby gar nicht mal so schlecht. Ich war kleinwüchsig, hatte ein aufgedunsenes Gesicht, keine Haare auf der Birne, noch weniger Kohle auf dem Konto, und trotzdem wollten mich alle Frauen begrapschen. Das ist heute leider anders.

Warum wird man dann überhaupt älter? Das sagen einem die schlauen Ratgeber leider nicht. Das Älterwerden lässt sich nämlich nicht aufhalten, sodass aus meiner Sicht Ratgeber zu diesem Thema auch vollkommen überflüssig sind. Was steht dann in diesen Büchern drin? Nun, die Ratgeber von heute befassen sich vor allem mit den Problemen, die dieser nicht aufzuhaltende Alterungsprozess bei jedem Menschen mit sich bringt. Da wird dann von plötzlich einsetzender Alters-Melancholie gesprochen. Okay, auch ich hatte mal so eine Phase. Neulich habe ich mich sogar dabei ertappt, wie ich gedankenverloren in die Diele gegangen bin, mich auf den Fußboden gelegt und mich eine Stunde lang mit unserer schlafenden Katze unterhalten habe. Hätte ich früher nie gemacht. Das muss pure Melancholie gewesen sein, bedingt durch das fortgeschrittene Alter. Irgendwann kam dann meine Frau dazu und erklärte mir, dass wir gar keine Katze haben und ich die ganze Zeit mit ihrer Strickjacke geredet hatte. Kann passieren.

Vielleicht geht das Älterwerden automatisch mit einem großen Maß an Schusseligkeit einher. Es gibt für einen Mann nämlich nichts Schlimmeres, als dass er anfängt, Schussel an den Tag zu legen beziehungsweise Selbstgespräche zu führen. Besonders schlimm wird es, wenn er beginnt, sich mit sich selbst zu zoffen. Ich habe mich mal so intensiv mit mir selbst gestritten, dass ich mich sogar selbst enterbt habe. Hat alles mit dem bösen Alter zu tun, wie mir mein Kumpel Böcki erklärte, der noch ein paar Jahre reifer ist als ich. Auch Männer leben also in permanenten Wechseljahren. Obwohl es bei mir weniger die Wechseljahre, sondern mehr die Wechselhaare sind, die mir zu schaffen machen. Sie wechseln von Kopf in Richtung Rücken. Meine Haare sind zwar immer noch hüftlang, beginnen nun aber auf dem Schulterblatt. Dieses verfluchte Älterwerden. Ich möchte es auch nicht an die große Glocke hängen, aber früher konnte ich zumindest die von Schiller auswendig. Heutzutage fällt es mir sogar schwer, mein Auto vollzutanken und bis zur Tankstellenkasse nicht die Nummer der Zapfsäule zu vergessen.

Aber was soll man machen? Sich vorsorglich schon mal auf die schöne Wiese im Garten legen, um sich an den Geruch von feuchter Erde zu gewöhnen? Ne, dafür ist der Alterungsprozess dann doch zu spannend. Man möchte ja, sowohl als Mann als auch als Frau wissen, was genau da mit einem passiert. So viel Neugier auf das Leben gehört dazu und ist wohl auch der Brandbeschleuniger, der die schlauen Tipps zum Thema Alter-Sack-Werden wie Pilze aus dem Boden schießen lässt. Ratgeber, die einem erläutern, wie man aus deren Sicht richtig altert. Es gibt also scheinbar nur ein richtiges und ein falsches Altern, wenn es nach den Aussagen der gedruckten Schlauberger geht.

Ich bin ja eigentlich der Meinung, dass es erst einmal entscheidend ist, seine Zeit zwischen den Windeln lebensbejahend anzugehen und sich nicht allzu viel Druck zu machen, wenn es denn endlich so weit ist. Wenn also kurz nach der Geburt die Phase der Wechseljahre eines Mannes endlich losgehen. Wenn Primark und H&M so langsam Geschichte werden und man bei C&A auch gern mal bei den beigefarbenen Übergangsjacken stöbert. Wenn man in das Alter kommt, in dem man gern Porsche fahren will, sich dann aber doch lieber den moosgrünen KIA mit Hutablage bestellt, weil man da angeblich eine erhöhte Sitzposition innehat. Dann genießen wir doch einfach das Leben!

Nun ist es für einen Mann aber natürlich peinlich und absolut tabu, sich mit einem Ratgeber wie *Wechseljahre – je oller je doller* neben zwanzigjährige Öko-Muttis ins IKEA-Restaurant zu setzen.

Nein, ich musste subtiler an die Sache herangehen. Meine Frau durfte zudem keinen Wind davon bekommen, dass ich nun anfing, etwas gegen den Prozess des Alterns zu unternehmen. Und damit ja zugab, dass ich alt bin! Dabei ging es mir gar nicht mal so sehr um die äußere Erscheinung mit Phänomenen wie Faltenwurf unter der Pobacke und Haarwuchs in den Ohren. Nein, es ging um das mentale Reifen. Es gibt nämlich klare Indikatoren dafür, dass es Zeit wird, sich selbst ein wenig mit dem Altern auseinanderzusetzen.

Anzeichen 1: Du gehst aus der Boutique, weil dich die Musik nervt. Passiert ab dem zirka dreißigsten Lebensjahr, egal ob Mann oder Frau.

Anzeichen 2: Du stellst fest, dass dein Chef jünger ist als

das Foto in deinem Führerschein. Passiert ab dem zirka fünf-
unddreißigsten Lebensjahr.

Anzeichen 3: Die Häuser, in denen du früher in Partykel-
lern *Dreams Are My Reality* gehört hast, sind längst abgeris-
sen. Passiert ab dem vierzigsten Lebensjahr.

Mein Ziel war es also, sich ein Stück jugendliche Leichtig-
keit zurückzuholen. Doch wie konnte mir das gelingen? Ich
musste mit einem Leidensgenossen, einem waschechten Wech-
seljahrgeplagten, mitten in das Epizentrum der heutigen Jugend vordringen, um mir dieses Gefühl des Jungseins wieder
zurückzuerobern. Die Idee: Mit Böcki auf das Reggae-Festival nach Schermbeck. Mit Zelt, Gummistiefeln und einer Tur-
nierpackung Kopfschmerztabletten. Das war die Lösung. Tausende echte Teenies und solche, die es geschafft hatten, auch
mit fünfundfünfzig ein Teenager zu bleiben, würden uns sicher schnell das Gefühl vermitteln, wieder jung zu sein, und
die mentalen Wechseljahre vergessen lassen. Wir wollten uns
wieder wie zwanzig fühlen. Zumindest eine Nacht lang – oder
besser einen Abend. In unserem Alter brauchten wir schließlich ein paar Stunden Nachtschlaf.

Böcki ist hauptberuflicher Nachbar und nebenberuflicher
Kioskbesitzer bei uns in der Straße. Zwar aus dem Geburts-
jahrgang 1972, also auf dem Papier noch kein Greis, aber nach
gefühlten vierhundert Jahren Arbeit im Stahlwerk vom Leben
mehr als gezeichnet. 2010 machte sich Böcki dann mit einer
kleinen Flachmann- und Kippen-Bude bei uns in der Nachbar-
schaft selbstständig. Im Sommer sahen wir uns seitdem fast
täglich. Ich sage nur »Cornetto-Nuss«. Aber auch der tägliche
Umgang mit richtig vergreisten Flitzpiepen, die mal schnell
einen Flachmann oder 'ne vergessene Klorolle bei ihm kaufen, ließ Böcki mit den Jahren mental schneller altern als gewünscht. Zudem ging Böcki permanent nach vorne gebeugt,

eine Körperhaltung, die er nach acht Jahren Stehens hinter der kindshohen Verkaufstheke nicht mehr loswurde. Er war also der richtige Kandidat, um mit mir zurück in die Vergangenheit und zum Reggae-Festival nach Schermbeck zu reisen, damit wir uns unsere Jugend zurückholten. Böcki hat zwar leicht einen an der Murmel, aber ich war der Meinung, dass das genau die richtige Mischung sei, um einen lustigen Ausflug zu machen.

Das Festival-Wochenende musste allerdings gut geplant sein, da meine Frau ja unter keinen Umständen mitbekommen durfte, dass ich mich freiwillig zum Affen machte, nur um vom Kopf her ein paar Jahre jünger zu werden. Ich wählte folgende Taktik.

Zunächst einmal schlug ich direkt zu, als ein Discounter ein Ein-Mann-Wurfzelt bewarb. Das Ding sah im Prospekt zwar nicht danach aus, als könne man damit den Mount-Everest besteigen oder vier Monate lang im burmesischen Busch wildcampen, aber für ein Festival-Wochenende auf der grünen Wiese sollte es reichen. Das Problem war auch nicht der Kauf, sondern das Probebauen bei uns im Gemeinschaftsgarten hinter dem Haus. Ich musste das Ding ja zumindest mal testen. Ich erinnere mich noch sehr gut an jenen Montag, als meine Frau mit einer Tasse Tee in der Hand gedankenverloren bei uns in der Küche stand und in den Hof blickte.

»Du, sag mal, weißt du, wem das Zelt da unten im Garten gehört? Das steht jetzt schon zwei Tage da.«

Ich zog meine Frau dezent von der Scheibe weg.

»Ne, du. Ich vermute mal, dass Gernot von oben wieder seinen Neffen zu Besuch hat. Oder Wendela wurde wieder aus der WG geschmissen, weil die alle mit ihrem Keuchhusten nervt.«

Dann kam endlich das besagte Wochenende. Meine Frau

wurde mit der Notlüge, dass ich einen Leseabend im Hückel-
hovener Rathaus habe, einigermaßen zufriedengestellt, und es
konnte losgehen. Das Zelt und ein paar frische Socken (mehr
braucht ein männliches Partymonster erst mal nicht) waren bereits am Vorabend von mir heimlich in eine Reisetasche gepackt
worden. Am nächsten Tag wartete ich auf Böcki, der mich mit
seinem alten VW-Bus abholen wollte. So 'ne richtige Hippie-
kutsche mit Prilblumen auf dem Tacho und Wasserpfeifenhal-
terung über dem Zigarettenanzünder. Ich fand das ganz passend, um sich jünger zu fühlen. Um sechzehn Uhr war ich dann
weg. Auf dem Weg zurück in meine Jugend. Ich war mir sicher:
Scheiß auf die Ratgeber! Scheiß auf alle, die dir einreden wollen, dass sie wissen, wie man den Alterungsprozess stoppt! Das
hier ist der einzige Weg, sich wieder wie zwanzig zu fühlen.

Das Einzige, was ich allerdings schon unten im Hausflur
fühlte, war mein Meniskus. Ich war unglücklich auf den Ergebnissen von Wendelas Putzwoche ausgerutscht und hatte
mir den Knöchel geprellt. Wäre mir mit zwanzig nicht passiert,
dachte ich noch, bevor ich mich mit Böcki auf die Reise machte.

Es fing auch alles ganz gut an.

»Kai, jetzt fahren wa erst mal und holen Paletten.«

Gute Idee. Böcki hatte für solche Fälle immer eine alte
Sackkarre aus seinem Kiosk im Bus liegen. Ein Festival ohne
Paletten mit Bier? Undenkbar. Statt mit einem schmalen Ein-
kaufswagen, marschierten wir also mit einer XL-Sackkarre in
den Supermarkt. Ich war in diesem Moment schon mindestens vier Jahre jünger geworden.

»Du, Böcki, ich hab mal gehört, dass Männer mit zuneh-
mendem Alter vom Bier zum Wein schwenken.«

Böcki guckte mich irritiert an.

»Äh, Wein schwenken? Ich denk, wir holen Sprit für das
Festival.«

»Ja, aber ich finde, Böcki, wir sollten dem Alter trotzdem Tribut zollen und einfach mal gucken, ob nicht auch eine gute Flasche Wein eine Alternative für so ein Festival ist.«

Böcki tippte sich an die Stirn, und wir zahlten an der Kasse die fünfzehn Kartons voll mit Weinflaschen. Anschließend schoben wir brüderlich das Hochprozentige in Richtung VW-Bus. Zugegeben, das berühmt-berüchtigte Dosenstechen würde mit den Schraubverschlussflaschen nicht so spielerisch vonstattengehen wie früher mit den Ein-Liter-*Faxe*-Bierdosen aus Dänemark, aber wir wollten nun mal aus der Masse der Rastafari-Teenies hervorstechen.

Kaum hatten wir die wertvolle Fracht verladen, musste Böcki auf dem Supermarktparkplatz den ersten unpassenden Spruch gegenüber zwei jungen Männern raushauen, die unsere Ladeaktivitäten interessiert beobachteten.

»Ey, seid ihr Zwillinge? Eure Mutti hat euch ja genau dasselbe Kostüm angezogen.«

Die beiden kamen auf uns zu.

»So, jetzt reicht's. Führerschein und Fahrzeugpapiere! Randolf, holst du mal bitte das Messgerät.«

Fazit: Wir waren noch fünfundsechzig Kilometer vom Festivalgelände entfernt und hatten schon den ersten Alkoholtest hinter uns. Immerhin null Komma null Promille bei uns beiden. Gratulation! Das sah in der Pubertät zu dieser Uhrzeit noch ganz anders aus.

Übrigens: Während ich da so hochkonzentriert in das Messgerät pustete, rief mich meine Frau an.

»Schatz, du hast dein Asthmaspray vergessen. Nicht, dass dir die Puste ausgeht. Denk dran, du wirst auch nicht jünger.«

Der Polizist neben mir ermahnte mich lautstark mit »Blas weiter, bis ich Stopp sage!«.

Um meiner Frau weitere Erklärungen zu ersparen, beendete ich das Telefonat zügig. Ich war mir sicher, dass ich es schaffen würde, zwei Tage Reggae-Festival auch ohne mein Asthmaspray über die Bühne bringen zu können. Leichtsinnigkeit ist also wohl auch ein Phänomen des Alterns.

Ankunft am Festivalgelände war um zirka achtzehn Uhr. Die erste total verstörte Rastafari-Band spielte bereits auf der Hauptbühne, und Böcki mühte sich mit dem Parkplatzwächter des Zeltplatzes ab. Der Herr hatte seine Wechseljahre wohl schon zu Zeiten Napoleons erfolgreich beendet.

»So, den Bus is hier an Platz nicht erlaubt. Sie müssen auf P3 parken tun, und dann kommen Se wieder zu mich für zum Rübergehen auf unsern Zeltplatz. So is dat korrekt, Freunde.«

Ich musste den Herrn leider korrigieren, da sein Satzbau falsch, eben nicht ganz korrekt war, und es im Ruhrpott nicht *zu* mich, sondern ausschließlich *bei* mich heißt. Man geht im Ruhrgebiet *bei* wat bei und nicht *zu* wat bei. Man kann zwar der Ehefrau zur Hand gehen, spricht in diesem Fall aber auch eher von *beide* Hand gehen. Man geht also, ganz korrekt ausgedrückt, nachn Bäcker, auf Schalke, inne Betten und lecker bei den Kurschatten mit bei.

Der Parkplatzwächter fragte mit bösem Gesichtsausdruck, ob ich nicht gleich ma zu Hause gehen wolle, wenn ich weiterhin so eine große Fresse habe. Hurra, wir waren im rauen Teeniealltag angekommen. Ich fühlte mich schon fast wie zwanzig, du Opfer, du! Aber, es heißt ja nicht umsonst: ALTklug.

Nachdem die Diskussion über korrektes Ruhrdeutsch dann auf den nächsten Festivaltag verschoben worden war, schoben Böcki und ich nun die riesige Sackkarre vollgepackt mit Lambrusco durch ein fünfzig Zentimeter tiefes Schlammbett in Richtung Zeltplatz. Die Gummistiefel, die Böcki mir freundlicherweise geliehen hatte, schützten uns vor Fangobädern, die schließlich nur alten Leuten vorbehalten sind. Wir waren nun aber jung.

Der Zeltplatz war in unmittelbarer Nähe der Hauptbühne angesiedelt worden. Na ja, dachte ich mir, ab zweiundzwanzig Uhr gilt in Deutschland die Nachtruhe, sodass ich sicher auf meine neun Stunden altersgerechten Nachtschlaf kommen würde. Ein Trugschluss, wie sich später herausstellte.

Neben uns im Zelt wohnte nämlich ein sehr illustres Pärchen. Die beiden müssen aus Osnabrück gewesen sein, denn ich hörte die ganze Nacht nur lautes Gestöhne und eine Frau, die permanent Oskardrück oder so ähnlich rief. Die Nachtruhe war also ein klein wenig, sagen wir, eingeschränkt.

Außerdem tanzte die junge Dame aus dem Nachbarzelt die halbe Nacht lang bekifft und splitterfasernackt an unserem Zelt vorbei. Sie rief die ganze Zeit: »Ich vertreibe Elefanten! Ich vertreibe Elefanten!«

Als ich ihr nachts um vier erklärte, dass hier doch gar keine Elefanten seien, erwiderte sie total stoned: »Dann funktioniert es! Hurra! Es klappt!«

Man muss dazu sagen, dass sie zwar erst knapp zwanzig war, aber trotzdem schon viel Janis Joplin im Geiste, Gras unter den Füßen und noch mehr davon im Kopf hatte. Mein Meniskus tat mir indes von den scheißengen Gummistiefeln wieder weh, und auch Böcki war von unserer Zeltnachbarin langsam genervt.

Hinzu kam, dass ich mir über Nacht wohl einen Flotten eingefangen hatte. Also, Sie wissen schon, Zelturlaub auf der Schüssel. Wie gut, dass ich im Supermarkt noch vorsorglich Salzstangen und eine Pulle Cola eingesackt hatte. Früher brachte ich so was mit auf Partys. Heute denken an der Kasse alle: »Och, der Arme hat Scheißerei.« Mir ging's wortwörtlich zunehmend beschissen, und das schon zum Ende der ersten lautstarken Nacht auf dem Festival. Doch ich hielt erst einmal tapfer durch. Die Kommunen-Karlotta hingegen tanzte bis weit in die Morgenstunden vor unserem Zelt fleißig alle Elefanten weg. Es hatte so ein bisschen was von Regentanz, der morgens um sechs Uhr leider Erfolg hatte. Es fing an, aus Eimern zu schütten. Auch Böcki wurde immer unentspannter.

»Kai, hast du 'ne Erklärung dafür, warum die Olle kein Ende findet?« Böcki kroch aus dem Zelt.

»Sach ma, kannst du neben Elefanten auch Mücken verscheuchen? Und zieh dir doch ma wat an, Kind. Du erfrierst ja.«

»Ich trage das Kleid der Liebe«, war ihre Antwort.

Böcki wurde jetzt richtig wütend.

»Ja, das sehe ich. Ist aber verdammt schlecht gebügelt.«

Ich versuchte ihn zu beruhigen.

»Böcki, entspann dich.«

Mir tat wegen des Schlafmangels und der halb aufgeblasenen Luftmatratze aus dem Spanienurlaub 1984 so langsam jede Gräte weh.

»Böcki, ich glaub, ich hab mir beim Lambrusco-Packen dat linke Bein verletzt.«

Die Wahrheit mit Wendelas Flurwoche war mir zu peinlich gewesen.

»Kai, dat liegt bei dir wohl auch am Alter.«

»Ne, Böcki, dat rechte Bein ist ja genauso alt, aber dat tut nicht weh.«

Wir beschlossen beide, das Reggae-Festival trotz der zahlreichen körperlichen Einschränkungen am nächsten Tag einfach mal auf uns zukommen zu lassen. Erst, als am frühen Morgen das Regenwasser ins Zelt floss und ich mir wie ein Postbote in Venedig vorkam, da wurde es wieder ungemütlich, und ich kam ins Grübeln. Sollte das gute Gefühl, die gute alte

Zeit, doch nicht konservierbar oder recycelbar sein? Nein, ich war mir sicher, dass der nächste Tag es schaffen würde, mich von meinen Mittvierziger-Wechseljahren zu befreien.

Böcki hatte insgesamt neun und ich immerhin acht geschlafen, allerdings Minuten, nicht Stunden. Wir wurden von der Freundin von Oskardrück geweckt. Sie stellte sich als Florenz vor. Na ja, dachte ich mir, Osnabrück und Florenz, das passt doch stilistisch gut zusammen. Ich schien mich aber wieder verhört zu haben.

»Ne, ick heiß Florence. Det is französisch. Weste? Französisch! Lutschi, lutschi.« Sie strahlte mich mit ihren glänzenden, nein glasigen Augen an. Auch Oskar, der alte Drücker, schmiss seine Dreadlocks in den Morgenwind und begrüßte uns recht freundlich. Er fragte direkt, ob wir nicht zusammen vor dem Zelt frühstücken wollen.

Warum eigentlich nicht? Jetzt, wo alle wieder halbwegs nüchtern waren. Alles gut, dachte ich mir. Die beiden sind doch das beste Beispiel für jugendliche Frische, sodass ein gemeinsames Frühstück mit ihnen eventuell zügiger dafür sorgen könnte, dass ich mich wieder wie ein Teenie fühlte.

Das von beiden angebotene Frühstück hatte allerdings weniger was mit (jugendlicher) Frische zu tun, sondern erinnerte mich mehr an die Bohneneintöpfe, mit denen Wendela gern mal den Hausflur zuräucherte. Meist dann, wenn ich Besuch von meiner Mutter erwartete.

»Kai, sama, wat stinkt denn da so bei euch im Haus?«

Nun, das eigentlich Schlimme an Bohnensuppe ist ja weniger der Geruch am Tag des Kochens, sondern eher der einen Tag später. Aber weg von diesem ekeligen Thema, zurück zum ekeli..., also, äh, zum leckeren Frühstück mit Osnabrück und Florenz. Die beiden boten uns irgendeine vergorene Käsescheiben-irgendwas-Kacke an, die mir zu meiner wütenden Magen-

Darm-Kirmes gerade noch gefehlt hatte. Von diesem Moment an war ich mir sicher, dass es reggaeaffine Studenten gewesen sein müssen, die vor Hunderten Jahren als erste Menschen feststellten, dass Schimmelkäse essbar ist. Sehr wahrscheinlich am Monatsende. Ich lehnte wegen des immer schlimmer werdenden Fugen-Faschings dankend ab und musste Böcki diesbezüglich mit den beiden kurz allein lassen.

Und während sich das Trio nun unsere dritte Lambrusco-Flasche hinter die Binde kippte, machte ich mich auf den Weg zu einer anderen Musikrichtung auf diesem Festival. Zum Dixie! Mein Inneres begann zu jazzen. Und es wurde dringend Zeit, dass ich diesen Kimmen-Karneval unter Kontrolle brachte. Nun möchte ich dieses unappetitliche Thema in diesem gepflegten und niveauvollen Werk nicht breiter treten als die Kuhfladen vor den Klohäuschen, aber es wird an dieser Stelle mal Zeit, über mobile Klos auf Festivalgeländen zu sprechen. Schließlich waren auch Sie als Leser und Leserin sicher schon mal in der Zwangslage, ein solches Toilettenhäuschen nutzen zu müssen, aber nicht zu wollen. Niemand kann es genau sagen, da es an Augenzeugen mangelt, aber man sollte doch davon ausgehen, dass diese kleinen mobilen Plastikbunker vor langer Zeit mal in einem klinisch sauberen Zustand waren. Kurz nach der Herstellung zum Beispiel müsste es doch theoretisch möglich gewesen sein, die Dinger mal frei von Ekel benutzen zu können. Mir persönlich ist es allerdings in mindestens dreißig Jahren, in denen ich mit Rockfestivals, Schützenfesten, Autobahnraststättenaufenthalten und Kirmesbesuchen Erfahrung gesammelt habe, noch nicht ein einziges Mal geglückt, meine Freizeit auf einem nagelneuen sauberen Kunststofflokus zu verbringen. Verdammte Kacke noch mal! So, nun ist es raus, inklusive Salzstangen, Cola und Lambrusco.

Und wie ich da gerade artistisch bemüht war, mir mit einer Hand den Saum meiner Hose zu schließen, mich mit der anderen Hand noch nach hinten abstützte, um nicht sitzen zu müssen und mit anderen Körperteilen auf keinen Fall irgendwas in dieser Butze zu berühren, rief mich meine Frau wieder an. Das Handy in meiner Hose dudelte den Colt-Seavers-Klingelton »The Unknown Stuntman«.

»Hallo, Schatz! ... Ja, danke gut.... Du, die Lesung gestern Abend war Hacke. Die Leute um mich waren wie berauscht.«

Aus dem Klohäuschen nebenan kamen nun ebenfalls Laute, die man nicht mal in Osnabrück aussprechen würde. Ein Pärchen hatte sich wohl für ein versautes Stelldichein eingefunden. Vom Akzent her kam es aber eher aus Gelsenkirchen-Rotthausen statt aus Florenz.

»Kai, du hast deine Immodium übrigens auch vergessen. Die Leseabend-Notfallpackung, inklusive Hustenbonbons und Duplo.«

Ich stand immer noch mit der halb angezogenen Hose in der einen und mit meinem Colt für alle Fälle in der anderen Hand in einem versifften Klohäuschen auf irgendeinem verregneten Kuhacker mitten in Schermbeck. Jetzt im warmen Bett mit Jody, der Freundin von Colt Seavers. Das wär's gewesen.

Von nebenan dröhnte es nun: »Oh ja, Justin, zeig die Priscilla mal, wie du saugen kannst.«

Meine Frau am Ohr wurde stutzig, und ich wollte endlich aus dieser Einzelzelle raus.

»Schatz, das Zimmermädchen Priscilla möchte mein Hotelzimmer saugen. Ich meld mich nachher mal, wenn ...«
Platsch!

Mein Handy war mir aus den Fingern geglitten. Die Hose saß nun zwar an Ort und Stelle, Justin saugte lauter als der

Edelstaubsauger Dyson, und mir war tatsächlich mein Handy ins Loch gefallen.

Priscilla meldete sich wieder: »Oh ja, Justin, rein damit. Zeig mir deinen ...«

Bimmel! Bimmel!

Das Handy meldete sich aus der braunen Untertagezone.

Ich wusste, dass meine Frau es erneut versuchte, um mir mitzuteilen, dass ich auch Hygienespray vergessen hatte. Sie würde bestimmt auch gern wissen wollen, warum zu Hause alle Kopfschmerztabletten weg waren.

Die hatte ich nämlich heimlich in eine leere Tüte M&Ms gesteckt und mit zum Festival genommen. Die einzige Hilfe gegen achtundzwanzig Liter Lambrusco.

Während der Inhalt des Dixi-Klos weiter bimmelte und Priscilla und Justin weiter, na, Sie wissen schon, stolperte ich aus dem Toilettenhäuschen. Ich kam mit dem falschen Bein auf und knickte vor dem Lokus um. Dämlicher Meniskus. Vollbesudelt mit Matsch lag ich vor dem Klo und hielt mir mein Bein.

»Ey, Kollege, dat wurd aber auch ma Zeit. Hier wollen ja auch andere mal auf 'n Pott.«

Ein sechzehnjähriges »Saublag« schob mich im Matsch zur Seite und spazierte in das Klohäuschen.

»Ey, Alter, dein Haufen klingelt!«

Nun muss man hinzufügen, dass unsere Jugend durchaus tugendhaft ist. Man sollte als Mittvierziger nur rechtzeitig lernen, zwischen drei Sorten Heranwachsenden zu unterscheiden. Es gibt die Lieben, es gibt die Bösen, und als Steigerung davon gibt es noch die Saublagen, ohne jeden Respekt vor Alter, Klingeltönen und Meniskusschäden.

Ich war kurz davor auszuflippen, drehte mich schmerzverzerrt zum nervigen Teen herum, während Priscilla nebenan wie ein Vorwerk auf Hochtouren lief. Jetzt wurde ich auch zum amtlichen Saublag.

»Na, dann geh doch dran, an das Scheiß-Handy. Das wird dein Bewährungshelfer sein, du Alpha-Kevin.« Ich rieb mir etwas Matsch aus dem Gesicht. Woodstock war nichts dagegen.

Der Pinkel-Clown wollte gerade antworten: »Ey, du Loser ...« Doch als er sich aufmachte, das Klohäuschen wieder zu verlassen, um mir eine reinzuhauen, drückte ich die quietschende Plastiktür zu, klemmte meine Klorolle zwischen die Türschließe und schmiss wie King-Kong auf Pampelmusenkoks das Klohaus nach hinten um.

Aus dem Häuschen nebenan hörte ich nur noch ein: »Oh! Ja! Das war geil!«, und aus der umgeschmissenen Hütte ein: »Ich bring dich um!« Das Handy dudelte erneut. Erstaunlich, wie wasserdicht das Ding war.

Ich machte mich matschverschmiert zurück auf den Weg zum Zeltfrühstück von Böcki mit Oskar und Florenz. Der Meniskus war durch die Wutaktion mit der Klohütte nun endgültig im medizinischen Nirwana angekommen, und irgendwie hatte ich keinen Bock mehr darauf, jung sein zu wollen. An mir klebte mehr brauner Matsch als an Egon, dem Zuchtbullen beim Kuhfladenbingo.

Florenz empfing mich entsprechend: »Boah, Alter, sind die Klos so versaut?«

Ich wollte dringend über Osnabrück, Florenz und Schermbeck zurück nach Hause. Ich hatte auf diesem Ausflug nicht nur meine Jugend nicht zurückbekommen, sondern bin in diesen vierundzwanzig Stunden auch körperlich und seelisch um Jahre gealtert. Humpelnd marschierte ich, von oben bis unten dreckverschmiert, mit einer Sackkarre unter einem und Böcki unterm anderen Arm in Richtung VW-Bully. Die übrig gebliebenen zwanzig Liter Lambrusco würden in Osnabrück sicher nicht schlechter werden als deren Schimmelkäse, und auch der Parkplatzwächter war sich hämisch grinsend sicher: »Na, alter Mann, gehste getz wieder schön bei die Mutti?«

Florenz winkte uns zum Abschied zu, sie sah richtig traurig aus, wie sie so dastand, splitterfasernackt bis auf die Gummistiefel. Aber ich war heilfroh, nun wieder mit Böcki und meinem Durchfall auf dem Heimweg zu sein.

Mein Kiosk-Kumpel lachte sich halbtot über mich, wie ich ohne Handy, aber mit unserem restlichen Vorrat an Klorollen auf dem Beifahrersitz saß. Ich lachte mit, denn Lachen hält bekanntlich jung und ist immer noch die beste Medizin. Allerdings nicht bei Durchfall, wie mir nach einigen Metern auf der Autobahn bewusst wurde.

Als Krönung hielt uns auf dem Rückweg erneut eine Polizeistreife an. Natürlich dieselben beiden Vögel, die uns schon vor dem Supermarkt haben blasen lassen.

»Sagen Se mal, warum haben Se denn nicht sofort angehalten? Haben Se denn nicht unsere Lichtzeichen im Rückspiegel gesehen?«

Böcki blieb entspannt.

»Ach, wissen Se, meine dicke schäbige Exfrau ist mal mit 'nem Polizisten durchgebrannt, und ich dachte im ersten Moment, Sie wollten sie mir zurückbringen.«

Nachdem ich dann bei Böcki geduscht hatte und von seiner Mutter notversorgt worden war, traute ich mich wieder nach Hause zu meiner Frau.

Sie begrüßte mich freundlich und legte mir eine jamaikanische gelb-schwarz-grüne Häkelmütze sowie zwei Konzertkarten der vergreisten Rolling Stones auf den Tisch.

»Hier, mein Freund. Sitzkarten für die Stones. Schön mit Rückenlehne. Das schont den Meniskus. Und die bekloppte

Reggae-Mütze setzt du den ganzen Abend auf. Auch bei Satisfaction, das schwör ich dir.«

Ich war perplex. Wie hatte meine Frau nur herausgefunden, dass ich nicht auf Lesetour, sondern auf dem total aus dem Ruder gelaufenen Matsch-Festival gewesen war? Meine Frau schlenderte an mir vorbei.

»Ach ja, und ein schöner Gruß von der freiwilligen Feuerwehr aus Schermbeck. Die haben eine Stunde gebraucht, um den armen Dödel und dein Handy aus dem Dixieklo zu befreien. Die Rechnung kommt nächste Woche. Dann siehste aber alt aus.«

★ Woran Sie eindeutig erkennen können, ★ dass Sie ein alter Sack geworden sind

1. Sie schlafen bei Joko und Klaas ein und werden bei Florian Silbereisen wieder wach.

2. Sie schreiben Beschwerdebriefe an alles und jeden.

3. Sie tragen eine Weitsichtbrille auf der Nase, eine Lesebrille um den Hals und eine Brille fürs Autofahren im Dunkeln auf dem Kopf.

4. Sie hören Ihre erste gekaufte Single auf dem Oldie-Sender.

5. Sie schrauben die Kloschüssel zehn Zentimeter höher.

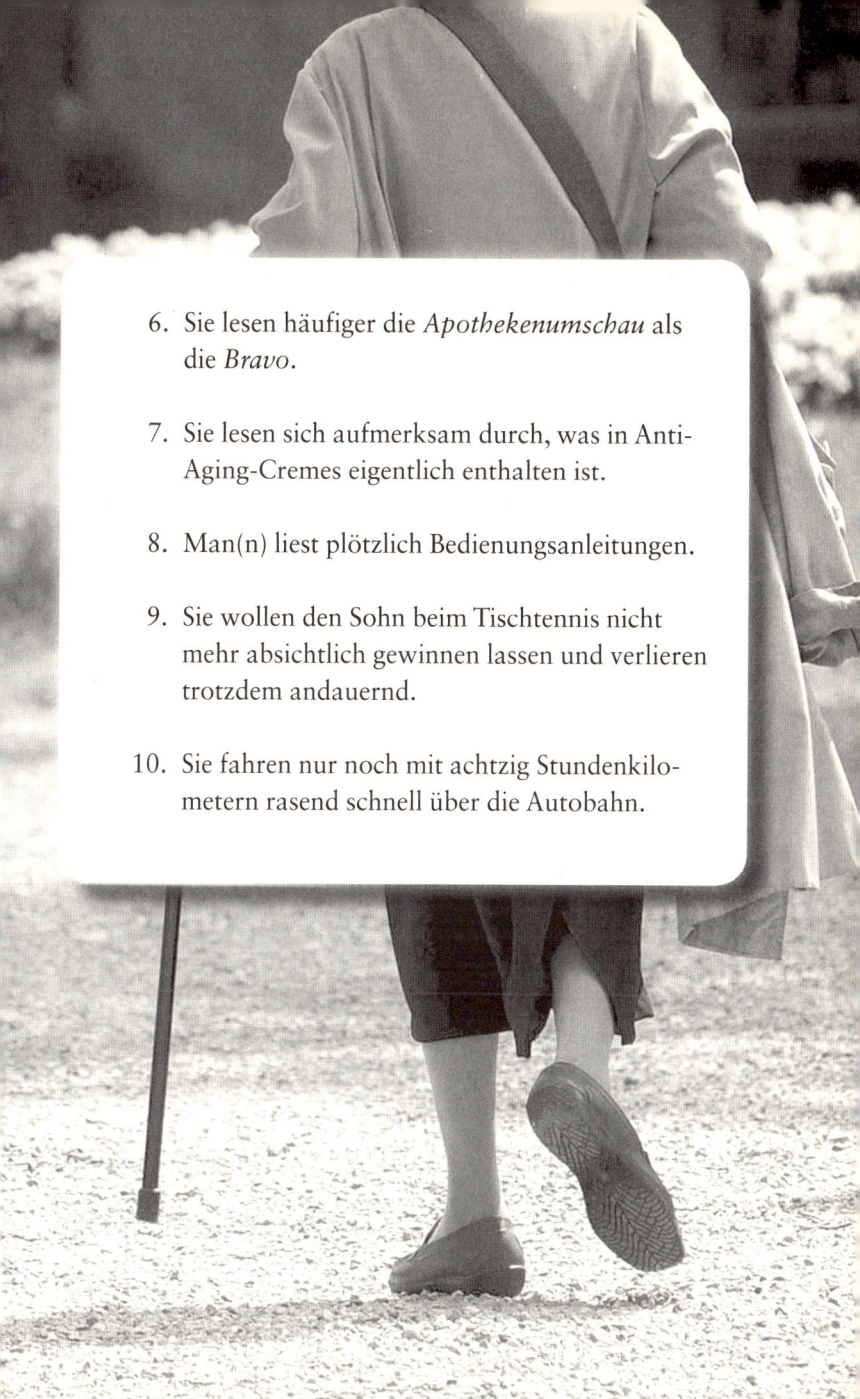

6. Sie lesen häufiger die *Apothekenumschau* als die *Bravo*.

7. Sie lesen sich aufmerksam durch, was in Anti-Aging-Cremes eigentlich enthalten ist.

8. Man(n) liest plötzlich Bedienungsanleitungen.

9. Sie wollen den Sohn beim Tischtennis nicht mehr absichtlich gewinnen lassen und verlieren trotzdem andauernd.

10. Sie fahren nur noch mit achtzig Stundenkilometern rasend schnell über die Autobahn.

RINGELPIEZ MIT ANFASSEN

Wie ich eine erfolgreiche Ehe führe

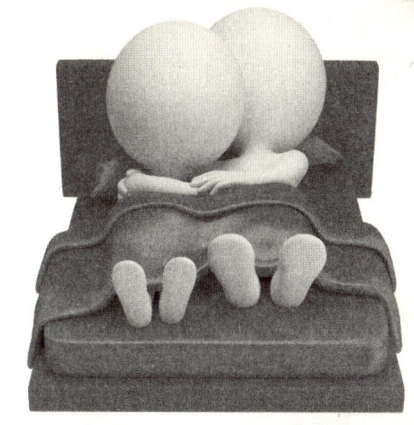

Nun ist es also endlich so weit. Das Thema Ehe hält Einzug in dieses Buch, und mir wird gleich ganz blümerant. Nicht, dass ich zu diesem Bündnis nichts zu sagen hätte, ich bin schließlich auch schon seit vielen Jahren verheiratet, aber das Thema Ehe hat immer etwas Tragikomisches. Das liegt nicht nur an den häufig auftretenden Differenzen zwischen Mann und Frau und den daraus resultierenden horrenden Scheidungszahlen Jahr für Jahr, sondern vor allem an der Tragweite, die so ein Eheversprechen, oder noch altmodischer Ehegelübde, so mit sich bringt.

Viele Menschen holen sich auch für diesen Bereich ihres Lebens oft Hilfe von einem Dritten. Das kann ein Fürsprecher sein, der entweder rechtzeitig von einer Eheschließung mit guten Argumenten abrät, ein Ehetherapeut, der sie mit guten Worten zu kitten weiß, oder ein Freund, der Trost spendet, wenn ohnehin schon alles in Trümmern liegt.

So eine Ehe ist nämlich mitunter ein sehr interessanter Prozess, der mehrere Stadien durchläuft. Damit ist nicht das Olympiastadion in Berlin gemeint, sondern die einzelnen Abschnitte einer Ehe. Ich versuche das mal anhand eines Beispiels zu erläutern. Ich habe kurz nach dem Jawort mit meiner Frau eine Hochzeitsreise auf einem Schiff gemacht. Ja, war ganz nett. Ist als Hochzeitsreise auch nicht dumm, da an diesem Ort zumindest keiner der Frischvermählten abhauen kann.

Nach zwei Jahren Ehe haben wir die Schiffsreise wiederholt. Allerdings einigten wir uns dann auf getrennte Betten. Wegen des Seegangs war meine Frau während der ersten Tour immer in mein Bett gerollt, was schnell nervig geworden war. Oder können Sie mit fremden Füßen im Gesicht gut schlafen?

Bei der dritten Schiffsreise entschieden wir uns für getrennte Kabinen, da wir mittlerweile beide schnarchten. Und nächstes Jahr planen wir nach vielen Jahren Ehe eine schöne Kreuzfahrt auf getrennten Schiffen. Sie in Spitzbergen, ich in den Tropen. Ja, warum denn nicht? Eine gute Ehe muss so was abkönnen. Sie sehen, der Fortbestand einer solchen lebenslangen Verbindung ist immer mit Einschränkungen verbunden und die Beziehung selbst einem stetigen Wandel unterworfen. Hat man erst einmal das berühmte Jawort ausgesprochen, so teilt man sich fortan alle Sorgen im Leben. Vor allem die, die man vorher gar nicht hatte.

Mein Schwager Jochen hat das mal recht gut auf den Punkt gebracht. Er erklärte mir, dass es im Grunde genommen egal ist, ob und wie oft man heiratet.

»Kai, Bigamie is, wenn du eine Frau zu viel hast.«

»Und Monogamie?«

»Dat is datselbe.«

Es war mir trotzdem wichtig, Jochen zu meinem Schwager zu machen, sodass auch ich mich damals für die Ehe entschieden habe. Ausschlaggebend war aber eigentlich, wie so oft, mein Kumpel Mario, der mich mit einem Witz endgültig davon überzeugte, eine Ehefrau an meiner Seite zu haben. Er überraschte mich damals mit einem Fragespiel.

»Kai! Samma, wat is gelb und steht bei mir in der Küche?«

Mario hat ja mitunter einen etwas sonderbaren Humor. Ich wusste die Antwort nicht.

»Na, meine Ehefrau.«

»Wieso das denn?«

»Ja, wieso Kai? Ich kann meine Olle doch anmalen, wie ich will.«

Sie sehen, jeder muss selbst entscheiden, wie er seine Ehe führt, was sie oder er von der Ehe erwartet beziehungsweise dafür tun will, damit es auch möglichst lange mit dem Bündnis klappt. Nicht umsonst wird ein langes Eheleben mit imaginären Auszeichnungen prämiert. Während schwimmbegeisterte Kinder stolz auf den Erwerb von Seepferdchen, Silber und Gold sind, freuen sich die Eheleute nach vielen Jahren über Silber, Gold und Platin. Ich bin seit knapp acht Jahren verheiratet und feiere bald zum ersten Mal nicht silberne, sondern blecherne Hochzeit – acht Jahre Essen aus Dosen. Nicht, dass Sie jetzt den Eindruck bekommen, mein Eheleben sei immer Friede, Freude, Eieromelette gewesen. Nein, es gab auch durchaus Schattenseiten, die zwar nicht durch den Bauchansatz meiner Frau geworfen wurden, aber eine Herausforderung im Miteinander darstellten. Und zugegeben, meine Frau hat es mit mir auch nicht immer leicht.

Im vergangenen Jahr beispielsweise hat mich meine Gattin an einem Montagmorgen verlassen. Ich habe dann aus einer Laune heraus ihr ganzes Geld verballert, den Hund verschenkt, mir ein sinnlos teures Auto gekauft und das *Cosmopolitan*-Abo endlich abbestellt.

Mann, war sie sauer, als sie abends wieder von der Arbeit nach Hause kam. Sie hat mir trotzdem verziehen.

Ich würde diesen Aufruhr damals als Eskalationsstufe 5 von 10 beschreiben. Artet das Ganze allerdings dahingehend aus, dass die Ehe Anforderungen der Maximalstufe 10 ausgesetzt ist, so bedarf es nicht selten fremder Hilfe von außen. Das heißt ratgeberische Unterstützung von Profis, die wissen, wie man den Bauschaum der Liebe wieder auffrischt, damit alles besser klebt.

Ich war mal wieder der beknackten Annahme, dass ein Ratgeber dazu beitragen konnte, den Ehestreit von Anfang Januar wieder vergessen zu lassen. Dabei möchte ich gar nicht näher darauf eingehen, was diesen Riesenzoff ausgelöst hatte.

Nur so viel: Es war eine Mischung aus den Retourkutschen von Zalando und meinen Zahnpastaresten im gemeinsamen Waschbecken. Frauen- und Männergift sind zusammen nun mal tödlich. So genau lassen sich die Ursachen für einen amtlichen Ehestreit im Nachhinein ohnehin nicht mehr ausmachen. Meistens jedenfalls.

So saß ich also eines schönen Tages in der Stadtbibliothek Gelsenkirchen und blätterte zum ersten Mal in meinem Leben aus tiefster Neugier in einem Eheratgeber. Er trug den Titel: *Wie Sie das Band der Ehe wieder straffen.*

Ich musste beim Band der Ehe sofort an diese ausziehbaren Hundeleinen denken, die exakt so lang sind, dass Mann aus dem Haus findet, ins Auto und dann in die Innenstadt fahren kann. Erst vor dem Baumarkt blockiert der Auszugsmechanismus, und man(n) hört aus weiter Ferne ein hämisches Lachen der Ehefrau, die den Mechanismus betätigt, um den Ehemann wieder einzuziehen beziehungsweise an der kurzen Leine zu halten.

Ich hatte mich in der Bücherei extra in eine recht unbeobachtete Ecke gesetzt, damit niemand sehen konnte, was ich da überhaupt las. Das machte ich bisher nur, wenn ich Fachbücher über das Stopfen von Socken, Haarausfall und den FC Schalke 04 las. Also Literatur, die viele eher als peinlich empfinden. Bei diesen Büchern wollte ich keine Zuschauer haben, die erkannten, mit welchem Elend ich mich literarisch auseinandersetzte.

Der Eheratgeber hingegen machte mir erst einmal Mut. Ein Doktor Pilzmeyer erläuterte über bescheidene 189 Seiten, dass es eigentlich nur eine Lösung für Eheprobleme gibt, die garantiert dazu taugt, das eigene Eheleben wieder aufzupeppen und Streitigkeiten aus dem Weg zu gehen.

»Unternehmen Sie was mit Ihrer Frau, das Ihnen beiden

gleichermaßen Freude bereitet«, hieß es da bereits auf den ersten Seiten.

Ich ging in mich. Den Namen in den Schnee pinkeln kam schon mal nicht infrage. Auch einen schönen Splatterhorrorfilm gucken war nicht so das Ding meiner Frau. Zusammen Plätzchen backen wäre wiederum für mich der größte Horror gewesen, und endlose Spaziergänge unter dem Mond von Wanne-Eickel eigneten sich meiner Meinung nach auch nicht, um von einem erfüllten und wiedererwachten Eheleben zu sprechen. Nein, es musste doch etwas Lustigeres geben, das man wunderbar zu zweit betreiben konnte. Etwas, bei dem man die Partnerin ganz eng an sich schmiegte. Eine Beschäftigung, bei der man leidenschaftlich schwitzte und die den Beckenboden in Bewegung versetzte. Eine Tätigkeit in aufreizender Kleidung, die beiden Ehepartnern alles abverlangte und die bei zarter Musik im Hintergrund in einem halbdunklen plüschigen Ambiente stattfinden konnte.

Bingo! Der olle Twilfer buchte noch am Abend einen Tanzkurs in einer amtlichen deutschen Tanzschule. Jawoll! Dirty Dancing für eine saubere Ehe.

Wie bescheuert und verzweifelt musste ich eigentlich sein? Aber Herr Doktor Pilzmeyer hatte mich mit seinem Ratgeberbuch in seinen Bann gezogen und mich ab sofort total unter Kontrolle. Ich war dem Autoren-Guru quasi hörig und hatte nur ein Ziel vor Augen: mein Eheleben wieder zu normalisieren, damit ich nicht jeden Tag diese sauteuren Blumensträuße binden lassen musste. Auch die »Merci«-Tafeln gingen dem Edeka bei uns nebenan langsam aus, sodass es Zeit wurde, dass Twilfer sich mit etwas Besonderem wieder ins Rampenlicht der eigenen Ehefrau spielte. Ich brachte es ihr schonend bei.

»Schatz. Weißt du noch, was du mir gesagt hast, als wir

uns damals bei IKEA in der Lampenabteilung kennengelernt haben und ich dich mit dem Teelichterbeutel von mir überzeugen wollte?«

»Ja! Ich fragte, ob du auch tanzen kannst.«

»Genau! Ich sagte Ja, und du sagtest ...«

»Dann tanz ab! Genauso wie jetzt. Gleich kommt *Inspector Barnaby*.«

Ja, lieber Leser, in unserer Ehe waren wir nun mittlerweile an den Punkt angelangt, an dem meine Frau mit fremden Männern wie Inspector Barnaby, Dr. House und sogar Sherlock Holmes Verabredungen im Wohnzimmer traf und ich wiederum mit meinen Freunden Walter White, Peter Lustig und Bastian Pastewka zum audiovisuellen Schlagabtausch ins Dachgeschoss musste. Vor den fünfzig Zentimeter breiten Röhrenfernseher, den mein Oppa 1972 für seine dreißigjährige Betriebszugehörigkeit bekommen hatte. Hätte ich meiner Frau doch nie diese verflucht umfangreiche ZDF-Mediathek gezeigt.

Ich musste meine Frau wieder von mir überzeugen, egal wie. Ich musste in der Prioritätenskala nun endlich wieder vor diesen alten englischen Greis Inspector Barnaby rutschen. Am besten, dachte ich mir, funktioniert so was mit einem HDMI-Kabel, das mal kurz in ein Glas Wasser getaucht wird. Sendeschluss. Testbild.

Stattdessen buchte ich einen Tanzkurs, und eine Woche später standen meine Frau und ich wie zwei Frischverliebte vor der Tanzschule Hoppegarten in Gelsenkirchen. Ich wusste ehrlich gesagt bis dato gar nicht, dass es so Notfalleinrichtungen wie eine klassische Tanzschule im Tinder-Zeitalter überhaupt noch gab oder geben musste. Wird heutzutage nicht eigentlich alles digital und vor allem online erledigt? Der Cha-Cha-Kurs läuft übers YouTube-Tutorial. Die Samba-App sorgt für den richtigen Hüftschwung und YouPorn für die Auswahl der Dame. Darf ich bitten, Bitch?

Ich war mir daher nicht sicher, ob so eine extrem altmodische Institution tatsächlich mein Eheleben aufpeppen konnte, vertraute aber weiterhin Doktor Pilzmeyer und meiner Vorliebe für alles, was mit Vintage und Retro zu tun hatte.

Am Anmeldetisch im Eingangsbereich der Tanzschule standen bereits andere Paare. Sie hatten anscheinend ebenso alle einen guten Grund, in diesem Kaschmir- und Brokattempel noch mal zu lernen, wie man das Tanzbein korrekt schwingt. Ich musste an *Let's Dance* bei RTL denken. Dann beobachtete ich interessiert den Eintänzer, der sich kurz darauf als Chef des Etablissements herausstellte und optisch eine Symbiose aus Joachim Llambi, Jorge González und Motsi Mabuse war. Sonnenbankgebräunter Hautton in Richtung Mabuse, eine nuschelnde Aussprache wie Jorge nach drei mit Nelkenlikör gefüllten Betäubungsspritzen beim Zahnarzt und ein fehlgerichtetes Selbstbewusstsein wie Autoverkäufertyp Llambi. Der Tanzschullehrer war Schnauzproll aus den Achtzigern pur. Schimanski hätte aus markenschutzrechtlichen Gründen Abmahnungen verschicken können. Und der soll mein Eheleben wieder normalisieren?, fragte ich mich ernsthaft. Ich war skeptisch.

Bevor der schnauzbärtige Tanzlehrer uns die ersten Schritte zeigen konnte, stellten sich alle Teilnehmer vor. Der Kurs bestand aus fünf Paaren. Ob alle aus Gründen des aufzufrischenden Ehelebens, bedingt durch zu viel *Inspector Barnaby*, den Kurs gebucht hatten, erkannte ich nicht auf Anhieb. Am Nächsten kamen uns wohl Steffi und Hauke, ein Pärchen aus Bochum-Wattenscheid, das sich direkt mit dem ersten gesprochenen Satz als extremst ehegestört offenbarte.

»Steffi, dat eins ma direkt von Beginn an klar is. Ich führe! Verstanden?«

Hauke drehte sich zu mir um.

»Ist Ihre Frau auch so eine Traumtänzerin?«

Mann, war der Kerl mir sympathisch.

»Ja, meine Frau ist eine Traum-Tänzerin. Liegt aber auch an dem Traum-Typ, den sie geheiratet hat.«

Hauke wurde, was unser Eheleben betraf, immer interessierter, während meine Frau erst mal abdampfte, um sich einen Caipirinha an der Mettigel-Bar des Tanzetablissements zu organisieren. Hauke haute noch einen raus.

»Führen Sie heute denn auch?«

Ich band mir erst einmal demonstrativ meine weißen Lackschuhe zu. Ja, was? Lackschuhe! Wenn schon, denn schon.

»Nein, ich führe nicht! Das Spiel hat ja noch gar nicht begonnen. Es steht also zwischen meiner Frau und mir noch unentschieden. Aber schauen Sie doch mal, da erscheint ja der wahrhaftige Führer.«

Jorge Lambuse, der nuschelnde Riesenschnauzer, kam ins Spiel.

»Ja, Stffi n Hauke, dasch mach ihr schn rischtg. Der Mann führt. Aber Sie, Hauke, müschn beim Tanzschn ersch ma n Grundspannung reinbrin un sisch steif machm.«

Steffi wischte sich die SCH-Spucke von Motsi Gonzambi aus dem Gesicht, hatte aber kein Wort verstanden, was der Walzerguru ihr in Sachen Zweisamkeit beim Tanzen eigentlich erklären wollte.

Hauke, der Plattfuß-King-Kong, war da sprachlich schon mehr auf einer Wellenlänge in Sachen undeutliches Genuschel. Er ging mit Joachim Gonbuse quasi auf Nuschelkurs. Das ist wohl auch ein Grund, warum in Deutschland so viele Ehen nicht richtig funktionieren, dachte ich mir. Das sprachliche Missverständnis. Egal, wie undeutlich dagegen ein Mann einen anderen anquatscht, man versteht sich.

»Hömma, hasch du auch n bröbschn kanuten koppsch?«

»Ja sischer, mein Freund, dasch isch n Muschlochter vom feinschten.«

Zwischen Frau und Mann ist undeutliche Aussprache häufig ein größeres verbales Hindernis. Und da muss nicht einmal Alkohol im Spiel sein.

Wenn ein Mann durch einen anderen Mann genervt ist, dann folgt gern folgender Satz: »Weißt du eigentlich, wie bescheuert du aussiehst?«

Und der andere antwortet: »Ja, sicher!«

Thema erledigt, Dialog beendet, alle haben sich lieb. Zwischen Ehemann und Ehefrau ist diese Art Gespräch komplizierter, länger und nach dem Termin beim Scheidungsanwalt auch gern mal teurer. Infolgedessen waren die beiden Mannsbilder Nuschel-Nacho Jorge und Satzbau-Baron Hauke direkt auf einer Wellenlänge.

»Siehse Steffi, ich hab dich gleich gesacht, warum unsere Ehe so komisch is. Steif machen und Grundspannung reinbringen. Dat fehlte bisher. Aber ich führe! Klar?«

Steffi stellte sich nun wie eine in Kunstharz eingefrorene Schaufensterpuppe mitten auf das Tanzparkett in Pose, sodass Hauke sich seine Ehefrau so packen konnte, wie er es für richtig befand. Meine Frau kam mit dem Caipi von der Siebzigerjahre-Bembel-Bar im Foyer zurück.

»Ach, haben die schon angefangen? Na, dann lass uns doch auch mal aufstellen, Schatz. Führst du?«

Ich war sicher, mir nach dem Abend ein neues Führungszeugnis ausstellen lassen zu müssen.

»Ne, in Sachen Unsympathie ist Hauke derzeit eins zu null in Führung.«

Wie sich in einer der Pausen herausstellte, war Hauke doch tatsächlich Unteroffizier bei der Bundeswehr. Als ich das hörte, wurde mir einiges klar. Das Tanzparkett war für ihn der Kasernenhof und seine Frau eine ewige Kadettin, die einfach nur Führung in der Ehe brauchte. Na, wenn die Hierarchie in den meisten Ehen so eindeutig wäre, dann wäre vieles einfacher. In meiner Ehe war bisher meine Frau der General und ich immerhin Oberst der Mettwürstchenkompanie.

Ich nahm meine Frau in den Arm, und wir standen in typischer Tanzstellung neben den anderen vier Paaren im Tanzsaal, der ursprünglich wohl für bis zu einhundert Paare erbaut worden war, also auch schon bessere Zeiten gesehen hatte.

»Kai, du musst die Hand bei mir etwas mehr in Richtung Hose ...«

»Ja, Schatz. Ich weiß. Steif werden!«

Der Fred Astaire mit Schenkelputzer unter der Nase kam auf uns zu.

»So, ihr bein Schnucklschn. Wie isch seh, seid ihr ja frsch verlieb, so eng wie ihr eusch bfummelt. Isch mach n Job hirschn ewisch und isch hab gleisch gesen, dasch ihr ein glüksch Pärschn seid.«

Ja, natürlich sind und waren wir ein glückliches Pärchen. Zumindest bis zu dem Tag, als das ZDF die Mediathek erfunden hat.

Meine Frau schaute mich an, als wolle sie mich fragen, warum wir uns nicht einfach wegen des Ehekrachs letzte Woche wie gewohnt vertragen hatten und zusammen ins Kino gegangen sind, statt uns diesen beschmierten Kurs anzutun. Zwischen *Inspector Barnaby* und meiner Horrorfilmsammlung musste es doch auch ohne Links-zwo-drei-vier-Gehopse und Generälen eine diplomatische Lösung geben.

Der Schnauzer-Mischling legte nun das perfekte Lied auf. Cha-Cha-Cha! Der Cha-Cha-Cha ist in Tanzschulen quasi das, was beim Rechnen lernen das kleine Einmaleins ist. Ein gut gemeinter Anfang, den man eigentlich nicht versauen kann. Roxette spielte doch tatsächlich von einer Vinylsingle aus 1989 *Dangerous,* und mein Retroherz schlug Purzelbäume.

Hauke pflaumte erwartungsgemäß erneut seine Gattin Steffi an.

»Steffi! Aufgepasst, du Bratze! Ich tu dich nich mehr in Griff haben, wenn du deine Hand nicht ordentlich an meine Buchse packst. Ich bin der Führer, verflucht noch mal!«

Sie reagierte mit einer verschüchterten Antwort.

»Äh, aber Hauke, du musst auch steifer werden.«

Meine Frau fing an, sich totzulachen, und auch ich amüsierte mich blendend. Na, wenn das hier und heute nicht zusätzlich zum Ehegattenkitting noch ein schickes Kapitel in meinem neuen Buch wird, dann weiß ich auch nicht.

Schnauzermischling Magnum legte nun eine ruhige Nummer auf, und meine Frau ging in den Klammerblues über. Der einzige Tanz, den Eheleute auch ohne Tanzschulkurs bereits mit der Muttermilch können. Ich war also voll dabei und mühte mich, irgendwie lässig und cool auszusehen.

»Kai, ich führe! Klar?!«

Ich nahm meine Frau in den Arm und siehe da. Wir waren uns durch die beiden Vollhorsts aus Wattenscheid wieder nähergekommen, als wir eigentlich wollten. Und was war der Grund? Der beknackte Tanzkurs? Nein! Die ruhige Musik? Nein! Es war der Humor, der unsere Ehe am Laufen hielt. Und der ist im deutschen Fernsehen leider nicht sehr ausgeprägt, sodass dieses Unterhaltungsprogramm mit Steffi und Hauke nun kuschelig dafür sorgte, dass wir mal wieder ordentlich Spaß miteinander hatten. Mit steifen Händen am Hintern des anderen und …, ja was weiß ich.

Während der Tanzschul-Gonzo nun bei Steffi und Hauke

schlichten musste, weil sie nicht mehr dazu bereit war, dem Feldwebel die Führung zu überlassen, einigten meine Frau und ich uns darauf, dass mir zukünftig erlaubt war, viermal in der Woche Zahnpastareste im Waschbecken zu hinterlassen, während sie sich dafür die neue Staffel *Inspector Lewis* bestellen durfte. Eng umschlungen tanzten wir danach zu *Sorry Seems to Be the Hardest Word*, während Hauke weiter seine Steffi rundmachte. Mir wurde klar: Die Ehe ist ein Geschäft wie jedes andere. Es geht ums Geben und Nehmen und darum, ordentlich Spaß inne Backen zu haben. Beim Tanzen sogar in den Pobacken.

Das wurde in dem komischen Buch von Doktor Pilzmeyer aber an keiner Stelle erwähnt. Dank des Kurses wusste ich aber nun, dass man bei Unwetter in der Ehe nicht warten sollte, bis es vorbeizieht, sondern lieber durch den Regen durchtanzt.

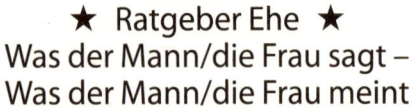

★ Ratgeber Ehe ★
Was der Mann/die Frau sagt –
Was der Mann/die Frau meint

Er sagt: »Schatz, ich helfe dir gern im Haushalt.«
Er meint: »Auf dem Weg zur Kneipe nehme ich den Müll mit runter.«

Sie sagt: »Ich räum noch schnell die Spülmaschine aus.«
Sie meint: »Und du darfst als Ausgleich die komplette Küche putzen.«

Er sagt: »Du siehst in dem Kleid toll aus. Kauf es ruhig.«
Er meint: »Nur so komme ich schnell aus der Boutique zum Mittagessen.«

Sie sagt: »Schatz, wie findest du mein Kleid?«
Sie meint: »Lob mich endlich mal, dass ich noch so jung aussehe.«

Er sagt: »Du bist die tollste Frau der Welt.«
Er meint: »Für ein vollständiges Bild mangelt es mir an Alternativen.«

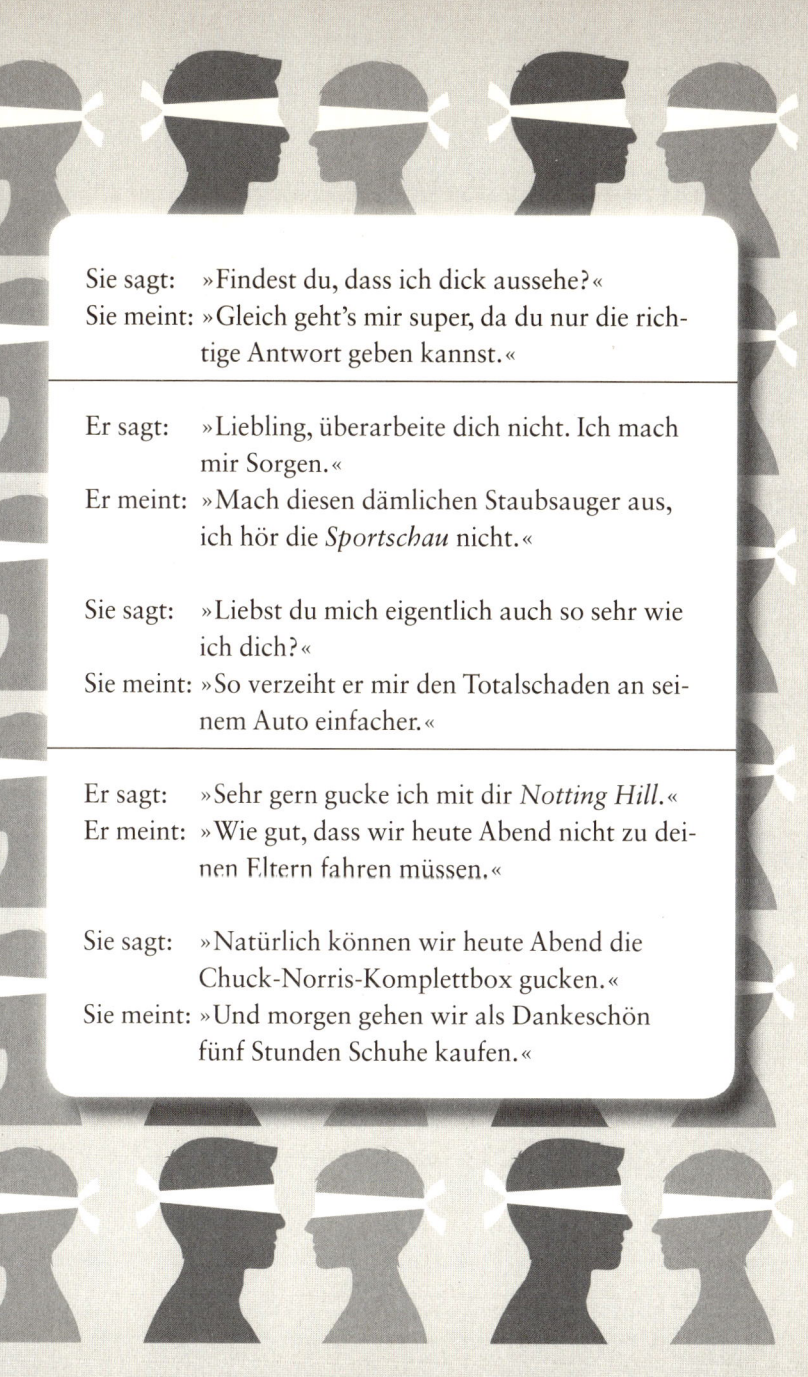

Sie sagt: »Findest du, dass ich dick aussehe?«
Sie meint: »Gleich geht's mir super, da du nur die richtige Antwort geben kannst.«

Er sagt: »Liebling, überarbeite dich nicht. Ich mach mir Sorgen.«
Er meint: »Mach diesen dämlichen Staubsauger aus, ich hör die *Sportschau* nicht.«

Sie sagt: »Liebst du mich eigentlich auch so sehr wie ich dich?«
Sie meint: »So verzeiht er mir den Totalschaden an seinem Auto einfacher.«

Er sagt: »Sehr gern gucke ich mit dir *Notting Hill*.«
Er meint: »Wie gut, dass wir heute Abend nicht zu deinen Eltern fahren müssen.«

Sie sagt: »Natürlich können wir heute Abend die Chuck-Norris-Komplettbox gucken.«
Sie meint: »Und morgen gehen wir als Dankeschön fünf Stunden Schuhe kaufen.«

ICH GEH IM BETT

Wie ich mein Schlafproblem in den Griff bekam

Wussten Sie eigentlich, dass man das Schlafen trainieren kann? Statistisch gesehen pennt ein Mensch ein Drittel seines Lebens. Wobei es schon verrückt ist, dass die meisten von uns nur so viel Zeit nachts im Bett verbringen, damit sie am Tag als Bürosklaven wieder brav Leistung bringen können. Besonders reizend sind dabei die Kollegen, die mit breiter Brust herumstrunzen, dass sie jede Nacht schlafen wie ein Säugling. Fast immer sind das übrigens die Kollegen, die nie einen Säugling hatten. Mit Nachwuchs kann Schlafmangel nämlich zum ernsten Problem werden. Aber braucht es trotzdem gute Ratschläge, wie man das Schlafen trainieren kann? Ich war mir da nicht sicher.

Zugegeben, das Bett ist ein verlockender Ort. Bereits als Kind war ich bemüht, mindestens neunzig Prozent des Tages dort zu verbringen. Neben der Couch, der Toilette und dem alten Kneipenkicker im Hobbykeller zählt die im Ruhrpott als Pofe bekannte Liegestätte bis heute zu den Lieblingsorten in meiner Wohnung. Als Säugling ist es einem zwar noch herzlich egal, wo man seine zwanzig Stunden täglich schläft und vier Stunden plärrt, aber als Teenie ist es schon extrem wichtig, ein eigenes Bett zu haben. Vor allem dann, wenn man davon träumt, mal mit einer Frau zu schlafen. Ich hab mich als heranwachsendes Greenhorn immer gefragt, was das für einen Nutzen haben soll, mit einer Frau zu schlafen. Sie pennt, er schnarcht. Und das soll geil sein? Erst später wurde mir bewusst, dass es ohnehin die Frauen sind, die im Bett den Dreh besser raus haben als wir Männer. Meine beispielsweise hat den Dreh im Bett so gut raus, dass sie jede Nacht mit einem Turn nach links den Großteil der Bettdecken innehat.

Problematisch wird es mit dem Bett und dem Schlafen darin eigentlich erst dann, wenn man gestört ist. Und ich bin seit einiger Zeit stark gestört, also schlafgestört. Ich habe zwar keine klassischen Durchschlafstörungen wie die ganzen Granufinken, die nachts zum Klo flattern müssen, aber ich kämpfe seit vielen Jahren mit Einschlafproblemen. Egal ob im Bett, im Zug, angelehnt an der Hauswand oder während eines langweiligen BVB-Spiels. Früher war ich im Bett richtig gut, aber heute kann ich einfach nicht dann einschlafen, wenn ich es gern möchte. Ein großes Maß an Neid macht sich in mir breit, wenn ich Menschen beobachte, die an jedem Ort der Welt und vor allem bei jeder Lautstärke wegpennen können. Einfach so, von hier auf jetzt. Gratulation! Bei mir klappt das einfach nicht. Und deswegen habe ich eines Tages entschieden, mir fachkundige Hilfe zu holen. Und zwar von einem Schlafexperten, der mir zeigen sollte, wie ich immer dann schlafen kann, wenn ich es möchte. Vor allem abends im Bett, wenn meine Frau mir mal wieder die Bettdecke weggezogen hat.

Nun ist das Bett ja der Ort, an dem ich noch am wahrscheinlichsten in den Schlaf finde. Meist, weil ich vom ständigen Schauen auf den Wecker so schläfrig geworden bin, dass ich morgens um vier Uhr endlich von der Müdigkeit erschlagen werde. Das stundenlange Schäfchenzählen, das ich früher ausgeübt habe, hat nur dazu geführt, dass immer irgendwann ein Schaf verloren ging und ich mich die ganze Nacht um das arme Lamm gesorgt habe. Hellwach im Bett sitzend, während meine schnarchende Frau neben mir ganze Nadelwaldpopulationen in Südlappland wegsägte.

Irgendwann fiel mir auf, dass meine Frau nachts immer eine Schlafmaske benutzt. Das sind diese Panzerknackerbrillen aus dem *Shades of Grey*-Fanshop, die zumindest dann praktisch sind, wenn man an hellen Orten pennen möchte, also zum Beispiel in einem Flugzeug mit zweihundert Leselampen. Auch Ohrstöpsel sollen dort beim Einschlafen übrigens helfen. Bei meinem ersten Flug habe ich das noch kindlich naiv falsch verstanden. Man sagte mir damals, ich solle in einem Flugzeug, wenn ich Probleme mit den Ohren bekäme, ein Kaugummi benutzen. Ich habe es gemacht und das Zeug nie wieder aus dem Gehörgang herausbekommen.

Heute bin ich wesentlich häufiger mit dem Flugzeug unterwegs. Nicht nur beruflich, sondern auch privat. Dabei kann ich das Fliegen nicht ausstehen. Loriot sagte zwar mal, dass der Mensch das einzige Lebewesen sei, das im Flug eine warme Mahlzeit zu sich nehmen könne, aber mal ehrlich: Wollen wir das überhaupt? Ich nicht. Mir würde es schon reichen, wenn ich während eines vierstündigen Fluges unmittelbar nach dem Start die Augen schließe, entschlafe, also wegpenne, und erst zur Landung wieder aus allen schönen Träumen gerissen werde. Doch Flugzeuge und Schlafen sind eine Kombination, die sich in meinem Fall nie gut vertragen hat. Bis zum letzten Sommer.

Gecko, ein alter Freund aus dem Ruhrpott, hatte mich auf die Ferieninsel Gran Canaria eingeladen. Den Spitznamen Gecko hatte er, weil er schon als Kind an allem hochkletterte, was nicht bei drei auf den Bäumen war – also auf den Bäumen, die er dann auch noch bestieg. Regenrinnen, Funkmasten, seine stämmige Freundin und diverse Fördertürme. Gecko kletterte an allem hoch, nur nicht an der Karriereleiter. Erst als er kurz davorstand, von einem spaßfreien Staatsanwalt für ein paar Tage dahin geschickt zu werden, wo man nicht besonders gut klettern konnte, da entschied Gecko sich dazu, auszuwandern. So richtig Good-bye-Deutschland-mäßig gründete Gecko sich eine neue Existenz auf Gran Canaria, wo er ein kleines Bistro an der Strandpromenade eröffnete. Natürlich sehr umsatzfördernd in der ersten Etage über einem äthiopischen Friseur für Dreadlocks. Ich war neugierig, ob Gecko nun jeden Morgen an der Fassade zur Küche hochkletterte, und buchte einen Flug, um ihn auf Gran Canaria zu besuchen.

Gecko hatte mit seiner Freundin Betti eine kleine Nonsens-Lesung mit deutschen Touristen organisiert, und ich sollte dort auftreten. Was man aus Freundschaft nicht so alles über sich ergehen lässt. In den Siebzigerjahren wäre so eine Nummer mit einem Auftritt bei einer Möbelhauseröffnung vergleichbar gewesen, im Jahr 2017 ist es eben das Unterhaltungsprogramm in einem Strandbistro. Dabei wäre mir eine Möbelhauseröffnung in Ennepetal durchaus lieber gewesen, denn dann wäre mir der vierstündige Flug erspart geblieben.

So stand ich also im letzten Sommer zusammen mit Tausenden Urlaubern am Airline-Counter des Düsseldorfer Flughafens, um Gecko und Betti einen Besuch auf Gran Canaria abzustatten. Im Gepäck ein Buch über Schlafstörungen. Denn ich hatte mir fest vorgenommen, es nur dieses eine Mal zu schaffen, den vierstündigen Flug über durchzuschlafen.

Sehr wahrscheinlich kennen Sie das. Der eigentliche Stress einer Flugreise, der einem jegliche Müdigkeit schon von Beginn an raubt, fängt meistens schon am Check-in-Schalter an. Vor mir mühte sich ein knapp dreißigjähriges Querflötengesicht mit verspiegelter Sonnenbrille, seinen Satz Winterreifen als eine Art Handgepäck einchecken zu lassen. Er war doch tatsächlich mit einer Sackkarre am Flughafen erschienen, um vier Räder, inklusive Felgen, als Gepäck aufzugeben. Was er mit den Winterreifen auf Gran Canaria wollte? Herrgott, ich weiß es doch auch nicht. Der Dame am Counter schienen solche Fluggäste aber nicht neu zu sein. Ich blätterte im Schlafratgeber. Eventuell könnte ich ja lernen, wie ich schon stehend am Counter ein wenig wegnickere, während der Felgenflegel mit der Check-in-Maus diskutierte.

Kapitel 1: *Wenn Sie ein spontanes Gefühl von Müdigkeit erreichen wollen, dann schalten Sie Ihre Gedanken ab.* Aha, also Gehirn gar nicht erst mit aus dem Haus nehmen. So wie Rudi Rille vor mir.

Der Herr begann nun ungefragt, seine Neunzehner Aluschlappen auf das Fließband zu legen. Die Airline-Mieze guckte skeptisch.

»Äh, Sie wissen aber schon, dass Sie dafür einen Aufpreis zahlen müssen?«

Der Herr, scheinbar aus dem Rotlichtadel, da er in Begleitung von drei sehr geringgewichtigen und auch nur leicht bekleideten Frauen reiste, machte seine eigene Rechnung auf.

»Wat? Wieso? Ich denk, ich hab zwanzig Kilos frei.«

»Ja, aber die Reifen wiegen sechsundsiebzig Kilo und haben zudem nicht die richtigen Abmessungen.«

Das Linksgewinde mit Louis-Vuitton-Kulturbeutel schaute seine weiblichen Mitbringsel an.

»Aber dat passt doch wunderbar. Hier! Kimberley, Jackie und Ashlyn. Drei mal zwanzig Kilos. Die drei reisen nur mit dem, wat se anhaben. Und mein Kulturbeutel hier is Handgepäck.«

Ja, man merkte, dass seine Kultur in einen kleinen Beutel passte, den man mit ins Handgepäck hätte nehmen können. Dem Schlafratgeber zum Trotz kam meine Gedankenwelt leider mächtig in Gang. Was wäre gewesen, wenn der Herr auch noch seine Corvette in Einzelteilen dabeigehabt hätte? Ich wurde zudem noch wacher, als ich sah, wie sich Ashlyn anbot, ihr Oberteil auszuziehen, um etwas weniger schwer zu fliegen. Mein Kopfkino hatte nun FSK-18-Spätvorstellung in 3D.

Es ist faszinierend, dass solche Vögel in Warteschlangen

immer direkt vor einem stehen, nie dahinter. Das ist genauso wie im Supermarkt, wenn tausendmal kassiert wird und ausgerechnet, wenn man selbst an der Reihe ist und sehr in Eile, das Kassenband gewechselt werden muss. Mein Kassenband hieß, wie ich nun mitbekam, Niko und bemühte nun wieder seine ganz eigene Mathematik.

»Ey, wenn jetzt meine drei Cousinen alle einen Aluschlappen nehmen tun, dann ist dat doch inne Ordnung, oder?«

Die Dame am Counter nickte. Ich blätterte zu Kapitel 2 des Schlafratgebers. *Schlafen Sie mit einem speziellen Nackenkissen.* Ich packte den Klassiker unter den Flugzeug-Schlafkissen aus meiner Reisetasche. Das zitronengelbe Mikrofaser-Croissant, das ich mir kurz zuvor im Flughafenshop gekauft und mühsam aufgepustet hatte. Vielleicht würde es damit gelingen, stehend neben der inzwischen fast unbekleideten Ashlyn und den anderen beiden Hühnern einzuschlafen, sodass der Film in meinem Kopfkino heute mal keine Überlänge hatte. Und siehe da, es funktionierte. Niko war mit seinen Hühnern zum Folienpackautomat abgehauen, um die Räder zu einem kofferähnlichen viereckigen Würfel einlaminieren zu lassen. Und ich stand nun mit diesem Nackenkissen um den Hals vor der Counter-Tante der Airline, um mir mein Wunschticket zu organisieren. Mein Kopf hing, soweit es das Kissen zuließ, nach links. Als die Durchsage ertönte, dass mein Flug wegen Reifenproblemen drei Stunden Verspätung hat, meinte ich sogar, leicht eingepennt zu sein. Ich brauchte dringend einen Sitzplatz, auf dem ich gut schlafen konnte und der vor allem weit weg war von Niko und seinen Hartgeld-Dirnen.

Die Dame am PC schaute mich mitleidig an, wie ich mit halb geschlossenen Augen und diesem dicken Schlafhörnchen um den Hals vor ihr stand.

»Guten Tag, der Herr. Das sieht aber schlimm aus. Schleudertrauma?«

Ich kramte mein Ticket aus der Tasche.

»Ne, Albtrauma! War kurz weggenickt und hab geträumt, wie mich ein A380 in der Sahara mit Winterreifen überfahren hat.«

Auch der Sicherheitscheck, bei dem ich die Schuhe, den Gürtel, die Jacke und die Skiunterhosen, die ich wegen der kalten Klimaanlagen in Flugzeugen immer anhabe, ausziehen musste, versetzte mich in den totalen Schlafrhythmus. Klamotten ausziehen bedeutet bei mir seit dem Ende meiner wilden Teeniejahre nämlich Schlafenszeit. Egal ob beim Frauenarzt, in der Sauna oder beim Kampftauchen im Kongo. Die Security-Dame, die mir die leere Plastikkiste für meine Wertsachen angereicht hatte, wunderte sich, warum ich nach drei Minuten noch immer nicht aus dem Ganzkörperscanner herausgekommen war. Ich war inzwischen todmüde vom Warten, während dieses beschauliche Summen des Scanners aus mir einen schlaftrunkenen Fluggast gemacht hatte. Und das inmitten von Tausenden plärrenden Kindern mit Sandschaufeln in der Hand und Lillifee-Mützen auf dem Kopf. Herrlich! Sollte es mir an diesem Tag tatsächlich zum ersten Mal gelingen, schlaftrunken in ein Flugzeug zu steigen und dort den Schlaf der Gerechten zu pennen? Ich war guter Dinge, als ich am Gate ankam, an dem schon zahlreiche Kopf-runter-Teenies ihre WhatsApp-Nachrichten auf dem Smartphone checkten und Muttis ihre Ratgeber *Wie stille ich mein Kind richtig* aufschlugen.

Auch ich wagte wieder einen Blick in mein Schlafratgeberbuch, um die Wartezeit am Gate sinnvoll und am besten schlafend zu verbringen. Kapitel 3: *Trinken Sie vor dem Schlafen eine warme Milch und verzichten Sie stattdessen auf Schlafta-*

bletten. Ich schob also meine Schlafmaske auf die Stirn, rückte mein Nackenkissen zurecht und marschierte zu einer dieser Café-Macchiato-Smoothie-Flavour-Hipster-Latte-Bars, die in Flughäfen mittlerweile an jeder Ecke aus dem Boden schießen. Eine Seniorin auf dem Barhocker neben mir schaute mich mitleidig an.

»Uiuiui, Bandscheibenvorfall im Halswirbelbereich?«

Ich bestellte bei der Bar-Barbie eine warme Milch.

»Ne, Hyperaktivitätsstörung im Kopfkino. Ich werde nie müde.«

Die ältere Dame saugte an ihrem Gin-Tonic und tat so, als verstünde sie meine schlimmen Leiden tatsächlich.

»Warme Milch haben wir nicht solo, nur im Milchkaffee.«

Die Barbie war mit einer warmen Milch und meinem Anblick in einer Flughafenhalle wohl etwas überfordert.

»Gut, dann geben Sie mir bitte einen Milchkaffee und lassen Sie den Kaffee weg. Koffein wäre jetzt mein Tod.«

Die Kaffee-Klara drehte sich zu ihrem Kollegen um und tuschelte etwas. Die Gin-Omma kam wieder ins Spiel.

»Also, meine Freundin Babette rät immer dazu, sich auf einem Flug was Bequemes anzuziehen. Das entspannt und fördert die Müdigkeit.«

Gar keine schlechte Idee, schoss es mir durch den Kopf. Schließlich war ich ja schon merklich müder geworden, als ich mich im Sicherheitscheck meiner Straßenklamotten entledigen durfte. Das könnte die Lösung sein. Raus aus der engen Jeans, weg mit der juckenden Strickjacke und rein in die Wohlfühlklamotten.

Die Bar-Barella hatte mir inzwischen eine Tasse Kaffee und separat dazu so ein Plastikdingsbums handwarmer Dosenmilch auf die Theke gestellt.

Ich zog die Lasche an der Verpackung ab, kippte mir die

Milch hinunter, widerstand erneut den Schlaftabletten, die ich beim Bezahlen im Portemonnaie gesichtet hatte, und verschwand nun eiligst mit meinem Köfferchen auf der Herrentoilette zwecks Buchsen-Switching. Der Duft von Urinstein neutralisierte die Arbeit der warmen Milch, sodass die Müdigkeit in mir nicht besonders wuchs. Ich kramte mir meinen Hausanzug aus dem Koffer. Ja, Hausanzug. Wie, kennen Sie nicht? Hausanzüge sind der perfekte Hybrid aus Jogginganzug und Schlafanzug, der sowohl im Bett, am Frühstückstisch als auch mit der Gattin am Briefkasten stehend eine schlanke Taille macht. Aus diesem berühmten Nicki-Stoff gefertigt, den wir als Blagen immer samstagabends anziehen mussten, wenn Frank Elstner medial zu Besuch kam. Todschick und bis zum heutigen Tag in meiner Reisetasche zu finden. Nur am Gate eines Flughafens sah er leider scheiße aus. Kann aber auch an den Donald-Duck-Figuren gelegen haben, die auf dem weißen Stoff gedruckt waren. Aber mir war das egal. Ich wollte endlich müde werden, denn wenig später begann ja das Boarding.

Was riet mir eigentlich der Schlafratgeber in den weiteren 345 Kapiteln? Ich legte mich lang auf die Wartebank des Flughafens, deckte mich mit fünf dicken *Wall Street Journals* zu, die ohnehin nie eine Sau liest, mir aber wohlig warme Wärme schenkten. Mehr als die Dosenmilch allemal. Ich war mir sicher, dass ich nur noch meinen Sitzplatz im Flugzeug erreichen müsste und dann vier Stunden lang wie ein Baby schlafen würde. Also ein Riesenbaby im Niko-, äh Nicki-Anzug.

Niko und seine Hupfdohlen waren übrigens inzwischen, ebenso wie die ältere Dame von der Bar, auch im Wartebereich angekommen. Eine von Nikos Cousinen schien schwanger zu sein, da sich unter ihrem Ozelotpelz ein rundes Etwas abzeichnete, das man für einen Ersatzreifen hätte halten können. Und noch bevor ich den nächsten Tipp aus dem Ratgeberbuch gelesen hatte, dass man nämlich vor dem Schlafen nicht mehr fernsehen sollte, da ertönte der erlösende Aufruf: »Boarding!« Ich verkniff es mir, in meinem Pyjama für Fortgeschrittene beim Flughafenpersonal zu erfragen, ob man die Bildschirme mit den Börsennachrichten ausschalten könne, und stieg so schnell wie möglich in das Flugzeug. Nichts und niemand sollte mich auf dem Weg zu meinem Sitzplatz noch davon abhalten, meine hart erarbeitete Müdigkeit wieder zu verlieren.

Die Stewardess am Eingang der Maschine versuchte es dennoch.

»Wirbelfraktur?«

Ich zog die Schlafbrille bis kurz über die Lider.

»Nein, Heavy-Metal-Sauftour. Headbangen, bis kurz vor dem Genickbruch.«

Ich war es langsam leid, permanent auf mein sensationelles Schlafkissen in Hufeisenform angesprochen zu werden.

Niko hatte sich unterdessen die ersten und letzten beiden *Playboy*- und *Auto-Bild*-Ausgaben von der Auslage genommen, und die Gin-Dame sorgte mit ihrer Auswahl an *Gala* und *Brigitte* dafür, dass alle Zeitschriften nun vergriffen waren. Ich kam also gar nicht erst in Versuchung, mir die *Washington Post* auf Arabisch als Reiselektüre mitzunehmen. Ich wollte ja schließlich schlafen.

Einer der schönsten Momente während einer Flugreise ist ja das eben erwähnte Boarding, also der Moment, an dem dreihundert Fluggäste gleichzeitig auf die Idee kommen, sich ihrer zehn Jacken zu entledigen und diese zusammen mit Schrankkoffern, Klappkinderwagen, mannshohen mongolischen Schnitzarbeiten als Reisesouvenir und Alufelgen ins Gepäckfach unterhalb der Kabinendecke zu verstauen. Dumm nur, wenn man, so wie ich, einer der Letzten an Bord ist und feststellt, dass für die schmale Arbeitstasche kein Platz mehr übrig geblieben ist.

Ich nahm die Aktentasche mit meinen Leseutensilien also auf den Schoß. Ein aufwendiges Suchen im Gepäckfach hätte mich sowieso wieder zu sehr aus der Müdigkeit gerissen. Ich teilte mir eine Sitzreihe mit der alten Dame aus der Dosenmilchbar. Sie war mindestens fünfundneunzig und hatte die Bibel wohl noch mit Originalautogrammen im Schrank stehen. Niko und seine Tuning-Tussis saßen selbstverständlich in der Reihe vor uns. Ärgerlich einerseits, andererseits lärmtechnisch zumindest das geringere Übel, jedenfalls im Vergleich zu einer Familie mit drei kleinen Kindern. Aufgrund des Druckunterschiedes fangen Kinder im Flugzeug nämlich irgendwann an zu schreien. Immer! Kaugummimangel in den Ohren, wie mir scheint. Bei Niko und der alten Dame hatte ich Hoffnung, dass es ruhig bleiben würde und ich mir nun meine vier Stunden Schönheitsschlaf gönnen könne. Ich blätterte vor dem Start noch ein letztes Mal in meinem Schlafratgeber, um den entscheidenden Hinweis der Schlafgurus zu lesen, wie ich denn nun ins Reich der Träume geschickt werden könne. Kapitel 16: *Achten Sie auf die richtige Schlaftemperatur.* Das war ein guter Hinweis.

Die Klimaanlage blies mir erwartungsgemäß einen Schwall eiskalter Luft mitten ins Gesicht. Ich fühlte mich ein bisschen wie Hollandtomaten, die im Supermarkt neuerdings durch eine leichte Wand aus Dunst benetzt werden. Han Solo wäre auf diesem Sitzplatz längst zu einem Karbonitblock erstarrt gewesen. Ich sammelte alle mir zur Verfügung stehenden Pferdedecken der Airline zusammen und verkroch mich damit an das Kabinenfenster. Die Lady neben mir orderte hingegen einen weiteren Gin, diesmal ohne Tonic. Prost!

Als ich es fast geschafft hatte, noch vor dem Start in Morpheus Armen zu landen, da hing ich fast in Nikos Armen. Er hatte sich vor mir sitzend natürlich nicht lange bitten lassen, den Klassiker einer Flugreise zu bringen und die Rückenlehne seines Sitzes auf Anschlag nach hinten zu kippen, um danach erst einmal genüsslich pinkeln zu gehen. Die Stewardess hatte Angst um ihr eben erst desinfiziertes Klo.

»Mein Herr, wir starten in wenigen Minuten. Bitte warten Sie mit der Toilette, bis wir in der Luft sind.«

Ein Satz, der mich schlagartig wieder wach werden ließ. *Bitte warten Sie mit der Toilette, bis wir in der Luft sind.* So was sagt eine Ente ihrer Tochter, aber doch kein Mensch zu einem anderen. Die Dame neben mir orderte noch einen weiteren Schnaps.

Nun ist es ja so, dass sich auch Airlines nicht lumpen lassen, was das Thema Schlafen an Bord betrifft. Scheinbar aus Neid darüber, dass der Kapitän eines Flugzeugs nicht schlafen sollte und die Stewardessen nicht schlafen dürfen, sind sämtliche Mitarbeiter einer Flugcrew ständig bemüht, ihre Passagiere während des Fluges am Schlafen zu hindern. Auf Langstreckenflügen wird nachts zwar regelmäßig die komplette Innenraumbeleuchtung der Maschine ausgeschaltet oder zumindest gedimmt, aber auf einem Tagflug nach Gran Canaria ist das natürlich eher sinnlos. Ich bin auf Langstreckenflügen übrigens meist der Einzige, bei dem dann noch die Leselampe brennt, während alle anderen, bedingt durch übermäßigen Gin-Genuss oder bequem nach hinten gestellter Rückenlehne, entspannt schlafen können.

Plötzlich entdeckte ich einen kleinen Aufkleber in der Zeitschriftenablage vor mir. Einige Airlines bieten doch tatsächlich an, dass man einen kleinen Sticker auf die Kopfstütze seines Sitzes klebt. Auf diesem steht: *Bitte nicht stören!* Man kann die Flugcrew mittels Aufkleber also zum Klappehalten animieren. Immerhin, dachte ich, und klebte das Ding gut sichtbar auf die dafür vorgesehene Stelle. Dann bekam die Dame neben mir Schluckauf. Ich versuchte trotzdem einzuschlafen. Als ich endlich inklusive Schlafbrille, Nackenkissen, Pferdedecken, warmer Milch intus, Nicki-Anzug, Wohlfühltemperatur und ausgeschaltetem Kopfkino eingeschlafen war, meldete sich der Kapitän lautstark aus dem Cockpit.

»Meine Damen und Herren, hier noch eine wichtige Durchsage. Wir werden Düsseldorf nun in Nord-Süd-Richtung verlassen.«

Mein Kopfkino schaltete auf Splatter-Movie. Den Kapitän im Cockpit mit einer kleinen Gin-Flasche ersticken? Im Bereich des Möglichen. Ich nickte erneut ein, bevor mich kurze Zeit später ein Schrei weckte. Die Stewardess war Niko mit dem Getränkewagen gegen das Schienbein gefahren, da dieser breitbeinig am Gang saß und scheinbar eine Frau auf dem Gynäkologenstuhl imitieren wollte. Der Schluckauf der Seniorin war inzwischen in ein Dauerbäuerchen übergegangen, und sie orderte sich deswegen nun einen Magenbitter. Sechzig Umdrehungen, ebenso wie ich, nachdem ich wenig später zum dritten Mal aus meinem leichten Schläferchen geweckt worden war. Die lässige Lady schien verhaltenstechnisch eine feine Dame, gefangen im Körper eines diplomierten Bauarbeiters zu sein. Ich stopfte mir Kaugummi in die Ohren.

Inzwischen hatten die drei liebestollen Cousinen Kimberley, Jackie und Ashlyn entdeckt, dass die Airline den Schnaps für die alte Dame kostenfrei ausgeschenkt hatte, und zechten mit. Mein vierter Schlafversuch wurde durch die Stewardess unterbrochen, die mich weckte, um mir zu sagen, dass meine Schlafmaske heruntergefallen war. Ich musste an diese Nachrichtenmeldungen denken, in denen man erfuhr, dass Flugzeuge mitten im Nichts notlanden mussten, weil ein Passagier an Bord völlig ausgeflippt war. Mann, dachte ich mir immer, wie kann es mit einem Menschen an so einem sensiblen Ort nur so weit kommen? Als Niko mich zum fünften Mal wach gemacht hatte, um zu fragen, warum ich hier im Flugzeug Aufkleber auf die Polster kleben würde, da verstand ich diese Irren aus den Nachrichten.

Dann nach drei Stunden, irgendwo über Marokko, gelang es mir endlich, tiefer in den Schlaf zu finden. Natürlich gab es in diesem Moment etwas zu essen. Die Stewardess marschierte mit zwei alufolierten, nach Knetgummifiguren aussehenden Brötchenimitaten lautstark durch die Kabine.

»Huhn oder Fleisch? Huhn oder Fleisch?«

Ist diese dumme Pute von Stewardess nicht auch aus Fleisch, fragte ich mich? Dann kam der tuntige Steward mit irgendwelchen Chipstütchen zwischen Daumen und Zeigefinger.

»Süß oder salzig? Süß oder salzig?«

Er schaute mich an. »Süß oder salzig, der Herr?«

Mein Kopf verfärbte sich trotz der eisigen Klimaanlagenluft knallrot.

»SAUER! Und zwar mächtig, Süßer!«

Von diesem Moment an ließ man mich zumindest mit Service am Platz in Ruhe. Ich zog die Schlafbrille erneut über die Augen. Der von Schlafneid geplagte Kapitän meldete sich kurz vor der Landung auf Gran Canaria erneut mit einer lebenswichtigen Durchsage aus dem Cockpit.

»MeinsehrverehrtenDamunHerrn, wir werden in wenigen Minuten landen.«

Gott, war ich froh, diese Ansage zu hören. Nicht auszudenken, was passiert wäre, wenn der Pilot diese Durchsage nicht getätigt hätte und wir Jahrtausende durch den Orbit gekreist wären, ohne Aussicht darauf, jemals wieder runterzukommen.

Die ältere Dame neben mir war durch den ganzen Schnaps inzwischen selig entschlummert und bekam von der Landung wohl ebenso wenig mit wie ich. Ich erinnere mich nämlich nur noch bruchstückhaft daran, dass ich von einer spanischen Reinigungskraft mit Staubsauger auf dem Rücken auf der Bordtoilette geweckt worden bin. Ich hing mit heruntergelassener Hose meines Donald-Duck-Nicki-Anzuges schlafend zwischen Babywickeltisch und Seifenspender. Das Nackencroissant muss sich während meines Toilettenbesuchs so günstig am Papierspender verfangen haben, dass ich Minuten vor der Landung tief und fest eingeschlafen war und wie ein Murmeltier ratzte.

Ich hatte mein Geschäft also erledigt. Mir war es tatsächlich zum ersten Mal gelungen, zusammen mit dreihundert Menschen, besoffenen Senioren, Zuhältern und Gefriermaschinen an der Decke in einem Flugzeug einzuschlafen. Zwar nur kurz, aber dafür sogar im Sitzen.

Als Gecko mich im Flughafen in Empfang nahm, war auch er begeistert: »Sag ma, Alter, du siehst aber müde aus. Flieg doch ma in Urlaub!«

★ Worüber man nicht grübeln sollte, ★ wenn man nachts nicht schlafen kann

1. Wie viele Stunden habe ich noch, wenn ich genau jetzt einschlafen würde?
2. Muss ich die Steuererklärung schon diese oder erst nächste Woche abgeben?
3. Gibt's für das Schafe-Zählen eigentlich keine App?
4. Soll ich mal laut fragen, ob meine Partnerin neben mir auch noch wach ist?
5. Was läuft eigentlich täglich um 4.22 Uhr im Fernsehen?
6. Ob ich die Decke wohl auch ohne fremde Hilfe streichen könnte?
7. Ist Übermüdung ein Grund, sich krankzumelden?
8. Soll ich den Wecker dreißig Minuten vorher klingeln lassen, um mich dann noch mal herumdrehen zu können?
9. Wie schaffe ich es gleich unter der Dusche, beim Gähnen nicht zu ertrinken?
10. Könnte es helfen, wenn ich mir den Kaffee zum Wachwerden direkt in die Augen schütte?

DER TAG, AN DEM ICH INS GRAS BISS

Wie ich meine Ernährung
vollkommen umstellen musste

Mal unter uns. Geht Ihnen dieses Geschiss um richtige Ernährung auch so sehr auf den Senkel? Ich habe ja insbesondere die Vegetarier gefressen. Geht natürlich nur, weil ich Fleisch liebe. Schön medium und mit so wenig Grünzeugs drum herum wie nötig. Dabei sind die Vegetarier mit ihrem Verzicht auf Fleisch gar nicht die Spitze des Eisbergsalates, sondern die Veganer oder noch schlimmer: die sogenannten Frutarier. Frutarier essen nur, was die Biotonne nach fünfeinhalb Jahren als Bodensatz überlässt.

Auch Ann-Kathrin, die selbst ernannte Glücksfee aus der WG bei uns im Haus, ist so eine spezielle Kandidatin in Sachen Lebensmittelverzicht. Wendela und das Dutt-Mädchen Gernot hat sie natürlich schon von ihrer ernährungstechnischen Religion überzeugt. Doch damit ist ihr Auftrag, die ganze Welt zu Grasfressern mutieren zu lassen, noch lange nicht abgeschlossen. Insofern ist es für sie praktisch, wenn nur wenige Etagen unter ihr Menschen wohnen, die sie mit ihrer Auffassung von besserem Essen und Tierschutz missionieren kann.

Ich möchte diese Geschichte aber von Anfang an erzählen, damit Sie verstehen, warum ich hier so ungehalten und zwiegespalten über Menschen spreche, die entschieden haben, von heute auf morgen kein Fleisch, kein Fisch und keine Milchschnitte mehr zu essen.

So richtig verstanden habe ich die Bewegung der Food-Terroristen bis dato nämlich nicht. Wie fühlt und denkt so ein Vegetarier eigentlich, schoss es mir nicht selten durch den Kopf. Was zum Beispiel ersetzt dem Vegetarier das wohlklingende Geräusch der elektrischen Dönersäge oder den faszinierenden Geruch kleiner Fleischscheiben, die auf ein Edelstahlblech fallen? Das Mähen des Rasens am Samstagmorgen? Der Duft von frischem Gras im Fangeimer? Warum gibt es eigentlich Millionen Witze über Vegetarier, aber kaum welche über Fleischesser? Egal. Fakt ist, dass sich inzwischen die ganze Lebensmittelindustrie auf die Ann-Kathrins dieser Welt eingeschossen hat und eingefleischte Vegetarier mit Tausenden Artikeln versorgt, die irgendwas mit-ohne Fleisch beziehungsweise tierischen Zutaten zu tun haben. Ich bin mal gespannt, wann diese Welle auch die Filmindustrie erreicht und man uns mit Machwerken wie *Kill Dill*, *Conan der Rhabarbar* oder *Einer flog übers Couscousnest* den Blu-Ray-Abend versaut.

Bis vor einigen Wochen bin ich mit dem Thema Vegetarismus eher selten in Kontakt gekommen. Ich habe mich lediglich von Zeit zu Zeit gefragt, wie man es ohne Minisalami schadenfrei durchs Leben schafft. Schon als Kind verabscheute ich nämlich pflanzliche Kost. Ich hatte wohl Angst um die Schlümpfe, die schließlich in Pilzen wohnten. Ich bin quasi von Kindesbeinen an mit Fleisch versaubeutelt worden. Für ein Kind des Ruhrgebiets, eine Gegend mit zahlreichen Currywurst-Buden an jeder Ecke, ist das aber auch nicht verwunderlich. In meiner Jugend folgten dann fast ausschließlich Freundinnen, die mehr auf mein Fleisch als auf ihr Gemöse abfuhren. Ja, man kann wirklich sagen, dass ich bis dato meist Schwein gehabt habe. Gern mal als Geschnetzeltes.

Doch vor einigen Wochen war auch ich dann endlich reif. Überreif. So reif, dass ich selbstständig vom Baum gefallen und ein wehrloses Opfer für die Frutarier dieser Welt geworden wäre. Zum Beispiel für Ann-Kathrin und ihre Öko-Terrorbande aus dem Obergeschoss. Auch wenn die Gang »nur« dem Vegetarismus frönte und den Aufstieg in die Champions League der Frutarier noch vor sich hatte.

Die selbst ernannte Glücksfee des Lebens stand zusammen

mit ihren anderen Fieselschweiflingen bei uns unten im Flur, um die Liegefahrräder zu putzen, neue Ratschläge an die Pinnwand zu texten und jeden unbescholtenen Bürger, der es wagte, an diesem Tag nach Hause zu kommen, heimtückisch abzufangen. So wie mich. Ich schloss die Haustür auf, bepackt mit fünf Tüten von Lidaldi bis hin zu Petto. Und bekam große Augen.

»Was 'n das hier für 'n Gemüseauflauf? Reicht nicht schon einer von euch am frühen Morgen?«

Ann-Kathrin wedelte mir mit einem Hanftuch vor der Nase herum. Wendela und Gernot putzten weiter fleißig an ihren Speichen herum.

»Kai! Fünf Plastiktüten, für die zwanzig Liter Wasser in der Herstellung verbraucht wurden, die nun in Kambodscha fehlen. Dazu Minisalamis in unnötiger Umverpackung, für die Schweine auf grausamste Art und Weise zu Tode gemästet wurden. Und dann noch Dosenbier, für das äh …. Na ja, das Bier ist bestimmt auch auf grausame Art produziert worden.«

Ann-Kathrin hatte mal wieder ihr ganzes Repertoire an Klugscheißerei für eine bessere Welt ausgeplaudert. Ich blieb entspannt.

»Ach, Ann-Kathrin, vergiss nicht die Salzstangen. Die sorgen für Verstopfung und hindern jeden Vegetarier daran, sich mit Durchfall einen schönen Smoothie zuzubereiten. Ist nahrungstechnisch auch nicht ganz einwandfrei.«

»Ja, Kai. Salzstangen sind auch Mist! Wie kommt es eigentlich, dass Sie da auch Möhren in Ihrer Tüte haben? Passt ja gar nicht ins Gesamtbild.«

Ann-Kathrin schaute mich überrascht an.

»Die sind für meine Frau. Wir haben jetzt 'ne Möhrenschnitzmaschine. Die sind aber ökologisch so was von absolut einwandfrei.«

Ann-Kathrin hob den Kopf und schloss erneut die Augen. Wenn sie klugschiss, dann schloss sie immer die Augen, schüttelte ein wenig den Kopf und hob die Stirnfalten. Ich war amüsiert und schaute Gernot an, der mit kettenfettverschmierten Fingern neben uns stand.

»Also, Kai, was viele nicht wissen, Möhren werden seit Kurzem mühsam aus dem Ausland eingeführt.«

Ich machte auf überrascht.

»Ach, tatsächlich? Dann müssen die aber verdammt lang sein, die Dinger.«

Ich merkte, dass Ann-Kathrin mit meinem ausgeprägten Altherrenhumor an diesem Morgen nicht viel anfangen konnte. Sie war einfach zu sehr damit beschäftigt, ihre zehn Gebote des Öko-Terrorismus abzusondern, während Gernot und Wendela stillschweigend, aber nickend an ihren Blechvehikeln herumwienerten. Als ich gerade zum Sprung ansetzen wollte, um das Hindernis Liegefahrrad zu überwinden und hoch zu meiner Wohnung zu sprinten, da kam mir eine Dame entgegen, die mir noch bekannter war als die Mitglieder der Terrorgang: meine Frau.

Sie schaute mich an.

»Honey, kannst du noch eben die Mülltonnen rausstellen?«

Ich schaute streng zurück.

»Schatz, du sollst mich nicht immer Honey nennen. Erstens muss kein Leser und keine Leserin wissen, wie du mich privat betitelst, und zweitens mag ich es nicht, wenn du mir einen vegetarischen Namen gibst. Gib mir Tiernamen!«

Ich schaute demonstrativ zur Putzkolonne hinüber.

»Gut, Porky, dann wäre es schön, wenn das kleine Ferkel nun mal die Tonnen rausstellt. Morgen ist Bio!«

Ich hatte schon länger das Gefühl, dass permanent Bio ist. Nicht nur, dass ich seit Jahren brav jede Eierschale und jeden

Fenchelauflauf von meiner Schwiegermutter in die Biotonne schüttete. Nein, auch die ständigen besserwisserischen Anflüge unserer Möchtegern-Frutarier-Kombo machten mich immer mehr zum Ökohasser. Ich bin schließlich gelernter Ökonom und nicht Ökologe. Da erfährt man nur, wie man mit dem gemähten Rasenschnitt sparsam umzugehen hat, aber nicht, wie man ihn zubereitet.

Nachdem ich vor Wut auch die gerade gekauften Möhren, inklusive Plastikverpackung, in die Biotonne geschmissen hatte, marschierte ich schnurstracks mit den Einkaufstüten in Richtung Couch. Meine Frau schnackte unterdessen noch weiter mit Ann-Kathrin und den anderen im Hausflur. Und genau das hätte ich mit aller Macht verhindern müssen, denn keine zehn Minuten später, ich war gerade auf der Couch eingeschlafen, platzte meine Frau ins Wohnzimmer.

»Kai! Megaidee! Ann-Kathrin und Wendela haben uns zum Veggieabend eingeladen. Erst kochen wir alle zusammen was Fleischfreies und danach gibt's 'n schönen Spieleabend mit irgend so 'nem sozialkritischen Brett- oder Kartenspiel.«

Ich hatte die Augen in Richtung Couchrückwand weit aufgerissen, tat aber so, als würde ich schlafen. Hatte ich das eben richtig verstanden? Meine Frau hatte sich bequatschen lassen, der Gemüsegang Spiel zu lassen, uns ihren Biobrei schmackhaft zu machen. Und zusätzlich noch Spiel gelassen, uns spielen zu lassen. Ich wollte beides nicht. Ich weiß nicht, warum, aber ich musste an zarte argentinische Filetsteaks denken.

»Wendela hat mir eben im Flur erzählt, dass die Produktion nur eines Kilos Fleisch genauso viel Emission produziert wie eine zweihundertfünfzig Kilometer lange Autofahrt.«

Ich war mir sicher, dass ich es schaffen würde, aus Ann-Kathrin mindestens dreißig Kilogramm Schweinefleisch zu gewinnen, ohne dafür die Umwelt belasten zu müssen. Dieses hinterhältige Luder. Wartet, bis ich aus dem Hausflur verschwunden bin, und schlägt dann vegetarisch zu. Dann produzierte auch mein Fleisch noch mal kurz Emission, bevor ich die Augen wieder schloss. Meine Frau rüttelte nun an mir wie ein kleines Kind, dass nach den ersten Flocken einen Schneemann bauen möchte.

»Kai, wie findeste denn die Idee?«

Kennen Sie das auch? Diese miesen rhetorischen Fragen einer Ehefrau, auf die es keine sinnvollen Antworten gibt, egal was man sagt. Die Fragen, die nur in den Raum geworfen werden, um dann eine Woche später, wenn die Übelkeit vom Bohnenbrei langsam nachgelassen hat, sagen zu können: »Ja, was denn? Ich hatte dich doch vorher gefragt, ob ich dir eine Freude mache, wenn ich das mal koche.«

Rhetorische Fragen sind von Ehefrauen erfunden worden. Ich fand die Idee scheiße, sagte ihr das aber natürlich nicht, sondern erinnerte mich daran, dass meine Frau noch einen bei mir gut hatte. Leider! Warum hatte ich eine Woche zuvor auch auf die Idee kommen müssen, die Frühstückseier in der Mikrowelle, statt im Eierkocher zu kochen. Meine Frau hatte mich also im Sack, und zwar im Jutesack, zusammen mit vier Packungen Bionudeln, die wir am darauffolgenden Samstag hoch in die WG schleppten.

Ich klingelte, und Gernot machte uns, in eine Kochschürze gewickelt, die Tür auf. Mir strömte ein Geruch entgegen, der daran zweifeln ließ, ob Vegetarier tatsächlich die Schadstoffemission verringern. Es roch bestialisch nach einem Mix aus Grünkohl, Räucherstäbchen, Öko-Deo und sonst noch was. Zudem war die WG-Butze relativ feucht, was einen leichten Schimmelduft mit sich brachte. Hätte man Mäusefallen aufgestellt, man hätte am nächsten Morgen wohl Sardellen in der Falle liegen gehabt.

Ich gab mein Bestes und packte zwei Brettspiele aus, die ich im Eifer des Gefechts bei uns im Keller unter den alten Atari-Spielen gefunden hatte. Monopoly und Risiko, die beiden sozialsten Brettspiele, die ich als Ökonom in der Eile finden konnte.

Ann-Kathrin wiederum begrüßte uns mit einem Stapel Spiele der besonderen Art auf dem Arm und würdigte mich und meiner Monopoly-Ruhrpott-Edition keines Blickes. Ich wollte daher den Abend direkt zu Beginn etwas auflockern.

»Guck mal, Ann-Kathrin, da kannste statt der Schlossallee das alte Parkstadion kaufen.«

Es half alles nichts. Meine Versuche, das vegetarische Essen mithilfe von Monopoly zu umgehen, scheiterten, und so freute ich mich während des stundenlangen Kochens auf Ann-Kathrins Brettspiel »Gurkenernte«, ein wohl eher wenig durchdachtes Kinderspiel, das die Vorteile des vegetarischen Essens erläutern sollte. Gernot hatte das besserwisserische Spiel mal an einem Parteistand der Grünen geschenkt bekommen. Schade, dass die FDP nur noch mit Kerlen im Unterhemd wirbt, dachte ich mir mit erneutem Blick auf meine Monopoly-Ausgabe.

Gernot stand wenige Minuten, nachdem er uns in die Wohnung gelassen hatte, schon wieder am Herd und rührte gedankenverloren im Zwiebel-Lauch-Süppchen herum, der Vorspeise, wie mir schwante.

Wendela hingegen übernahm nun die Arbeit von Ann-Kathrin und behelligte mich wieder mit irgendwelchen obskuren Fakten zum Thema Vegetarismus.

»Wusstet ihr eigentlich, dass Einigkeit in Bezug auf das fleischlose Essen statistisch gesehen für weniger Scheidungen in Deutschland sorgt? Harmonie am Tisch ist sehr wichtig.«

»Ja, Wendela, ich finde es auch doof, wenn man sich jedes Mal nur wegen einer Currywurst mit dem Schlachtermesser bedroht.«

Mir stank nun nicht nur die Bude der drei gewaltig.

»Ja. Aber, Kai, wusstest du, dass es sogar ein Veggie-Speed-Dating gibt, bei dem man speziell einen Vegetarier als Partner finden kann?«

Um Gottes willen. Ich malte mir bildlich aus, wie so ein Veggie-Speed-Dating vonstattengehen würde. Für alle die, die nichts mit dem Begriff Speed-Dating anfangen können: Ein Speed-Dating ist ein Event, bei dem sich zahlreiche liebestolle Männlein und Weiblein mit festem Bindungswillen treffen. Um allen die Möglichkeit zu geben, etwas voneinander zu erfahren, hat man während dieser Session nur ein paar Minuten Zeit, sich mit einem potenziellen Partner zu unterhalten, danach wird gewechselt. Hat der Partner keine Potenz, äh kein Potenzial …. Ach, egal. Sie wissen schon. So, und nun kommt die Komponente mit den langen Gurken dazu. Vor meinem geistigen Auge sah das Bild mit den zwei Single-Selleries so aus:

Er: »Hi, ich bin Steffen, dreiundvierzig Jahre und seit vier Jahren voll auf Tofu.«

Sie: »Hi, Steffen! Schön, dass du dich outest. Ich heiße Nina und komm seit zwei Jahren hierher. Ich kann ohne Gurke nicht mehr glücklich werden.«

Ich kürze das mal ab. Ich hatte inzwischen drei Viertel des Abends irgendwie herumbekommen, indem ich so tat, als interessiere mich das vegetarische Kochen so sehr wie ein Pokalendspiel zwischen Schalke und Bayern. Ich machte gute Miene zum grünen Spiel. Die Wahrheit aber war, dass ich mich fühlte wie bei einem verregneten Freundschaftsspiel zwischen Schalke und TuS Kleinmachnow, bei dem es nach zehn Minuten 3:0 für die Falschen steht. Meine Frau hatte ihren Spaß.

»Sugar, guck mal. Die Wendela hat mir gezeigt, wie man Sesam richtig einsetzt. Den kannste sogar in selbst gemachte Holunder-Quitten-Marmelade einrühren.«

Ich musste fast kotzen, sparte mir den Brei aber für einen späteren Zeitpunkt, da wir ja noch den Spieleabend vor der Brust hatten. Das Schöne am Kochen ist ja immerhin, dass man bei diesem Hobby vier Stunden am Abend kocht und meist nur drei Minuten isst. Ich hatte also Hoffnung, das Thema vegetarisches Essen nach der Zubereitung schnell abhaken zu können. Zudem täuschte ich Probleme mit meiner Krone vor, die doch so empfindlich auf pflanzliche Kost reagierte.

Dann war es endlich so weit. Die drei Caballeros aus der WG hatten so ziemlich alles in ihren Töpfen zusammengerührt, gebacken, gestampft, gerieben, gehäckselt, vertikutiert, feuerverzinkt und zubereitet, was möglich war. Der Spieleabend mit kleinen vegetarischen Snacks auf dem Tisch konnte beginnen. Ausgemacht war, dass bei jeder richtigen Antwort der Mitspieler zur Belohnung einen kleinen fleischlosen Snack aus den zahlreichen Schalen auf dem riesigen unbehandelten Kieferntisch zu sich nehmen durfte. Ich musste mich also theoretisch gesehen nur extremst doof anstellen und so tun, als wüsste ich die Antwort nicht. So könnte es mir gelingen, den Abend fast schadenfrei ohne Grünzeugs zu überstehen. Ich verschwand noch schnell zur Toilette, um mir als Vorrat heimlich zwei Landjäger reinzupfeifen. Die Spielzeit war mit immerhin zwei Stunden angegeben worden. Dann setzte ich mich wieder an den Tisch und war bemüht, mir so unauffällig wie möglich die Wurstreste aus den Schneidezahnlücken zu pulen. Ann-Kathrin legte los.

»So, ihr Lieben, nachdem wir nun so hübsch und gesund gekocht haben, möchte ich euch nun die ›Gurkenernte‹ vorstellen, ein Frage- und Antwortspiel für maximal sechs Personen. Das Spiel trägt das Qualitätssiegel »Pädagogisch wertvoll« und hat ebenfalls mit dem Thema Vegetarismus zu tun. Ich fang direkt mal an und zieh die erste Salatkarte.«

Ich hatte Mühe, die Schweinesehne des Landjägers unauffällig aus dem Backenzahn zu ziehen. Die waren aber auch lecker gewürzt.

»So, Kai. Hier also die erste Schätzfrage: *Fleisch geht sofort nach der Tötung des Tieres in den Verwesungszustand über. Das Fleisch setzt dann Leichengift frei, welches Schadstoffe wie Cadaverin, Prudescin, Hormone und Antibiotika-Rückstände enthält. Was schätzt du, wie viele ...«*

Ich sprang auf, rannte erneut zum Klo und musste mich übergeben. Der Couscousbrei als Gruß aus der Küche kam mir hoch. Ich musste an Leichengift im Landjäger denken. Zurück am Tisch starrten mich alle an. Wendela grinste sich einen.

»Na, da hat der feine Herr Twilfer wohl nicht mit gerechnet, was? Fleisch ist und bleibt ungesund.«

Ann-Kathrin beendete ihre Frage.

»*... wie viele Tiere werden jedes Jahr zum Verzehr getötet.«*

Ich hielt mich an der Stuhllehne fest. Mann, war mir von dem Couscousbrei schlecht. Ich hätte mir mit den Landjägern noch Zeit lassen sollen. Ich schaute meine Frau an.

»Schatz, ich hab dir schon hunderttausendmal gesagt ...«

Ann-Kathrin brach in Jubel aus.

»Ja, ist im Rahmen. Hunderttausend Tiere stimmt in etwa. Aber ›Schatz‹ ist nicht nötig. Bin doch einfach die Kathi. Und nun gibt's erst mal ein schönes Mini-Mais-Omelett mit geriebenen Preiselbeeren.«

Ann-Kathrin hielt mir die Schale hin. Ich nahm eines dieser winzigen Dinger raus und biss hinein. Ich weiß nicht, wie gern Sie in die Gummistreifen an den Scheiben Ihres Autos beißen. Addieren Sie noch die Konsistenz von Neopren und einen Hauch Zuckerwatte Cranger-Kirmes 1985 dazu, dann haben Sie in etwa mein Geschmacksempfinden in diesem Moment. Es war genauso wie bei Schokolade aus Simbabwe oder Formschinken aus der Mongolei. Man kaut und kaut und wird das Gefühl nicht los, dass die Speise im Mund mehr wird statt weniger. Alle Augen waren auf mich gerichtet. Die anderen am Tisch waren neugierig, ob ich meine Dschungelprüfung hier und jetzt bestehen würde. Mit vollem Mund versuchte ich, meine Demütigung etwas in Grenzen zu halten. Ich blickte auf die anderen mindestens zweihundert Schalen auf dem Tisch und drängte vorwärts.

»Um isch muff jepf die näschte Karte pfziehn?«

Ann-Kathrin gab nun die Sonja Zietlow und stand wie eine Croupière am Tisch des Grauens, um das Spiel weiter zu moderieren.

»Ja, genau. Du, Kai, liest jetzt die nächste Frage vor, und Gernot muss antworten. Antwortet oder schätzt er richtig, darf er eine unserer Köstlichkeiten genießen. Wenn nicht, darfst du als Fragesteller noch mal zugreifen.«

Na, super. Tolle Regel. Solange der geistige Tiefflieger Gernot patzte, musste ich also weiterhin den Ökomist in mich hineinschieben. Veggie for ever quasi. Aber ein Leben lang Gras fressen härtet ab, wie mir mein Oppa immer sagte, wenn ich mit offenen Knien vom Ascheplatz kam. Ich schaute auf den Stapel mit den Salat-, Gurken- und Petersilienkarten. Alle Fragenstapel waren dicker als jedes Mastschwein. Ich nahm die erste Karte vom Gurkenstapel.

»Okay, Gernot: *Bei der Produktion von nur einem Kilogramm Fleisch entstehen fünfzehn Kilogramm Gülle. Wie hoch, schätzt du, ist der jährlich entstandene Haufen an Gülle, der nur durch das Fleischessen entsteht?«*

Gernot dachte über die Güllefrage nach. Ich auch. Hatte ich eigentlich eben die Klospülung benutzt? Dann setzte Gernot zur Antwort an. Bitte, bitte, lieber Gott, lass Gernot halbwegs richtig antworten, damit ich nicht vollständig ins Gras beißen muss. Gernot fing an.

»Also, ich male mir das gerade mal bildlich aus. Da sitzt so ein armes kleines Lamm irgendwo auf der Weide. Das liebe Tierchen isst Gras, was ja nur durch die gottgegebene Strahlung der Sonne wächst und …«

Meiner Frau wurde es nun auch langsam zu bunt.

»Mann, Gernot, mach hin!«

Und ich wusste jetzt, warum die Spieldauer mit zwei Stunden angegeben war. Die Spieleentwickler hatten in der Testphase Gernot mit am Tisch.

»Gernot, wie viel kacken die pro Jahr?«, versuchte ich ihm verzweifelt auf die Sprünge zu helfen.

Aber Gernot sprang nicht, er schaute nur zur Decke.

»Also, ich denke, dass so ein Vorgang der Darmentleerung ja biologisch gewollt ist und man da nicht voreilige Schlüsse ziehen sollte, dass …«

Määäääp! Wendela beendete die Frage mit ihrem imaginären Buzzer. Blick zu mir, Frage nicht beantwortet. Ich »durfte« also erneut die Köstlichkeiten des reich gedeckten Tisches genießen. Dieses Luder grinste sich wieder einen, da sie ganz genau wusste, wie sehr ich mich darauf gefreut hatte. Nachdem ich dann noch erfahren hatte, wie Himbeer-Durcheinander mit Rosenkohl-Salzkruste-Stäbchen schmeckten, durfte ich die nächste Karte ziehen. Diesmal war meine Frau die Befragte. Bitte, Honey Sugar Darling, dachte ich mir, streng dich an. Gib die richtige Antwort und erlöse uns von dem Bösen. Ich musste an unseren Griechen denken, der Dicke mit den Cevapcici-Röllchen.

Ich zog nun die erste Petersilienkarte, die schwerste Kategorie, und begann. Ich schaute meine Frau dabei so mitleidig an, dass sie erkennen musste, wie es um mich kulinarisch bestellt war. Mir war kotzübel. Ich fühlte mich wie bei Sturmstärke zehn auf hoher See. Aber nicht auf dem Schiff, sondern darunter. Ann-Kathrin stand wieder auf.

»Kai, mach! Frag endlich! Die Ziegenkäse-Tofu-Bratlinge im Kohlrabi-Knuspermantel werden sonst kalt.«

Ich las vor.

»Okay, Schatz: *Studien haben herausgefunden, dass Vegetarier ausgeglichene Menschen sind und weniger zu Aggressionen neigen als Mischköstler. Welcher Stoff im Fleisch sorgt dafür, dass man eine schlechtere Stimmung hat als die Vegetarier?*«

Ich verdrehte die Augen. War das die Eine-Milliarde-Euro Frage? Wer wusste denn so was? Ich schaute mir die restlichen Schalen auf dem Tisch an, die …

»Arachodinsäure!«, schoss es aus meiner Frau heraus.

»Hab ich gestern in der *Frau am Scheideweg* gelesen. Zufall! Gut, oder?«

Ich glaubte meinen Ohren nicht zu trauen. Hatte meine Frau tatsächlich die richtige Antwort gegeben? Ich schob die Schalen angewidert von mir weg und reichte den Kartenstapel an Wendela weiter, die als Nächste mit Vorlesen an der Reihe war. Yes! Man muss auch mal Glück im Leben haben, dachte ich mir. Ich musste kurz aufstoßen, spülte mit einem Schluck Biolimonade nach und stützte mich demonstrativ auf den Tisch.

»Äh, Kai?«

»Ja, Wendela. Was ist? Da guckste aber, was die Twilfers so alles zum Thema Fleischverzicht wissen, was?«

Wendela schaute sich die Karte an.

»Hier steht aber Arachidonsäure, nicht Arachodinsäure. Die Antwort war falsch. Du hast einen Snack frei.«

Ich stutzte und kalkulierte nun blitzschnell, dass ich in meinem Leben wohl schon zwanzig argentinische Jungbullen, fünfzehn Bifi-Schweine und 234 800 Chicken Nuggets verdaut hatte. Rechnet man nun den Anteil an Arachnophobiesäuren zusammen, reichte das für mindestens drei Morde mit blutverschmierten Fleischermessern in dieser WG aus. Meine Stimmung und mein Aggressionslevel waren trotz des Biofutters auf Höchststufe.

Ich weiß zwar nicht mehr wie, aber irgendwie kam ich aus diesem Abend raus, ohne zum Mörder zu werden. Am nächsten Morgen, ich hatte gerade neue Durchfalltabletten aus der Apotheke besorgt, entschied ich mich dann aber doch, den ganzen klugscheißerischen WG-Umtrieben ein Ende zu setzen. Und zwar mit Waffengewalt. Ich lud mein Pumpgun-Gewehr und marschierte im Hausflur nach unten. Die drei Körnerkauer waren wieder einmal mit pädagogisch wertvollen Putzspielchen beschäftigt und grinsten mich nur blöd an.

»Na, Kai. War doch lecker gestern, oder?«

Meine Augen glühten leicht rötlich.

»Ihr Öko-Terroristen! Wisst ihr eigentlich, dass das Wort Vegetarier aus dem Indianischen kommt und *zu blöd zum Jagen* heißt? Ihr seid keine Tierliebhaber, ihr seid Pflanzenhasser. Jawohl! Ihr tötet Gras. Ihr vernichtet das, was mein Meerschweinchen zum Überleben braucht.«

Ich erhob die Waffe und zielte auf die drei. Dann drückte ich ab. Ein Riesengeschrei. Gernot, Wendela und Ann-Kathrin schleppten sich getroffen nach oben in ihre Weihrauch-Kemenate. Meine Schüsse hatten Wirkung gezeigt. War aber auch 'ne geile Idee, die Wasserpistole mit Wurstwasser zu füllen. Und danach ging's erst mal schön zum fetten Griechen.

★ Die Gipfel der Genüsse – ★ entscheiden Sie selbst, welcher Essens-Typ Sie sind

Frutarier

Verboten: So gut wie alles, was halbwegs schmeckt, dick und glücklich macht. Zum Beispiel T-Bone-Steak mit Nutella.

Erlaubt: zum Beispiel Kürbisse, Tomaten, Kerne, Äpfel.

Veganer

Verboten: Kälbchen, Pizza al tonno, tierische Produkte (auch Überraschungseier), Ozelot-Pelzmantel.

Erlaubt: Texturiertes Soja, Kichererbsenmehl, Reismilch, Hefeschmelz, Seidentofu und diverse andere Leckereien.

Vegetarier

Verboten: Chickennuggets in rund und eckig, Fischstäbchen in rund und eckig.

Erlaubt: Dosenmilch, Straußeneier, Schimmelkäse.

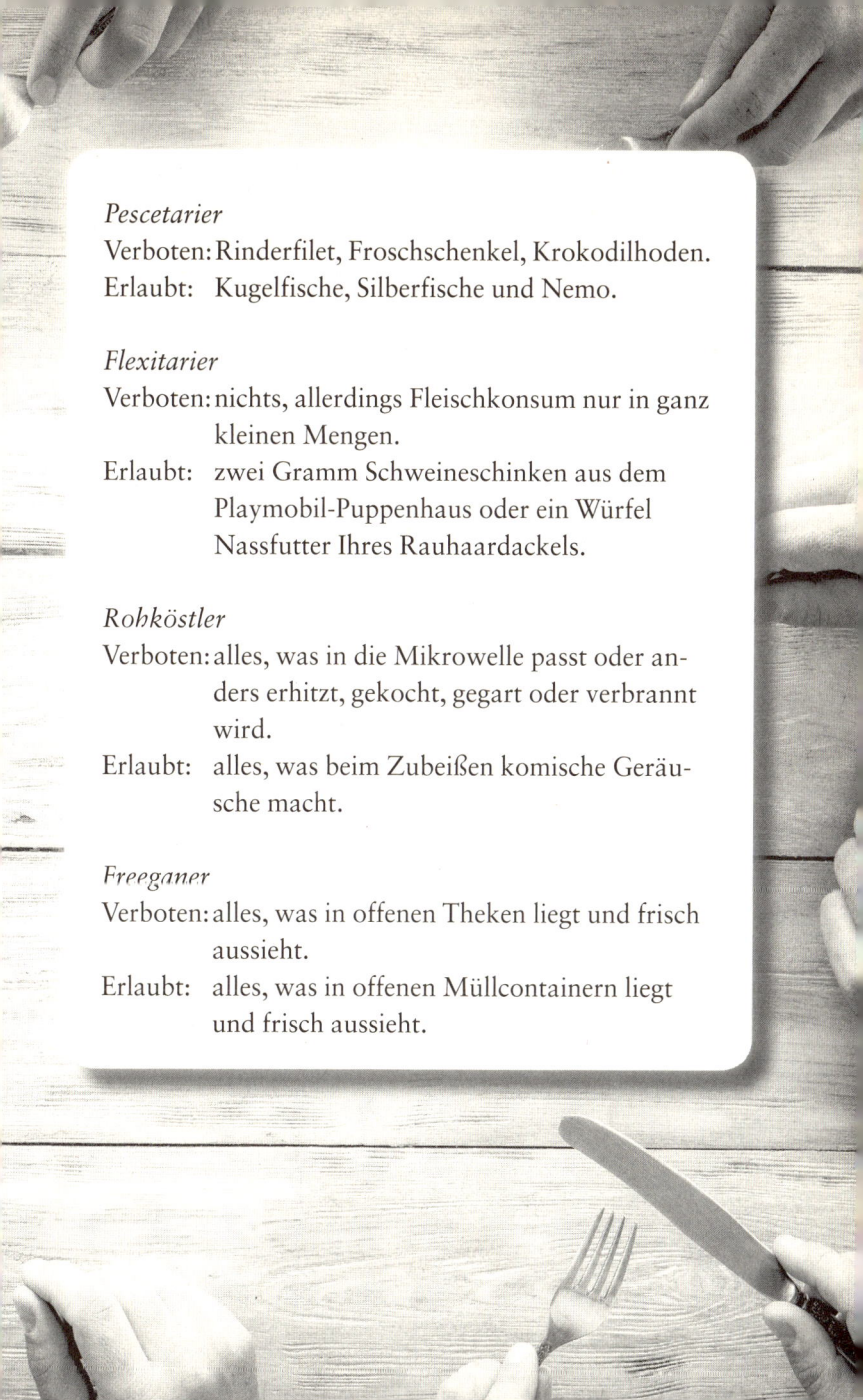

Pescetarier
Verboten: Rinderfilet, Froschschenkel, Krokodilhoden.
Erlaubt: Kugelfische, Silberfische und Nemo.

Flexitarier
Verboten: nichts, allerdings Fleischkonsum nur in ganz kleinen Mengen.
Erlaubt: zwei Gramm Schweineschinken aus dem Playmobil-Puppenhaus oder ein Würfel Nassfutter Ihres Rauhaardackels.

Rohköstler
Verboten: alles, was in die Mikrowelle passt oder anders erhitzt, gekocht, gegart oder verbrannt wird.
Erlaubt: alles, was beim Zubeißen komische Geräusche macht.

Freeganer
Verboten: alles, was in offenen Theken liegt und frisch aussieht.
Erlaubt: alles, was in offenen Müllcontainern liegt und frisch aussieht.

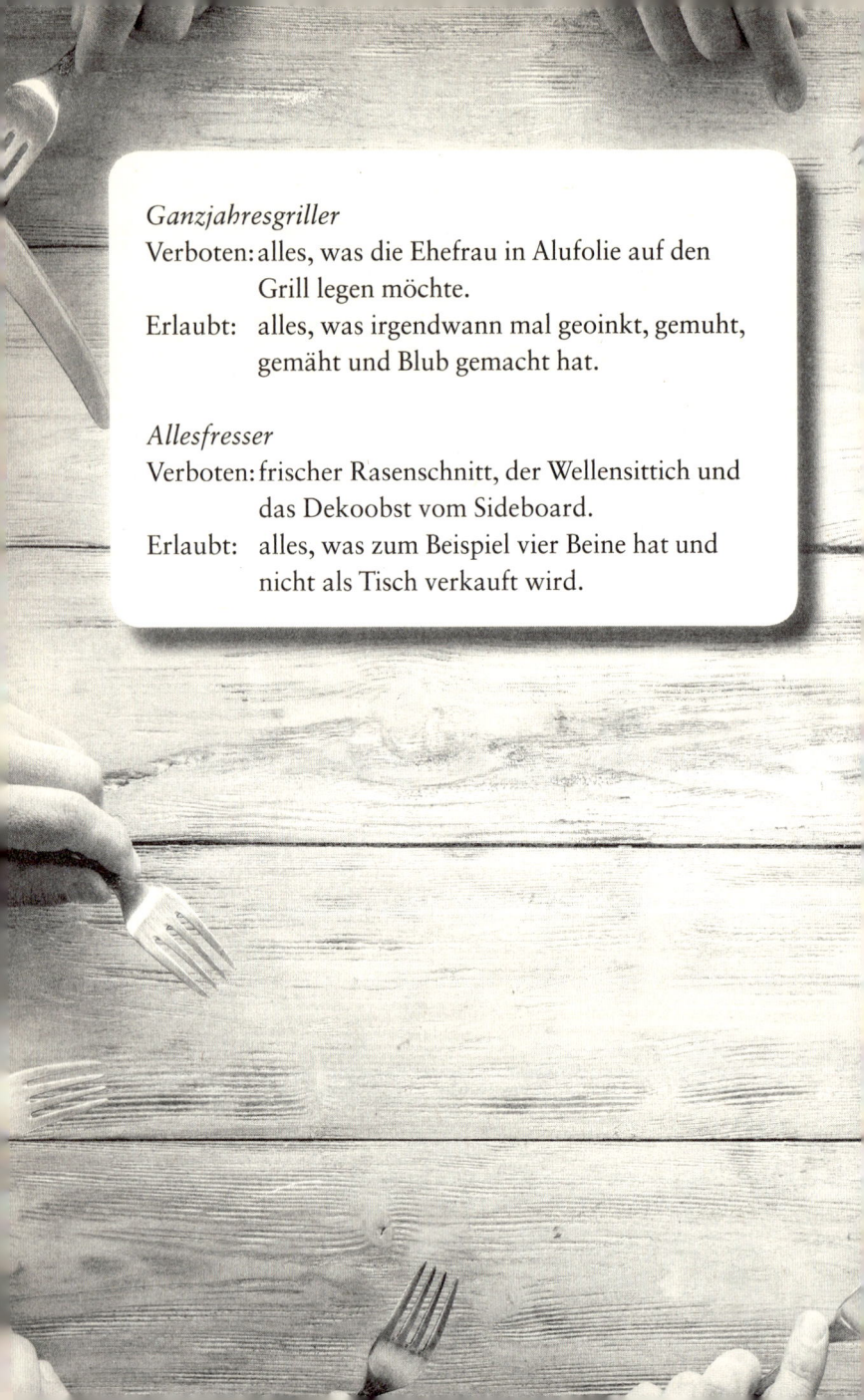

Ganzjahresgriller
Verboten: alles, was die Ehefrau in Alufolie auf den Grill legen möchte.
Erlaubt: alles, was irgendwann mal geoinkt, gemuht, gemäht und Blub gemacht hat.

Allesfresser
Verboten: frischer Rasenschnitt, der Wellensittich und das Dekoobst vom Sideboard.
Erlaubt: alles, was zum Beispiel vier Beine hat und nicht als Tisch verkauft wird.

DER STEHT DIR ABER GUT

Wie mir mein bester Freund mal richtig Freude machte

Zugegeben, das nun folgende Thema ist etwas delikat. Aus diesem Grund steht es auch nicht zu Beginn des Buches, sondern hat seinen Platz ganz unauffällig in den hinteren Weiten dieses Anti-Ratgeberbuches gefunden. Trotzdem wird es nun Zeit, dass ich mich diesem Thema widme. Und das hat nichts mit dem Alter zu tun, das mal vorweg. Es geht nämlich um das schöne Thema Potenz beim Mann und, ja tatsächlich, auch bei der Frau. Da über deren Feuchtgebiete aber schon so allerhand Delikates publiziert worden ist, soll es an dieser Stelle nun ausschließlich um den besten Freund des Mannes gehen.

In der heutigen leistungsorientierten Zeit ist man scheinbar nur dann ein waschechter Kerl, wenn man Vollbart trägt, sich in einem Fitnessstudio angemeldet hat und voller Potenzial steckt, also, äh, voller Potenz, um seine Chromosomen an die weibliche Zielperson weitergeben zu können. Fehlt es an einem dieser drei Dinge, so wird es für den handelsüblichen deutschen Mann eng. Vollbart? Kann man(n) relativ schnell wachsen lassen. Die Anmeldung im Fitnessstudio ist auch kein Problem. Haarig wird es aber meist dann, wenn das beste Stück nicht so will, wie es soll und Frau sich wünscht. Umso schöner also, dass es 1998 endlich die Lösung des Problems in Form von kleinen blauen Pillen gab. Aber nicht nur die berühmten blauen Pillen können einem helfen, wie mir mit der folgenden Geschichte meines leicht dödeligen Kumpels Mario bewusst wurde.

Meine Güte, was haben wir seit der Einführung von Viagra nicht schon für billige Gags gehört, oder? Ich erinnere mich noch gut daran, wie mein damaliger Briefträger Freddie mich jeden Tag mit einem neuen Witz an der Tür überraschte.

»Hi, Kai! Sag mal, weißte eigentlich, wie Viagra-Pillen von innen aussehen?«

Wenn ich dann grundehrlich verneinte, folgte als Antwort:

»Ach, nimmste auch immer 'ne Ganze?«

Der eigentliche Wirkstoff, der in Viagra verarbeitet ist, nennt sich Sildenafil. Ein Begriff, der irgendwie nach einer Mischung aus Syphilis und einem Urinalspülmittel klingt und wohl nicht so gut verkäuflich gewesen wäre wie Viagra. Außerdem konnte man es den indonesischen Spam-Mailern auf diese Weise etwas vereinfachen, den Namen weltweit zu nutzen, um damit Milliarden E-Mail-Postfächer zuzumüllen. Na ja, Indonesien ist ja immerhin bambustechnisch die Heimat langer Latten. Deswegen wäre sicher auch irgendwann einmal der Tag gekommen, an dem ich aus reiner Neugier, oder besser, aus Recherchegründen auf so eine Viagra-E-Mail in meinem Postfach eingegangen wäre. Wäre da nicht das Erlebnis mit Mario gewesen.

Sexuell entscheidend ist bei der gereiften Frau und dem gereiften Mann ausschließlich die gewünschte Richtung, und zwar die nach oben. Bei der Frau trifft es die Brüste, die spätestens ab dem dreißigsten Lebensjahr langsam von der Schwerkraft geködert werden, und beim Mann das Glockenspiel, das im hohen Alter nach Möglichkeit nicht die Kniescheiben kaputt schlagen oder Kratzspuren vom Asphalt bekommen sollte. Dabei ist eigentlich alles nur eine Frage der Perspektive. Wir Männer machen uns abends vor dem Schlafengehen Gedanken, wenn das Ding nicht nach oben steht. Bei Fledermäusen ist das genau umgekehrt. Die pennen schließlich kopfüber an der Decke und lassen daher alles automatisch nach oben baumeln. Okay, bei Inkontinenz ist das Fledermaus-Prinzip wiederum kontraproduktiv. Da ist es schon besser, der greise menschliche Mann kann horizontal im Bett liegen, da leidet nur die Matratze. Aber lassen wir das, das führt zu weit. Schließlich geht es in diesem Kapitel um Latten, nicht um Lattenrost.

Also: Diese kleinen Pillen scheinen das Thema Potenz revolutioniert zu haben, immerhin kann man sie ohne große Nebenwirkungen einnehmen. Ein Freund von mir besitzt sogar so viele Viagra-Pillen, dass er sie vor Langeweile im Garten verbuddelt und die Regenwürmer anschließend als Nägel in die Wand schlägt. Der Mann weiß mit dieser Hilfe also vielfältig umzugehen, und es scheint, dass er für seinen kleinen Freund gar keine Ratgeber benötigt. Die Herausforderung ist eher, unauffällig an die Pillen heranzukommen, da es vielen Menschen peinlich ist, mit schwerkraftbedingten Problemen zum Arzt zu rennen.

Erstes Anzeichen dafür, dass Sie unter einer gewissen Form von Volumenmangel unterhalb der Gürtellinie leiden, ist, wenn Sie mit der berühmten Morgenlatte vor die Wand laufen und sich stattdessen die Nase brechen. Mit einem Zahnstocher kann man schließlich keine Sahne schlagen, wie mir meine erste Freundin mal selbstbewusst erklärt hatte.

Nun ja, und jetzt sind wir alle erwachsen geworden und immer noch bemüht, unseren besten Freund im Griff zu haben. Sowohl Männer als auch Frauen sind dabei emsig bemüht, sich diesbezüglich möglichst heimlich guten Rat einzuholen. Denn so ein bisschen fremde Hilfe, und sei es nur durch Doktor Google, muss dann eben doch sein. Daher fällt es mir als Mann auch schwer, intimste Dinge über die Beseitigung von weiblichen Potenzschwächen zu erzählen. »Böse Zungen« behaupten nämlich, dass Frauen unter Umständen hin und wieder nicht feucht werden. Ich wollte ja nicht weiter drauf eingehen, sorry! In Sachen verzweifelter männlicher Bemühungen, sein Ding wieder flottzukriegen, habe ich aber dank vieler offenherziger Freunde, wie meinem Kumpel Mario, viel zu berichten.

Männer unternehmen nämlich, ohne dass Frauen es ahnen, unglaublich viel, um tagtäglich einen auf dicke Hose machen zu können. Da werden herausstehende Leistenbrüche extra nicht behandelt, nur um den Damen quantitativ etwas vorzugaukeln, was gar nicht der Realität entspricht. Da werden zerkaute Tennisbälle vom Rauhaardackel in die Hose gestopft oder direkt Schlüpper der Marke Beckham-Extra gekauft. Dieses modische Accessoire besitzt nämlich eine eingenähte Plastikschale, die nicht nur den kleinen Zwerg dahinter schützen, sondern nach vorne auch mehr suggerieren soll, als vorhanden ist.

Mein Potenzmittel als Teenager war meist Kaffee. Nicht, dass sich dadurch untenrum irgendwas geregt hätte, aber nach zehn Tassen zitterten meine Hände so sehr, dass das Vorspiel schon mal gerettet war. In jugendlichen Jahren ist die Schwerkraft unterhalb des Alimentenkabels auch noch kein Problem. Echten Rat sucht man als Mann und als Frau daher erst ab der Midlife-Crisis. Besorgnis-»erregend« sind diesbezüglich die Erkenntnisse aus der Wissenschaft. Schlaue Köpfe haben nämlich herausgefunden, dass Männer und Frauen heutzutage dreimal mehr Geld für Potenzmedikamente und Schönheitsoperationen ausgeben als die Wissenschaft für die Erforschung von Alzheimer. Das Ergebnis kann dann ja dementsprechend in einigen Jahren nur sein, dass wir in den Altersheimen zahlreiche Oppas mit harter Latte und Frauen mit dicken Titten haben, aber keiner von beiden mehr weiß, wozu das überhaupt gut ist. So weit darf es doch nicht kommen.

Das dachte sich auch mein oben schon erwähnter Kumpel Mario, der mich also vor einigen Wochen anrief, um sich von Mann zu Mann einen guten Rat zum Thema Erektionsstörung abzuholen. Ich saß gerade an meinem PC und löschte die täglich bei mir eintrudelnden fünfhundert Spam-E-Mails, die mir weismachen wollten, dass ich mein Ding innerhalb von nur fünf Tagen um zwanzig Zentimeter verlängern könnte, wenn ich irgendeine Paste bestellen würde, die ich mir dann geschmeidig ... Na, Sie wissen schon. Wahrscheinlich so eine Art ABC-Salbe, mit der man dann sein bestes Stück imprägnierte, sodass es im Bett mal wieder so richtig heiß herging. Ich ging ans Telefon.

»Twilfer.«

»Ach, Kai. Mann, gut, dass du da bist. Ich bin's, Mario. Ich brauch einen Helfer für untenrum.«

Ich war sofort hellwach, obwohl ich kurz zuvor noch im Halbschlaf geweilt hatte. Ich fuhr den PC runter und ging mit Mario am Ohr durch die Wohnung.

»Einen Helfer für untenrum? Willste deinen Keller wieder aufräumen, Mario?«

»Mann, Kai, ich hab hier echt Scheiße gebaut. Ich hab neulich mal Power Control gekauft und vorhin aufgesprüht. Das ist son Aphrosikack..., Afrodiesiehtdich..., Afrikasiekann ...«

»Ja, Mario, ich weiß. Aphrodisiakum! So'n Starthilfe-Spray für Männer. Komm zum Punkt.«

»Ey, das ist mir so was von peinlich. Du bist der Einzige, den ich mich überhaupt anzurufen trau. Mann, das Zeug is von unter der Ladentheke.«

Ich setzte mich auf die Couch und begann, eine Minisalami zu kauen.

»Kai, Vollständer seit vier Stunden. Da geht nichts mehr weg. Und um Fünf hab ich einen Massagetermin, den ich schon dreimal verschoben hab. Hilf mir! Ich hab das Gefühl, mir platzt gleich die Jogginghose.«

Ich schaute auf die harte Minisalami. Mario hatte es mal

wieder geschafft und in mir ein Kopfkino in Gang gesetzt, das mir meinen Hunger auf kleine Würstchen schlagartig nahm und dafür sorgte, dass ich nun ungewollt seine Stehlampe vor Augen hatte, die wohl unter normalen Umständen eher ein Glühwürmchen gewesen wäre.

»Okay, Mario, pass auf. Ich steh ja als bester Freund immer hinter dir und …«

»Mann, Twilfer! Mir reicht es derzeit, dass mein bester Freund vor mir steht. Sieh zu, dass du hierherkommst und mir hilfst. Ich hab noch keinen Plan, wie ich das Ding mit der Massage auf die Latte, äh, auf die Reihe bekomme.«

Das war natürlich ein ernst zu nehmendes Problem und für einen Mann durchaus peinlich: Massagetermin mit Vollgurke. Ich musste an diese kleinen Filzhöschen denken, die man in gut sortierten Massagesalons gern mal bekommt. Da drin war aber meist nur Platz für Partygürkchen, sodass ich krampfhaft überlegte, wie ich nun den guten Ratgeber spielen konnte, um Mario von seinem »massiven« Problem zu erlösen. Und wie so oft, wenn ich nicht weiterwusste, aber einen auf Klugscheißer machen wollte, rief ich erst einmal meine Frau an.

»Kai, wat is? Wir haben gerade Teambesprechung.«

»Du, Schatz, ich hatte auch gerade Teambesprechung. Mit Mario. Der hat ein ernst zu nehmendes gesundheitliches Problem, und ich dachte, da du ja immer alles weißt, wenn mal …«

Meine Frau klang genervt. »Kai, was is? Was hat Mario denn?«

Es wurde ruhig am Telefon. Ich holte tief Luft.

»Mario hat Hitzewallungen und Blutstau im äh, im Bein. Und das geht nicht weg. Was macht man da am besten?«

Meine Frau, der leibhaftige Pschyrembel mit hobbymedizinischer Grundausbildung, schlussfolgerte direkt vor sich hin.

»Na, dann muss Mario dieses Bein amputiert werden.«

Dann legte sie auf. Ob meine Frau geahnt hatte, dass es um Marios drittes Bein ging, und sich etwas veralbert fühlte? Ich habe es bis heute nicht herausgefunden, musste aber am besagten Tag nun selbst zu Doktor Twilfer mutieren und meinen Kumpel aus dieser misslichen Lage befreien. Frauen waren bei dieser heiklen Angelegenheit ohnehin die falschen Ansprechpartner, dachte ich mir im Nachhinein. So was müssen Männer unter sich klären. Was haben diese weiblichen Geschöpfe auch mit Potenz und prallen ... äh, am Hut. Nix! Bei Frauen heißt Viagra schließlich Prada und fertig. Aber ich, ich konnte mitfühlen. Wir Männer kennen nämlich alle diese Situationen, in denen der kleine Zwerg plötzlich eigenständig und ungewollt auf Gullivers Reisen geht, einen auf König machen will und in den blödesten Situationen wächst. Die Top Drei der unangenehmsten Situationen, in denen so was passieren kann, sind die Musterung, der Grillabend im Saunaparadies und das Maßnehmen für den Hochzeitsanzug.

Ich machte mich direkt auf den Weg zu Mario. Mein Schaltknüppel arbeitet automatisch, sodass ich schon nach kurzer Zeit mit dem Auto bei Mario eintraf. Er öffnete mir wie ein scheues Reh die Wohnungstür. Knallroter Kopf, ins bläuliche gehend. Weniger vor Scham, sondern mehr von den vielen Eisbeuteln, die Mario sich in die Hose gestopft hatte. Das Ganze hier war wie ein Autounfall. Man mochte den Caipirinha mit Strohhalm nicht sehen, schaute aber trotzdem in Richtung Unterhose. Wir beide setzten uns erst mal. Sorry! Ich setzte mich, und Mario war bemüht, in einer fließenden Bewegung vom Stehen ins Liegen zu kommen. Sitzen funktionierte gar nicht mehr.

Mario schien regelrecht panisch.

»Kai, was machen wir denn jetzt? Du bist der Einzige, den

ich da fragen kann. Behalt das bloß für dich. Nicht, dass du deiner Frau erzählst, dass ich hier einen auf Pinocchio machen muss.«

»Nein, nein, Mario. Keine Sorge. So was regeln wir beide allein. Da würde ich nie eine Frau hinzuziehen. Von Mann zu Mann. Also, ich hab zu Hause mal ein bisschen gegoogelt. Im Internet steht, dass du einen amtlichen Luststau hast, den man am besten ganz natürlich behandeln soll.«

Mario bekam große Augen.

»Ja, unnatürlich würde mir auch Angst machen.«

»Nein, du Dödel. Ich meine mit natürlichen Präparaten, damit dein Blut zum Denken wieder in den Kopf wandert. Nimm jetzt erst mal 'ne Aspirin.«

»Kai, ich hab 'ne Latte bis Kongo-Ost, keine Kopfschmerzen.«

»Mann, als Blutverdünner. Wann haste noch mal deinen Massagetermin?«

Mario schaute auf die Uhr. »In einer Stunde bei Nong Ping. Eine Stunde Lomi Lomi, mit Hot Stone und Säuberungstee. Hab ich als ersten Preis beim Preisausschreiben im Anzeigenblatt gewonnen. Zweiter Preis war ein Wurstkorb mit dicken Salamis.«

»Ja, Mario, dann sag es ab. Wenn das doch eh umsonst war.«

»Ich hab aber doch noch nie was gewonnen. Hatte voll das Hochgefühl, als die Redaktion mich angerufen hatte.«

Ich googelte erneut. »Ja, das Hochgefühl sehe ich. Hier! Mario, ich hab was gefunden: *Bei Blutstau auf die Vorderseite legen, ein hartes Kissen unter den Bauch, dann Harnröhre, Gesäßmuskel und Scheide anspannen.«*

Mario schaute mich mit immer noch sehr farbigem Gesicht mitleidig an. »Scheide anspannen?«

Ich scrollte runter. »Ach ne, sorry. War 'ne Seite für Hebammen.«

Ich klickte weiter.

»Hier, Mario, das könnte passen. Auf rockingrentner.de steht was über *Blutstau im unteren Segment*. Das haut doch in etwa hin. Vorschlag eins: *Strecken Sie die Arme nach oben und lassen Sie die blutgestaute Stelle durch einen Helfer intensiv massieren, um ...*«

Mario schaute mich mit weit aufgerissenen Augen an. Es folgte von uns beiden unisono ein: »NEIN!«

»Okay, hier Vorschlag zwei: *Stellen Sie sich in die Mitte des Raumes. Winkeln Sie ein Bein an und halten Sie es fest. Balancieren Sie nun auf dem anderen Bein und schließen Sie die Augen. Dann ...*

Ich hörte noch das Klirren des Glastisches und sah die Zigarettendrehmaschine in hohem Bogen durch die Bude fliegen, bis sie schließlich im Aquarium landete. Der ganze Boden war voll von dieser billigen Aldi-Cola, und Mario lag in einem Mix aus Scherben, Fernsehzeitschriften und Aspirin-Packungen. Er sah ein bisschen aus wie eine Mischung aus Christiane F. in *Hangover 15* und einem prolligen Stuntdouble aus *Berlin Tag & Nacht*. Mario wirkte schwer mitgenommen. Seine in Freizeithosenfrottee verpackte Tröte zeigte immer noch volle Latte in Richtung Schöpfer im Himmel.

»Mario, komm, das bringt alles nichts. Du hast halt von diesem Power-Spray zu viel gesprüht, und das braucht jetzt nun mal seine Zeit, bis die Wirkung wieder abklingt. Ich mach dir einen Vorschlag: Ich komm als seelische Unterstützung mit zur Massage. Bis wir da sind, ist dein Ding sicher wieder auf Normalgröße geschrumpft.«

Keine zehn Minuten später saß Mario neben mir heulend im Auto.

»Kai, wusstest du eigentlich, dass ein Mann unter Umständen sogar im Körper einer Frau stecken kann. Also, ich meine jetzt nicht Guido Maria Kretschmer oder so. Nein, ich meine so vonne Anotomie her. Weißte, während die beiden gerade dabei sind und dann zack, kriegt er sein Ding nicht mehr raus. Das ist ja noch mal übler als mein Schwengel hier bei dir an der Frontscheibe.«

»Mario, es gibt verdammt schlimme Fälle und immer einen Schlauberger, der dir nachher sagt, was man falsch gemacht hat. Aber in deinem Fall ist die einzige Lösung das Warten.«

»Lösung ist passend. Ich glaube, es löst sich etwas.«

Ich griff nach hinten auf die Rücksitzbank meines Autos und reichte Mario einen alten Tischtennisschläger, der für spontane sommerliche Rundlaufdates immer griffbereit liegt.

»Hier! Schieb dir jetzt erst mal den Schläger als optische Begrenzung in die Buchse, damit wir da im Massagesalon überhaupt aufschlagen können. Vorher guckste mal, wie der Pegelstand bis dahin aussieht.«

Eine Viertelstunde später standen wir vor einem heruntergekommenen Gebäude aus den Sechzigerjahren. Neben der Ladentür ein unauffälliges Schild mit der Aufschrift: THAI-MASSAGE NONG PING. Klang gut. Ich war mir sicher, dass Nong Ping und Mario Ping Pong heute noch einen entspannten Tag verbringen würden.

»Mario, wie sieht's aus? Wird's besser?«

Mario zuckelte wieder an seiner Hose und meinem Schläger herum, den ich nun unter Garantie nicht mehr für die schönen Sommerabende an der Tischtennisplatte nutzen würde. Mein gutes Stück vom Schulausflug 1986 mit dem großen Bananarama-Aufkleber drauf. Was man für einen guten Freund nicht alles für Opfer bringt.

Und dann läuteten die Glöckchen voller Hingabe. Also, die

Bimmeln, die in Geschäften oberhalb der Türrahmens hängen und meist dann angebracht werden, wenn nach Eintreten des Kunden nicht gleich eine Angestellte an der Tür sein kann. Es dauerte dementsprechend gut dreißig Sekunden, bis eine erstaunlich stämmige Asiatin zur Tür kam, um uns in Empfang zu nehmen.

»Gute Tag! Sie wolle Entspannung?«

Ich wollte gerade als Doc Twilfer antworten, als Mario mir zuvorkam.

»JAAAAAA!!! Bitte! Entspannung. Volles Programm. Ich bin der Gewinner vom Suchspiel.« Mario fummelte sich am Tischtennisschläger in der Hose herum, meinte aber wohl das Suchrätsel aus dem Stadtanzeiger.

Die sumoringerartige Asiatin stellte sich im weiteren Gespräch als Nong Ping vor. Dann rieb sie sich die Hände mit einer nach Kokosnuss duftenden Handcreme ein, wobei das aussah, als knete ein Metzger ein Pfund Fleisch, um es nun durch den Wolf zu drücken.

Ich versuchte direkt, mich auszuklinken. »Äh, ich bin nur Zuschauer. Also nein, äh, ich bin nur Begleitung. Meinem Freund geht es heute nicht so gut, und daher bat er mich …«

»Isse heute zwei für eins«, fiel mir die Dame ins Wort.

Mario schlussfolgerte falsch. »Super! Ich bin ja der Oscargewinner vom Stadtanzeiger und sowieso umsonst hier. Dann kann Kai ja auch für lau entspannen, oder?«

Die nette Dame, die aussah, als sei sie mal ein Herr gewesen, verstand kein Wort, schob uns aber freundlich in Richtung Pärchenliege. Ja, Sie haben richtig gelesen. Es gibt tatsächlich die Möglichkeit, in einem halbwegs seriösen Massageladen wie diesem als Paar nebeneinander massiert zu werden. Die Massageliege hatte in etwa die Maße einer Tischtennisplatte. In diesem Fall allerdings nur mit einem

Schläger darauf. Ich flüsterte zu Mario. »Mario, was macht der Ständer?«

In diesem Moment kam eine junge, knapp zwanzigjährige bildhübsche Asiatin an die XXL-Liege.

»Kai, ich glaub, ich krieg 'n Rückfall. Wenn die mich massiert, dann ist dein Tischtennisschläger gleich Kleinholz.«

Wir verzögerten den Beginn der Massage, indem wir eine halbe Stunde lang an dem Säuberungstee herumnuckelten, den man uns freundlicherweise zuvor gereicht hatte. Schmeckte widerlich, aber brachte im Hinblick auf Marios Power-Control-Problem Zeit. Die bildhübsche Asiatin kam schließlich auf mich zu. Super, dachte ich mir. Das wird Mario guttun und mir, äh, eventuell auch.

Im selben Moment tauchte die Empfangsdame Nong Ping wieder an unserer Liege auf. Sie hatte Hände wie Steakhauspfannen und schnappte sich den reglos auf dem Bauch liegenden Mario. Tja, dachte ich mir. Hätte Mario im Stadtanzeiger mal den Wurstkorb gewonnen. Es gibt Situationen, da muss man sich im Leben auch mal mit dem zweiten Platz zufriedengeben.

Die Damen begannen, professionell unsere Rücken zu massieren.

Die ganze Liege wackelte, denn bei Mario sah es so aus, als walze ein sizilianischer Pizzabäcker einen Klumpen Teig im Mehl. Mit Wohlfühlatmosphäre hatte das bei Mario nur bedingt etwas zu tun. Wer da noch Zuckungen im Lendenwirbelbereich hatte, dem war nicht mehr zu helfen, oder er stand auf Special Interest. Mario grinste dementsprechend beseelt. Unglaublich, dass ausgerechnet eine hünenhafte maskuline Asiatin Mario von seinen Erektionsstörungen befreien würde. Und alles nur, weil man im Anzeigenblättchen eine zierliche Maus im Rätselbild suchen musste. Zierlicher als Nong Ping allemal.

»Hach, Kai. Da kannste alle Ratgeber vonne Welt fragen. Dat beste Heilmittel bei Erikationsstörungen ist immer noch ein Totalabturner. Und den hat mir der liebe Gott vorhin an die Liege geschickt.«

Seine Sumo-Thai-Transe knetete und verbog Mario nach feinster Art, bis er nicht mehr medium, sondern schön durch aussah. Die »Dame« guckte zwar etwas irritiert, als Mario sich plötzlich ganz selbstbewusst einen Tischtennisschläger aus der Unterhose zog, machte aber fleißig weiter mit Dehnen, Massieren, Kneten und Verbiegen. Und zwar so heftig, dass ich nun fürchtete, Marios gerade geheiltes gutes Stück könnte zerquetscht werden wie eine kleine Maus von einem Elefanten.

Meine Massagedame hingegen war die Lotosblüte in Persona, sodass eher ich bemüht war, alles im Griff ... nein, wieder blöde Wortwahl. Also, ich war bemüht, noch etwas auf dem Bauch liegen bleiben zu können. Der Tischtennisschläger war schließlich tabu und würde, so viel stand fest, in den nächsten zehn Minuten den Weg in einen thailändischen Bambuspapierkorb finden.

Dann folgte doch tatsächlich die befürchtete Aufforderung der beiden Massagedamen: »So, und nun lege Sie sich bitte auf Rücken.«

Mario drehte sich schwungvoll wie eine Elfe um, verschränkte die Arme hinter dem Kopf und freute sich grinsend darauf, von Nong Ping Pong noch weiter zermürbt zu werden. War ja schließlich »für umsonst«. Mein Blick hingegen fiel durch dieses Loch auf der Massageliege, auf dessen Rand mein Gesicht gerade lag und durch das ich auf eine dicke Kerze sah, die auf dem Boden stand und die von der Wärme schon etwas schief geworden war. Sie sah in diesem Moment so aus wie ... Der Wurstkorb wäre sicher auch schön gewesen, schoss es mir durch den Kopf. Und da es mir leider gerade nicht nur durch den Kopf schoss, sprach ich die Lotosblüte peinlichst berührt an: »Äh, kann ich nicht noch ein bisschen auf dem Bauch liegen bleiben?«

Die Masseurin war gar nicht begeistert. »Nein. Sie müsse sich drehe für Massage Bauch.«

Ich zog mir ohne Brille auf der Nase blindlings irgendein dickes Frotteehandtuch auf die Liege. Mario war inzwischen wieder halb angezogen und stand mit dem Tischtennisschläger in der Hand neben mir. Ich konnte, aber wollte mich immer noch kein Stück bewegen. Mario wirbelte mit dem Schläger herum. »Kai, soll'n wa gleich noch paar Bälle tanzen lassen?«

»Mario, du Vollhonk! Sieh zu, dass endlich die Tante hier verschwindet, sonst gibbet gleich Schmetterbälle und Power Control intravenös. Ich möchte jetzt endlich aufstehen.«

Die Thai-Frau schaute uns mitleidig lächelnd an. Mario schien nun langsam zu begreifen. »Aaaaah, jetzt kapier ich. Die spanische Fliege ist auch bei dir gelandet. Na dann, Fräulein, machen Sie mir doch bitte noch 'n Tee nebenan. Der Herr bleibt mit mir unterdessen hier im Separee. Ich kümmere mich um meinen Freund. Der hat nämlich gerade 'n Hardware-Problem. Full House mit nur einem König und zwei Assen.«

Seit unserem Ausflug ins thailändische Massageparadies sind nun zirka drei Wochen vergangen. In dieser Zeit hatte ich Tausende Spam-E-Mails mit Angeboten für Potenzpillen, Penisvergrößerung und Aphrodisiaka in meinem Postfach. Total überflüssig, wie ich seit unserem Problemtag nun wusste. Mario hat seitdem alle Thai-Massagesalons mit und ohne Happy-End-Offerte einmal durch, und ich mache nun regelmäßig das Suchrätsel im Anzeigenblättchen, um endlich diesen prallen Präsentkorb mit den dicken, harten Würsten zu gewinnen.

★ Was Frauen im Bett wirklich wollen ★ – 5 Praxistipps für den Mann von Welt

1. Abwechslung
Praxistipp: Zünden Sie statt der Teelichter ruhig mal ein, zwei rote Bengalos vom letzten Auswärtsspiel an. Wechseln Sie beim laufenden Fernsehprogramm im Bett lässig von *Germanys Next Top Model* zu *Schwiegertochter gesucht*. Das durchbricht Gewohnheiten und nimmt dem Mann die Versagensangst gegenüber der Frau.

2. Das richtige Ambiente
Praxistipp: Suchen Sie sich für Ihr Schäferstündchen einen gemütlichen Ort aus. Bett ist dann okay, wenn es nicht bei IKEA in der Eingangshalle steht. Vermeiden Sie bei der Auswahl der Bettwäsche Stoffe mit Aufdrucken von Star Wars, Pokémon, Prinzessin Lillifee und Bob, der Baumeister.

3. Ein langes Vorspiel
Praxistipp: Bieten Sie Ihrer Liebsten ein extra langes Vorspiel. Kniffel ist dafür ungeeignet und Mikado im

Bett sehr schlecht praktizierbar. Seien Sie bei den Siedlern von Catan jedoch aufmerksam, dass keine Spielsteine in der Matratzenritze verschwinden.

4. Begierde

Praxistipp: Werden Sie im Bett zum Tier. Ihre Ganzkörperbehaarung, inklusive Rücken, Ohren und dicker Zeh, wird Ihnen hierbei ein guter Helfer sein. Übertreiben Sie es gegenüber Ihren Nachbarn und im Hinblick auf den Tierschutz nicht mit den Grunzlauten. Bei der Vergabe von Tiernamen vermeiden Sie im Bett Stimmungskiller wie Schnepfe, Pute, Dumbo oder Biene Maja.

5. Ein langes romantisches Nachspiel

Praxistipp: Binden Sie Ihrer Partnerin noch vor dem Stelldichein ein Bändchen um das Handgelenk und bieten Sie Ihr nach dem Sex ein umfangreiches All-Inclusive-Rahmenprogramm an. Eine peruanische Panflötenkombo ist ebenso wie ein ballonknotender Kinderclown schon für kleines Geld buchbar. Ihre Frau wird Sie dafür lieben.

DIE JUNGFRAU IST IM ZWEITEN HAUS

Was die Sterne einem alles verraten können

Wenn eine Frau auf einen Mann trifft oder ein Mann auf eine Frau, mit der Absicht zu ergründen, ob dieses andere Wesen zum Austausch von Körperflüssigkeiten infrage kommt, dann können beide das auf verschiedene Art und Weise tun. Oft geht das über die Lockstoffe, die ein Mensch ausdünstet. An denen kann man festmachen, ob das Gegenüber zu einem passt. So weit zumindest die Evolution.

Zum Glück können Menschen auch reden. Und so nutzt ein Mann als weitere Möglichkeit gern die Sprache, um herauszufinden, ob die Angehimmelte zu ihm passt oder nicht. Dabei werden seitens der Männerschaft gern typische Fragen an das Weibchen gestellt, die nur ein Kerl so zu formulieren wagt. Damit diese Methode gelingt, ist es wichtig, dass die Fragen das Weibchen nicht gleich einschüchtern und verscheuchen. Ich, zum Beispiel, habe früher in meinem jugendlichen Leichtsinn die mir wichtigen Fragen wie einen Fragebogen abgearbeitet. Ich erkundigte mich also, ob die Dame Single sei, was sie so beruflich mache, wie alt sie sei, welcher Fußballmannschaft sie zujubele und ob sie die Pille nehme. Nichts Persönliches im Grunde, sondern ganz allgemeine Fragen. Nachdem mir die Frau dann nicht selten eine geklatscht hatte und ich so gemerkt habe, dass dieses Weibchen meine Pheromone wohl nicht mochte, zog ich weiter und änderte meinen Fragenkatalog etwas ab. Mann ist ja flexibel und denkt mit – auch Evolution.

Bei Frauen ist das etwas anders. Frauen interessieren sich nämlich weder für natürliche Lockstoffe noch für künstliche, auf denen »Cool Water« steht. Nein, stattdessen nutzen sie auch das Fragespiel, sind dabei aber wenig anpassungsfähig.

Sie interessiert nämlich nur eine einzige elementare Frage. Daher an dieser Stelle ein kleiner Einwurf. Eine Szene, die sich so oder so ähnlich in Millionen Bars weltweit abspielen könnte.

Er: »Hi!«
Sie: »Mmmh.«
Er: »Auch heute hier?«
Sie: »Mmmh.«
Er: »Irgendwoher kenne ich dich.«
Sie: »Mmmh.«
Er: »Sag mal, hast du dir eigentlich wehgetan, als du vom Himmel gefallen bist?«
Sie: »Boah, du bist ja voll romantisch.«

Das Weibchen ist also dank ausgeklügelter Konversationstechnik des Männchens sturmreif geschossen worden und dazu bereit, erlegt zu werden.

Dann nähert sich der Mann früher oder später der Frau, um das Balzverhalten zu intensivieren. Und wenn er durch seinen Hammer-Anmachspruch kurz davorsteht, sie zu küssen, ihre Lippen nur noch Zentimeter von seinen entfernt sind, er die Zunge schon auf Ausfahren programmiert hat, dann folgt die Horrorfrage einer jeden Frau, mit der sie regelmäßig jede noch so intime Stimmung versaut.

Sie: »Äh, sag mir erst mal, was bist du eigentlich für ein Sternzeichen?«

Es ist in diesem Moment furzegal, was du da als Mann drauf antwortest, weil es der Frau prinzipiell nicht passt. Sagst du beispielsweise als Gag »gealterte Jungfrau«, bist du nicht der Passende. Sagst du »wilder Stier«, auch nicht. Sagst du, dass du vom Sternzeichen »Gorilla mit dem Aszendenten Kuscheltier« bist, hast du eventuell eine Chance auf den Recall. Aber sei dir sicher, armer deutscher Mann, mit der Sternzeichenfrage hast du das Spiel um den Austausch von Körperflüssigkeiten bereits verloren. Dann heißt es Niederlage erkennen, weiterziehen und Schlimmeres vermeiden.

Warum gibt es überhaupt Sternzeichen und – damit verbunden – Horoskope, aus denen wir wöchentlich in der *Blöd der Frau* erfahren müssen, wie unsere nahe Zukunft aussehen wird? *Horror*skope, die uns voraussagen, dass der Rapport beim Chef gut wird, insofern wir ihm mal unsere Meinung geigen. Ich weiß nicht, wie es Ihnen geht, aber ich brauche diese Ratgeber in Sachen Liebe, Erfolg und Gesundheit nicht. Das, was mir diese Kurzgeschichten verheißen, entspringt ja ohnehin nur der Fantasie eines Praktikanten im Verlag. Und Zeitungsverlage versuchen mit diesem Geschreibsel doch nur weiße Seiten zu vermeiden, die sie haben, weil sie nicht mehr genügend Anzeigen verkaufen. Gut also, wenn man diesen Horoskopen so gleichgültig gegenübersteht wie ich. Und schlecht, wenn man eine Ehefrau an seiner Seite hat, die das vollkommen anders sieht.

Sternzeichen und Horoskope sind in meinen Augen das Schlimmste, was in Sachen ungewünschtes Ratgebertum je erfunden worden ist. Und das Schlimmste dabei ist, dass sie allgegenwärtig sind. Da steht man morgens total verschlafen an der Bahnsteigkante der U-Bahn, schaut auf diese LED-Videowände gegenüber des Gleisbetts, auf denen den ganzen Tag über die neustens Comedy-Nachrichten über Trump und das Wetter laufen, und dann plötzlich ... Zack! »IHR HOROSKOP FÜR DEN TAG: Machen Sie heute mal einen beherzten Schritt nach vorn, und Sie werden merken, dass der Tag nicht mehr so steinig verläuft.« Ich schaue dann von der Bahnsteigkante auf das Kiesbett der Bahn und weiß: Da stimmt was nicht. Die lügen!

Die einzigen Horoskope, die auch mal Einzug in mein Zuhause gefunden haben, sind wie erwähnt die, die mittlerweile in jeder Zeitschrift ganze Seiten füllen. Wo früher die Bundesligatabelle, Diättipps oder nackte Frauen abgebildet waren, da findet man heute ausschließlich Horoskope: »Bringen Sie heute Feuer in Ihren Alltag.«

Die Hefte fliegen dann direkt bei mir in den Kamin, damit nicht noch versehentlich meine Frau ihr Tageshoroskop in die Hände bekommt. Sie ist nämlich Jungfrau im zweiten Haus, was sich schon schlimm genug anhört. Aber da meine Frau auch noch von jedem Blödsinn sehr leicht zu begeistern ist, muss ich regelmäßig Vorsorge treffen.

Vor drei Wochen ist es dann aber doch passiert. Ich kam von meinem Wocheneinkauf aus dem Baumarkt nach Hause. Meine Frau saß mit einer dieser Omma-Zeitschriften auf dem Sofa.

»Sag mal, Kai, wusstest du, dass es siebenunddreißig Arten von Kopfschmerzen gibt? Steht hier in dieser Anzeige.«

Ich stellte meine Vorratspackung Schrauben auf den Tisch.

»Ja, Schatz, und wenn ich dich da so mit diesem Gesundheitsheftchen sitzen sehe, sind auch gleich alle da.«

Meine Frau hob nicht einmal den Blick. Sie erzählte weiter.

»Ach, Hiltrud hat übrigens gesagt, dass dein Patenonkel erst Freitag beerdigt wird.«

Ich versuchte erneut, meiner Frau ein Lächeln abzugewinnen.

»Ach, super! Geht's ihm wieder besser?«

Der Versuch, es mit Humor zu probieren, scheiterte. Aber irgendwie reichte es mir trotzdem. Bin ich neunzig oder knapp über fünfundzwanzig, Herrgott noch mal? Mit zweiundvierzig spricht man in einer Ehe doch nicht über Kopfschmerzarten und Beerdigungen. Als ich meiner Frau gerade das Sterbejournal mit Themen wie »Thrombose im Mittelfinger« oder »Urin, ein gesunder Saft« aus den Händen reißen wollte, da blätterte sie um.

»Guck mal, Kai. Hier steht noch unser Tageshoroskop. Bei mir steht: ›Machen Sie ruhig mal die Nacht zum Tag. Ihre Freundin wird Ihnen heute eine gute Verbündete sein.‹ Was das nur heißen mag? Diese Horoskope sind immer so mysteriös. Man weiß nie genau, was da auf einen zukommt.«

Ich wusste es genau. Ärger und Stress in den eigenen vier Wänden. Denn als ich meiner Frau gerade erklären wollte, dass diese Horoskope bewusst so oberflächlich wie möglich gehalten werden, damit sich auch jeder darin wiederfindet, da hing meine Frau auch schon am Handy, um Laura, ihre beste Freundin, anzurufen. Die Laura, die ich wegen ihrer Voreingenommenheit mir gegenüber nicht ausstehen konnte.

Bevor meine Frau jedoch Lauras Nummer wählte, schickte sie ihr erst einmal Dutzende SMS und zahlreiche WhatsApp-Nachrichten. Das machen Frauen immer so.

Sie schicken sich zunächst eine SMS, in der steht: »Sollen wir gleich mal telefonieren?«

Dann folgt eine SMS von Laura: »Klar! Warum nicht? Können auch whatsAppen. Bin jetzt schon in 43 WhatsApp-Gruppen.«

Anschließend wieder meine Frau per SMS: »Rufst du an oder ich? Habe dir die Message eben auch noch mal über WhatsApp geschickt.«

Nun ist wieder Laura per SMS dran: »Du, hab dir eben auf deine WhatsApp geantwortet. Schau doch mal kurz.«

Dann wieder meine Frau per WhatsApp: »Okay, Laura. Dann ruf ich dich mal eben an.«

Inzwischen sind fünfzehn Minuten vergangen, und Laura antwortet: »Du, mach dir keine Mühe. Ich hab doch Flatrate. Ich ruf eben zurück.«

Anschließend ist bei beiden zehn Minuten besetzt, weil Laura und meine Frau gleichzeitig versuchen, sich anrufen.

Dann wieder meine Frau per SMS: »Okay, dann lösch die SMS. War eh unwichtig.«

Wenig später klingelt das Handy meiner Frau. Laura ist dran: »Du, Mausi, kannst du doch mal eben auf Festnetz zurückrufen? Mein Akku vom Handy ist vom dauernden Whats-Appen nun leer.«

Dann legt Laura wieder auf, und meine Frau ruft auf Festnetz zurück. Klingeln, Tuten, keiner geht bei Laura dran.

Nun folgt von Laura eine SMS: »Hast du die richtige Festnetznummer?«

Meine Frau schreibt zurück: »Ja, die mit der 23 am Anfang, die du mir mal per WhatsApp geschickt hast.«

Dann wieder Laura: »In welcher WhatsApp-Gruppe hatten wir die ausgetauscht? Habe zwei Nummern mit 23. Oder sollen wir doch kurz simsen?«

Infolgedessen schreibt meine Frau:

»Ne, ich glaub, ich hab die richtige. Aber mein Akku ist jetzt auch leer.«

Inzwischen sind dreißig Minuten vergangen. Meine Frau wird panisch.

»Kai, kann ich mal dein Handy haben? Laura und ich haben keinen Batteriestrich mehr. Du hast doch auch Flatrate, oder?«

Dann nimmt meine Frau mein Uralt-Handy, und einen Tag später habe ich zweitausend SMS mit Kussmundsmileys und Wörtern wie »Pilateskurs« und »altes Schrotthandy« auf meinem Mobiltelefon.

Wie meine Frau es dann letztendlich doch noch geschafft hat, sich für den Abend mit Laura zu verabreden, ist mir ein Rätsel. Aber mir fiel auf, dass der Vorrat an Brennholz neben unserem Öfchen plötzlich sehr dezimiert aussah, daher tippe ich mal auf Rauchzeichen vom Balkon aus. Frauen finden nämlich immer einen Weg, sich zu verabreden. So auch diesmal.

Am besagten Abend kam Laura zu uns nach Hause. Es dauerte nicht lange, und meine Frau und Laura hatten sich das Happening mit Aperol orange gesoffen. Nun waren sie bester Laune und wollten den feuchtfröhlichen Abend mit einem Netflix-Serienmarathon ausklingen lassen.

Das Problem war: Ich wollte ebenfalls im Wohnzimmer, natürlich auf dem großen Bildschirm und nicht auf dem kleinen im Schlafzimmer, die neuen Folgen der *Muppet Show* gucken. So was guckt man doch heutzutage nicht auf einem Achtundfünfzig-Zentimeter-Bildschirm, verflucht noch mal.

Die zwei multimedialen Gleichungen der technischen Möglichkeiten bei uns in der Wohnung sahen allerdings so aus:

Großer Fernseher = Wohnzimmer = angetrunkene Frauen = Netflix-Serienmarathon ≠ Ehemann = *Muppet Show*.

Fernseher im Schlafzimmer = klein und alt ≠ Netflix-Streaming.

Daraus resultierend ergab sich die Fehlermeldung:

Wohnzimmer = angetrunkene Frauen = *Muppet Show* = ERROR – nicht möglich.

Einer musste weichen. Laura und meine Frau oder ich.

Seit diesem Abend weiß ich, wie sich HD auf einem Röhrenfernseher anfühlt. Applaus! Applaus! Applaus!

Etwa gegen 00.15 Uhr versuchte ich erneut mein Glück im Wohnzimmer. Meine Frau und Laura waren inzwischen bei Rotkäppchen angekommen. Nicht als Stream, dafür mit Strohhalm.

»Ach, Kai. Du, das Tageshoroskop hat tatsächlich recht gehabt. Wir machen die Nacht zum Tag. Laura ist übrigens auch Jungfrau. Wie passend, oder? Prost!«

Ich war mir sicher, dass Laura mit ihrer forschen und unfreundlichen Art auch noch bis zum Lebensende Jungfrau bleiben würde und verzog mich wieder ins Schlafzimmer, um nach den Muppets auch noch den Rest des *Nachtjournals* in Halb-Farbe und etwas pixelig zu genießen. Der angekündigte Sonnenschein in der Wettervorhersage sah auf dem Mini-Fernseher wie Graupelschauer in Wladiwostok aus. Was man für Frauen nicht alles in Kauf nimmt.

Ich legte mich ins Bett und begann zu zappen. Mag ich eigentlich gar nicht, da man, wenn man nichts Passendes an Programm findet, mit der Zeit immer schneller zappt. Man landet dann irgendwie immer total traumatisiert auf N24, wo eine Doku über den Einmarsch in Stalingrad läuft. IMMER! So etwas möchte ich nach den Muppets aber nicht. Miss Piggy ist mir militant genug. Zappt man dann noch weiter, landet man irgendwann im dreistelligen Programmbereich. Herrgott, was da in diesem alten Fernseher noch so alles abgespeichert ist. Dass diese Flimmerkiste überhaupt so viele Speicherplätze hat. Jenseits von Super RTL auf Sendeplatz neunundachtzig strandet man nur wenig später bei Highlights wie dem Verkaufssender QVC, wo nachts wieder die Möhrenschnitzmaschinen angeboten werden. Und wenn man es dann auf die Spitze treibt und Sendeplatz hundert weit hinter sich gelassen hat, dann endet man irgendwann auf Sendeplatz einhundertzwanzig. Der Hölle des bewegten deutschen Bildes – AstroTV.

Ich war schon halb eingenickert und wurde nur noch durch das laute Lachen der beiden weinseligen Damen in meinem Wohnzimmer wach gehalten.

Doch dann entdeckte ich auf dem Bildschirm eine reifere,

elegante und … ach, was soll's, nur die Wahrheit zählt … abgetakelte, olle Hausmutti, die mit einer dicken Glaskugel vor ihrem Atombusen hinter einem Schreibtisch saß. Meine Faszination wuchs. Die Dame war bereits auf vollen Touren. »So, meine Lieben. Ich möchte euch jetzt mit auf meine Mission nehmen. Mein Auftrag vom Universum lautet heute, dass ich euch allen den Weg in die Zukunft zeige.«

Ich fragte mich bereits an dieser Stelle, wohin die Zukunft des Senderchefs zeigt, wenn der so was allen Ernstes auf die Menschheit loslässt. Ich entschied mich, dranzubleiben.

Der Bildschirm war voll von Telefonnummern. Selbst bei einem Börsencrash sind auf n-tv nicht so viele Zahlen und Daten eingeblendet wie bei AstroTV. Herrlich! Die Sendung funktionierte wie die Schlange aus dem Dschungelbuch. Die Zuschauer wurden durch das bloße Hinschauen so dermaßen paralysiert, dass sie quasi automatisch den Telefonhörer in die Hand nahmen und die schweineteure Hotline wählten, um zu Madame Metier durchgestellt zu werden. Und so hatte die Astro-Mutti nun auch schon den ersten Anrufer in der Leitung.

»Hallo, hier ist Madame Metier, dein Medium mit dem Blick in die Zukunft. Deine Frage bitte.«

»Ja, hallo. Hier ist der Alfons aus Bierbichl. I wuollt ma fruagn, ob i de Moni gegn a andres Madel tauschn soll? Bei uns i Ort is bald wuieda Bachblütenfest, und da …«

Madame Metier unterbrach den Jüngling mit einem Blick in ihre Glaskugel. »Ja, mein lieber Alfons, die Sterne zeigen mir, dass du im Winter eine neue Frau kennenlernen wirst. Ich sehe Schnee in der Kugel.«

Ich saß inzwischen hellwach im Bett und fragte mich, wie diese Astrologen das nur herausfinden. Madame Metier sah also in ihrer Kugel Schnee. Ganz ohne diese zu schütteln. Okay, dachte ich, das könnte an der trüben Linse ihrer Augen liegen. In dem Alter ja nicht ungewöhnlich. Alfons wurde derweil schon wieder verabschiedet. Nach zwanzig Minuten in der teuren Warteschleife hatte er immerhin eine Minute mit der Astro-Trulla sprechen dürfen und war nun glücklich darüber, seine Moni beim nächsten Bachblütenfest endlich loszuwerden.

Madame Metier ging wieder in sich. »So, und nun möchte ich dem nächsten Anrufer gern meine hochenergetische, multidimensionale Beratung anbieten. Die hellsichtige Intensivberatung in der besonderen Form des Channelings. Wen haben wir als Nächstes in der Leitung?«

»Ja, hallo. Hier isch die Heidrun. I hab a Problem mit ma Mann. Er hat sisch gestern zum erschte mal die Schamhaare rasiert. I erkenn ihn überhaupt nie wieder. Hab i da wasch falsch gemacht in de Liebe?«

Madame Metier schob die Glaskugel zur Seite und schaute nun bierernst auf ihre Tarot-Karten. »Heidrun, das gefällt mir gar nicht. Ihr Harmoniehaus steht derzeit sehr schief. Es ist so, dass ...«

Heidrun unterbrach die Alleswisserin. »Ne, mit dem Stehen hat dasch nichts zu tun. Esch sieht halt unterum nur so albern ausch, so gansch ohne Haare. Wischen Sie, mein Mann isch ja auch schon zweiundneunzig und ...«

»Heidrun, da wird sich in den nächsten Wochen was auflösen. Ich habe hier für Ihren Mann und Sie die große Liebe liegen, die ...«

Heidrun unterbrach erneut. »Wo habe Sie die Liebe liegen? Kann isch die mal sehe?«

Madame Metier hob eine Tarot-Karte an, auf der ein Herz in einem Dornenkranz abgebildet war. Robert Geiss und Ed Hardy hätten bei dem Design der Karte gejubelt. Heidrun wurde immer verwirrter, als Madame Metier noch eins draufsetzte.

»Heidrun, du musst dir keine Schuhe anziehen, die dir nicht passen.«

Jetzt war Heidrun wieder im Spiel. »Ei, des is schö. Sie helfe mir sehr. Isch war es ohnehin leid, immer de Gummistiefel von mei Mann anzuziehe, obwohlsch im Aldi neulisch diese tolle Garteclocs im Angebot gab.«

Nun hob Madame Metier zum ersten Mal den Blick hoch von ihren Tarot-Karten. Es schien, als sei zum ersten Mal eine Anruferin in der Leitung, die noch größeren Stuss erzählt als die Grand Dame selbst. So was erfordert Aufmerksamkeit.

Ich saß unterdessen hellwach mit einer Tüte Erdnüsse in der Hand im Bett und lauschte weiter. Wahnsinn, was diese Intensivzukunftsgucker so alles draufhaben. Da werden ausschließlich glückliche Menschen gemacht. Arsch-Stroh-TV, ab morgen auf Sendeplatz zwei, denn da sieht man definitiv besser.

Dann wurde es sogar noch besser. Nun kam wieder das klassische Horoskop ins Spiel. Die Sendung samt Moderator wechselte.

Ein zierlicher junger Mann, der nach jedem Satz »So« sagte, wahrscheinlich, weil er auf seinen freien »So«-nntag wartete, begrüßte nun die Zuschauer. So! Er mischte dabei einen Stapel Karten schneller als Terence Hill in seinen besten Zockermomenten. Es fehlte nur Bud Spencer, der den Moderator noch vor der ersten Anruferin zärtlich ins Koma schlug. So!

Es tutete im Studio. Stefano, so hieß der junge Mann, mischte. Es tutete wieder. Stefano mischte weiter. Gleich drehen die Sterne zur Kleinen Straße im ersten Full House, dachte ich mir, als Stefano nun, gekonnt wie ein Poker-Dealer, einige Karten vor sich auf den Tisch legte. Es tutete immer noch. Herzbube war Stefano zwar nicht gerade, aber auch Pik und

Kreuz waren nicht zu sehen. Die Karten waren leer. Weiß! Es war doch tatsächlich nichts auf den magischen Karten abgebildet. Ob das ein UNO-Spiel für Schneeblinde war? Meine Neugier wuchs ins Unermessliche. Es tutete erneut. Nun kam Stefano endlich ins Plaudern.

»So, die Wende dreht sich. Nun sind die Kristalle im Karma-Quadranten drei. So, es kann losgehen. Wen hab ich denn da so in der Leitung?«

»Ja, hallo. Ha! Ha! Ha! Ha! Hier ist die Laura.«

»Laura, schön, dass du anrufst. So, ich habe schon mal den Sensemaker aktiviert und die Karten ins Sonnenbild gelegt. So, was ist denn deine Frage?«

Und wieder begann der zartbesaitete Stefano mit dem verlegenen Mischen seiner schneeweißen Karten.

Ich schraubte an meiner Flasche Sprudel. Laura kicherte sich weiter einen. Gott, ob die eventuell besoffen ist, schoss es mir durch den Kopf.

»Hi! Hi! Hi! Ich ruf ja für meine Freundin an. Die ist gerade in der Küche und kann mich nicht hören. Die hat einen ganz furchtbaren Mann. Früher war der mal ganz nett, aber seit der Bücher schreibt, hat der sich um hundert Grad verändert?«

Ich trennte im Zeitlupentempo den Flaschenhals von meinem Mund.

Hundert Grad verändert? Der Bücher schreibt? Laura? LAURA!!!

Dieses Miststück! Während meine Frau naiv in die Küche marschiert war, um neuen Rotkäppchen zu holen, hatte Laura, Sternzeichen: Tollwütiger Wolf, doch tatsächlich bei diesem Höllensender angerufen, um sich über mich auszulassen. Über mich, diesen immer lieben, netten, charmanten … Na ja, komm, nicht übertreiben. Aber über einen Mann, den sie doch gar nicht richtig kannte. Und das von meinem Telefon aus. Flatrate ade. Die Kostenuhr lief erbarmungslos, und meine Frau war ahnungslos.

Ich schmiss die Erdnusstüte in hohem Bogen durch das Schlafzimmer und sah, wie sich die Flasche Cola über meinen Captain-Future-Radiowecker ergoss. Jetzt gab es Stier, Widder, Skorpion, Löwe und Bud Spencer in einem Haus. Ich sprang vom Bett, blieb mit der Jogginghose am Bettpfosten hängen und legte mich erst einmal lang auf unseren Hochflor. Stefano versorgte indes seine Blutblasen vom Mischen, um dann gewohnt langsam und unmotiviert weiterzumachen. »Laura, dass ist so gut so, dass du das nicht in dich hineinfrisst, sondern dass du deiner Freundin hilfst. Ich schaue mal in den Weg des Glückes, ob ich da auf der ersten Karte was sehen kann, was deine Waage beeinflusst. So! Entscheidend ist, dass der Löwe im zweiten Raum in Schach gehalten wird.«

Der Löwe war stinksauer und rappelte sich wieder auf. Ich hatte mir das Knie geprellt, aber wurde gerade von so viel Adrenalin beherrscht, dass mir das egal war. Ich humpelte zur Schlafzimmertür, um die Wäschebox wegzuräumen, die durch meinen Sturz vor die verschlossene Tür geflogen war und sich dort entleert hatte. Was kostete bei AstroTV noch gleich eine Minute Telefonat? Dreitausend Euro? Der Eis-Crusher dröhnte. Meine Frau schien noch in der Küche zu sein. Laura, dieses besoffene hinterlistige Ding verschaffte sich unterdessen weiter Luft. »Wie gesagt, seit der Typ Bücher schreibt, ist der total uncool geworden. Und außerdem trägt der Simpsons-Socken. Das muss man sich mal vorstellen. Wie unsexy ist das denn?«

Ich sah aus dem Augenwinkel heraus, wie Stefano nun eine schwarze Karte aus der Hose zauberte und quer auf die weißen legte. »So, Laura, die Sterne wissen immer Rat. Die Sterne sagen alles. So, und hier ist ganz eindeutig zu erkennen, dass der Affe die Schlange im Haupthaus packen wird. Sei also auf der Hut vor diesem schrecklichen Buchautor. Dir alles Gute, Laura. So! Wen haben wir jetzt in der Leitung?«

Ich hatte inzwischen die Schmutzwäsche hektisch zurück in die Kiste geschaufelt und die Tür vom Schlafzimmer aufgerissen. Dann stürmte der Affe nach drüben, um die Schlange im Haupthaus zu zerfetzen. Meine Frau kam mir mit zwei Rotkäppchen-Aperol-Mischungen entgegen und schaute etwas verwundert, wie ich da mit halb hochgezogener Buchse und schmutzigem Simpsons-Socken auf der Schulter ins Wohnzimmer stürmte. »Kai! Was ist 'n mit dir los? Stör uns jetzt nicht! Wir haben vorhin mal AstroTV angemacht. Das ist dieser professionelle Horoskop-Sender, der dir die Zukunft voraussagen kann.«

Lauras nahe Zukunft wurde schnell ihre Gegenwart: Ich hatte sie nämlich aus dem ersten Haus geschmissen. Hausverbot im wichtigsten Karma-Quadranten! Nachdem ich meiner Frau erzählt hatte, dass Laura sich beim AstroTV ausgerechnet über meine geliebten bunten Simpsons-Socken beschwert hatte, brauchte sie zirka fünfzehn Minuten, bis sie zu Ende gelacht hatte. Mein Maß an hellseherischen Ratgebern war von da an ebenso gesättigt wie der Wille, in den Sternen lesen zu wollen, welche Unterhosen ich am Tag danach anziehen müsse, damit der Wassermann auch gut in der Jungfrau steht.

★ Welcher Beruf am besten zu Ihrem ★
Sternzeichen passt

Steinbock

Steinböcke lieben das Wasser. Sie sind handwerklich geschickt und stark regional verbunden. Kaufmännisch haben sie noch Luft nach oben.

TOP-Beruf: Muschelputzer am Rhein-Herne-Kanal

Wassermann

Der Wassermann hilft den Ärmsten der Armen selbstlos. Er ist gern an der frischen Luft und liebt den Sport. In der Dienstleistungsgesellschaft fühlt er sich wohl.

TOP-Beruf: Golfballtaucher

Fische

Fische bringt nichts ins Schwitzen. Sie stehen auf der Sonnenseite des Lebens, haben Ausstrahlung, arbeiten aber dennoch gern im Verborgenen. Lustloser Applaus für ihr aufwendiges Schaffen ist ihnen zuwider.

TOP-Beruf: Lichtdouble bei *Schwiegertochter gesucht*

Widder

Widder sind sehr aufgeräumte Zeitgenossen. Sie kennen nicht nur die Schokoladenseiten des Lebens, sondern haben auch gelernt, Dinge unter den Teppich zu kehren. Sie sind kinderlieb, erscheinen allerdings erst spät auf der Tanzfläche. Das Versteckspiel ist nicht so ihr Ding.

TOP-Beruf: Tatortreiniger nach dem Kindergeburtstag

Stier

Der Stier hat eine poetische Ader und schenkt seinen Mitmenschen gern Rat. Versteckt in einer harten Hülle hat er einen Kern so weich wie Papier.

TOP-Beruf: Glückskeksautor

Zwilling

Zwillinge tragen die Last des Alltags mit Bravour. Sie sind unzerstörbar im Willen, auch den höchsten Berg zu besteigen. Dicke Luft wird es mit ihnen nicht geben, da sie auch den Ballast ihrer Mitmenschen aus dem Weg räumen.

TOP-Beruf: Sherpa an der Abraumhalde

Krebs

Krebse lieben es, die Dinge zu steuern. Man bewundert ihre Fähigkeit, den hektischen Alltag zum Stillstand zu bringen. Sie machen um ihre geistig anspruchsvolle Arbeit nicht viele Worte und sind bemüht, sich nicht im Kreis zu drehen.

TOP-Beruf: Schiffschaukelbremser

Löwe

Löwen stehen nicht gern an vorderster Front und sind dennoch modisch gekleidet. Sie zerreißen sich dafür, anderen Menschen eine Hilfe zu sein, und sind nicht ganz uneigennützig freundlich zu ihrem Chef.

TOP-Beruf: Assistentin eines Messerwerfers

Jungfrau

Jungfrauen sind betonharte Mitarbeiter. Sie schaffen mit ihren Händen Wunderwerke, die jedem Kind ein Lächeln der Begeisterung ins Gesicht zaubern. Keine Herausforderung ist ihnen zu hoch, auch wenn ab und zu mal ein Stein im Schuh drückt.

TOP-Beruf: Maurer bei LEGO

Waage

Waagen fühlen sich in der Gruppe wohl und mögen das Kribbeln im Berufsalltag. Nichts wird ihnen zu viel. Wenn es unangenehm wird, dann machen sie nicht die Mücke zum Elefanten.

TOP-Beruf: Insekten-Zähler im Zoo

Skorpion

Skorpione sind kreativ, handwerklich begabt und haben Sinn für Ästhetik. Auch wenn sie gern allein arbeiten, so ist ihre Arbeit früher oder später sehr gefragt. Sie lassen sich nicht unter Preis verkaufen, und niemand hat sich je bei ihnen beschwert.

TOP-Beruf: Sargbauer

Schütze

Der Schütze ist ein genialer Alleinunterhalter und muss sich nicht hinter Masken verstecken. Langeweile in den Augen seiner Mitmenschen ist für ihn der Horror. Er liebt die Fließbandarbeit und entpuppt sich als todschicker Kollege.

TOP-Beruf: Erschrecker in der Geisterbahn

BETRETEN AUF EIGENE GEFAHR

Wie ich mich vor ungebetenen Besuchern schütze

Zum Schluss dieses Buches möchte ich Ihnen nicht vorenthalten, dass es mitunter Situationen gibt, in denen Ihnen sogar zwei Besserwisser gleichzeitig den bezaubernden Tag versauen können. In Erinnerung geblieben ist mir da ein Tag im Herbst des vergangenen Jahres. Sie wissen schon: Herbst, die Jahreszeit, in der Radiowecker morgens durch Laubbläser ersetzt werden, es abends früher dunkel wird und Einbrecherbanden das Stemmeisen polieren, um auf Europatournee zu gehen. Um diese Zunft nicht unangemeldet vor Ommas Hummelfiguren-Sammlung stehen zu haben, hat sich eine ganze Industrie zum Thema Einbruchschutz entwickelt. Die Damen und Herren dieser Branche möchten uns – natürlich vollkommen selbstlos – Rat geben und zeigen, wie wir unsere Wohnung oder unser Haus zu einer Festung umrüsten können. Verstehen Sie mich bitte nicht falsch. Es ist durchaus sinnvoll, die schwingenden Saloon-Türen, die viele von uns seit Jahren als Eingangspforte besitzen, durch eine amtliche Haustür mit Dreifachverriegelung und Antifingerprintbeschichtung auszutauschen. Aber ich beobachte seit einiger Zeit, dass der Umfang an Sicherheitsmaßnahmen, die man für einen ruhigen Schlaf erwerben kann, in dieser Branche so langsam überhandnimmt.

Dass Sicherheitsberater ganz schön nerven können, wurde mir an besagtem Tag im letzten Herbst klar. Was passiert war? Nun, meine Frau kam auf die glorreiche Idee, mal einen sogenannten Home-Security-Dienst in unsere Wohnung zu lassen. Meine Frau macht solche Termine mit sogenannten Fachberatern, die genauso oft Hausbesuche machen wie die Gangster, sehr gern, aber meistens ohne mich darüber zuvor in Kenntnis zu setzen. So kommt es also mitunter vor, dass ich abends, nach getaner Arbeit, diverse Bofrost-Onkels, Vorwerk-Tanten oder Thermomix-Experten neben mir auf der Couch sitzen habe. Festgeklebt für die Ewigkeit und auch erst dann in Aufbruchstimmung, wenn meine Frau endlich irgendwas gekauft hat.

In diesem Fall, so versicherte mir meine bezaubernde Gattin, handele es sich aber nur um ein reines Infogespräch dazu, wie wir unsere Bude vor Einbruch und Diebstahl schützen können. Ganz ehrlich? Was wollte man denn bei mir klauen? Meine Schlumpfsammlung? Ich war skeptisch. Bisher hatte ich einfach meinen Rentenbescheid von außen an die Tür gehängt. Das sollte jeden vernünftigen Einbrecher davon abhalten, in meine heiligen vier Wände einzudringen. Er sah ja schwarz auf weiß, dass hier ohnehin nichts zu holen war. Meine Frau war aber nun der Ansicht, dass es besser sei, ein wenig aufzurüsten und uns diese hypermodernen Security-Komponenten wenigstens mal vorführen zu lassen.

So weit, so gut. Problematisch wurde es erst dadurch, dass sich für denselben Nachmittag meine Agentin aus München angekündigt hatte, die als Bonus noch ihre kleine Nichte Anne mit im Gepäck hatte. Meine Agentin mit Herz quasi, die nichts mit James Bond oder anderen geheimdienstlichen Aktivitäten zu tun hatte, sondern sich schlichtweg darum kümmert, dass die Verlage weiterhin meine wahnwitzigen Geschichten abdrucken.

Es war High Noon, also zwölf Uhr mittags. Und wie immer, wenn wir Besuch erwarteten, standen alle Mann gleichzeitig bei uns vor der Tür.

Als Erstes begrüßte mich, gewohnt herzlich, meine Agentin Bonnie mit ihrer kleinen Nichte Anne.

»Kai, du alter Schweinepriester, lange nicht gesehen. Das

ist die lebhafte Anne, meine Nichte, von der ich dir ja schon erzählt habe. Die ist so lebenslustig, die hat auf der Zugfahrt gleich mal dein neues Buchmanuskript zerrissen. Ich wusste gar nicht, dass die schon so gut lesen kann. Ha! Ha!«

Ich machte gute Miene zum anstrengenden Spiel. »Na, dann kommt mal rein. Wir haben heute auch noch einen Fachmenschen, also, äh, einen Berater in Sachen Bunkerbau anwesend. Das soll uns aber nicht stören.«

Bonnie und Anhang stiefelten direkt ins Wohnzimmer, während sich der Sicherheitsexperte Herr Langmann nach kurzer Vorstellung mit meiner Frau ebenfalls zu uns auf die Couch gesellte. Nun saßen wir da alle wie bei Loriot, und ich wartete nur darauf, dass irgendjemand das Klavier in die Bude schleppte. Ein Klavier! Ein Klavier! Aber egal. Da wir ja alle einen Auftrag hatten, versuchten wir, uns nicht gleichzeitig auf die Nerven zu gehen.

Die fünfjährige Anne fing unterdessen an, mit meinen Signier-Filzstiften ein Einhorn auf den Fernsehbildschirm zu malen. Meine Agentin nahm davon gar keine Notiz und war wie immer total auf Business programmiert.

»Kai, das wird 'ne Riesennummer. Twilfer schreibt sein erstes Kinderbuch. Die Eltern werden dir das aus den Händen reißen. Man wird spüren, wie sehr du dich in die Seele eines Kindes reinversetzen kannst.«

Ich schlug Anne den roten Edding aus der Hand, mit dem sie nun meinen weißen Receiver im Klavierlackdesign verschönern wollte. »Nein! Oh Gott! Kind! WEG! Das Ding hat mich bei eBay zweihundert Schleifen gekostet.«

Dieses verfluchte Kind, dachte ich mir.

Nun kam Herr Langmann mit seiner Kaffeetasse in der Hand ins Spiel. »Sie sehen, Frau und Herr Twilfer, so ein Kind ist lebhaft. Wie schnell sind da mal die Fensterflügel geöffnet und das Kind im dritten Stock draußen auf dem Sims. Da gehören abschließbare Griffe hin.«

Ich ging zum Wohnzimmerfenster und öffnete es. »Komm, Anne. Kinder müssen an die frische Luft. Mal doch währenddessen etwas Lustiges auf die Dachrinne.«

Meine Agentin bemühte sich unterdessen, das zerrissene Manuskript wieder halbwegs zusammenzupuzzeln. »Kai, du und Kinderbuch. Dass wir da nicht schon eher drauf gekommen sind. Das kannste doch viel lockerer schreiben als deine komischen Alltagsgeschichten. Kinder verzeihen doch viel mehr. Dann bekommste bei Amazon auch mal 'ne gute Bewertung.«

Chaoskind Anne hatte sich inzwischen mit der Materialtasche des Security-Onkels angefreundet und sich mit ihr in unsere Diele verabschiedet. Keine zwei Minuten später hörte ich mindestens fünf Sirenen, die die Kleine in Gang gesetzt hatte.

Ich fragte mich, warum meine Agentin Bonnie ihre Nichte Anne unbedingt hatte mitbringen müssen. Um ein Kinderbuch zu besprechen, muss ich doch nicht gleich das ganze Elend an verkorkster Erziehung live durch meine Wohnung rennen sehen. Das ist ja so, als wenn ich ein Buch übers Abnehmen schreibe und vorher mit Ottfried Fischer ein Hot-Dog-Wettessen veranstalte.

Anne hatte mittlerweile alle mitgebrachten Alarmanlagen in Gang gesetzt, wodurch das Mehrparteienhaus klang wie Fliegeralarm über Essen Schonnebeck 1942. Herr Langmann sprintete in die Diele, um die Sirenen wieder zu entschärfen. Inzwischen stand auch die WG von oben geschlossen bei uns vor der Tür. Gernot, der wohl in der Badewanne gesessen hatte, schaute mich panikerfüllt mit einem Handtuch um die Hüfte an. »Ist bei euch was angebrannt?«

»Nein, ich steh nur kurz vorm Explodieren, und das sind

die Warnsignale, die anzeigen, dass du möglichst schnell abhauen solltest.« Ich schlug die Haustür wieder zu und einigte mich mit Bonnie und dem Security-Fritzen darauf, dass es vielleicht besser sei, wenn man ab sofort getrennt weiterarbeiten würde. Herr Langmann und sein Fachgespräch mit meiner Frau in der Küche – und ich mit Bonnie und Nervtöter Anne im Wohnzimmer. Es hatte den Anschein, dass nun etwas Ruhe einkehren würde.

Bonnie holte indes einen Vertrag aus ihrer Aktentasche. »So, mein Lieber. Tataaa! Hier ist dein Vorschuss auf das Kinderbuchprojekt eingetragen. Du würdest in Summe bekommen …«

»Ich muss mal Pipi!«

Saublag Anne, die inzwischen meine Schlumpfsammlung von blau-weiß in schwarz-gelb umgepinselt hatte, machte sich wieder bemerkbar.

Ich überlegte, wie lange man ein Kind ohne Anklage in ein Badezimmer einsperren darf. Hieß es nicht in den Krimis immer, dass man einen Gangster ohne Anklage zweiundsiebzig Stunden festsetzen darf?

Wir stiefelten zur Toilette. Doch kaum war ich mit Anne in den Flur getreten, da schrillte schon wieder irgendein Alarm.

»Frau Twilfer, ich hab's Ihnen ja gesagt. Da hat kein verkommener Schurke eine Chance. Bewegungsmelder im Flur und Kontaktmatten auf dem Fußboden. Da fliegen sie alle auf.«

Herr Langmann stand voller Stolz bei uns in der Diele. Meine Frau schien begeistert, ich weniger. Anne hatte sich nun vor Schreck in die Hose gemacht. Die Kontaktmatte auf dem Fußboden hatte aber immerhin dafür gesorgt, dass mein Laminat in Fliesenoptik nicht vollgestrullt war. Die Sirenen schrillten nun in immer kleineren Abständen. Bonnie schrie aus dem

Wohnzimmer: »Kai! Wenn die Kinder demnächst deine Bücher lesen, dann werden die sich vor Lachen in die Hose machen.«

Meine Frau verschwand mit Anne auf der Toilette, während ich ein ernsthaftes Gespräch mit Herrn Langmann suchte. »Äh, sagen Sie mal, halten Sie diesen ganzen Aufwand in einer Altbauwohnung denn wirklich für nötig?«

»Herr Twilfer, die Einbruchszahlen sind dramatisch angestiegen in der letzten Zeit. Das können Sie ja nicht mit den lächerlichen Fallzahlen anderer Verbrechen, zum Beispiel Kindesentführung, vergleichen.«

Kindesentführung? Keine schlechte Idee. Nachdem meine Frau mit der grundsanierten und trockengelegten Anne wieder aus dem Bad kam, überlegte ich kurz, ob es mir möglich wäre, den Alarmanlagenfuzzi mit Anne zusammen zu entführen. In den Nachtclub der Nervensägen, in dem Dieter Bohlen die Tür bewacht und Robert Geiss die VIP-Lounge fegt.

Herr Langmann begann nun damit, lasergesteuerte Wärmebildsensoren bei uns im Flur zu installieren. *Mission impossible*, wir kommen!

Und während meine Frau nun mit dem urinalen Wasserschaden durch Anne beschäftigt war, erklärte mir Herr Langmann, wie ich zukünftig nachts aufs Klo gehen müsse, um nicht versehentlich den Alarm auszulösen.

»Also, Herr Twilfer, Sie müssen eigentlich nur Folgendes beachten: Bevor Sie nachts aus dem Bett aufstehen, müssen Sie den Laserkontakt entsperren. Das heißt, Sie legen neben der Tür den Hebel um. Dann ist der Kontakt geschlossen. Das Gleiche müssen Sie dann innerhalb von vier Sekunden auch neben dem Toilettentopf machen, damit der Kontakt zwischen Klo und Schlafzimmer wieder getrennt wird.«

Bonnie rief inzwischen aus dem Wohnzimmer: »Kai, und

dann machen wir eine riesige Lesetour durch alle ostdeutschen Kindergärten. In Bitterfeld ist sogar einer für schwer erziehbare Kinder. Die brauchen dringend lustigen Lesestoff.«

Ich wollte ins Schlafzimmer gehen, um nachzusehen, was der Sicherheitstyp da schon rumgefummelt hatte.

»Herr Twilfer, nicht! Die Türklinken sind bereits scharf geschaltet. Zwar nur zwanzig Volt, aber für ein Herzflimmern kann das schon reichen. Nicht, dass Sie mir heute noch was an den Nerven bekommen.«

Ich zog die Hand wieder weg. »Äh, ja. Aber noch mal zu dem Pinkelschalter im Schlafzimmer. Wie soll ich denn an den Hebel an der Tür kommen, wenn ich nicht mal aus dem Bett aufstehen darf?«

Langmann machte einen auf selbstbewusst. »Na, ich kann Ihnen da auch 'ne App anbieten. Kostet aber hundertachtzig Euro extra. Die regelt dann vom Nachttisch mit einer eingebauten Wasserader, dass die Kontakte schon beim Jucken in ihrer Pyjamahose abgeschaltet werden und die Stromzufuhr zur Türklinke unterbrochen wird. Oder leiden Sie etwa unter Blasenschwäche? Die App darf nämlich nur zweimal pro Nacht aktiviert werden. Es sei denn, Sie werden Natursekt-Spezial-Member. Dann können Sie nachts so oft pinkeln gehen, wie Sie wollen. Ist dann allerdings auch etwas teurer.«

Ich schaute auf die Türklinke der Schlafzimmertür und schrie – natürlich nicht ganz ernst gemeint – ins Wohnzimmer: »Anne, geh doch mal bitte ins Schlafzimmer.«

Meine Frau hatte sich unterdessen mit Wendela aus der WG im Treppenhaus festgequatscht, und ich musste nun schleunigst dafür sorgen, dass der ganze Sicherheitshumbug wieder aus meiner Wohnung verschwand.

Herr Langmann ließ sich nicht abwimmeln. »So! Dann haben wir noch Geruchssensoren, die Sie individuell auf

Ihre ganz persönlichen Körpergerüche programmieren können. Kommt dann beispielsweise ein ungewaschener und ver-
schwitzter Einbrecher in Ihre Wohnung, dann erkennt das
System, dass dieser Gestank nicht in die Wohnung gehört, und
es wird direkt ein Notruf an die nächste Polizeidienststelle ab-
gesondert.«

Wie von der Tarantel gestochen, rannte Anne nun mit meinem inzwischen regenbogenfarbenen Klavierlackreceiver doch
tatsächlich zur Schlafzimmertür. Viel zu schnell, um sie aufzu-
halten. Dann folgten direkt vor mir ein Kinderfurz wie vom
Planeten Melmac und ein lauter Schrei. Alle Sirenen läuteten
erneut, und Anne war mit zwanzig Volt zärtlich aufgeweckt
worden.

Durch das Chaos animiert, kam meine Agentin Bonnie mit
dem halb zusammengeschusterten Exposé auch noch zu uns
in die Diele. »Sagt mal, Leute, was ist denn hier los? Kai, ich
bring dich voller Leidenschaft in Richtung Michael Ende, und
du kasperst hier mit Anne rum.«

Ich versuchte ebenfalls, die Situation voller Leidenschaft zu
Ende zu bringen, und schilderte halbwegs realitätsnah: »Also,
Bonnie, wir kaspern nicht herum. Anne hat gerade mit bra-
chialer Flatulenz die Polizeidienststelle in der Altstadt ans Arbeiten gebracht und sich dann von meiner Schlafzimmertür-
klinke eine zimmern lassen. Alles nur, weil wir den Hebel nicht
entsichert haben, mit dem ich nachts pinkeln gehen kann.«

Meine Agentin hielt mich nun für total bekloppt und
schaute mich mit großen Augen fragend an. »Äh, Kai. Ich
kann beim Verlag auch gern nachfragen, ob wir nicht doch
noch mal ein Buch über deinen Alltagswahnsinn machen können.«

»Ne, Bonnie, alles fein. Ich kann ja gut mit Kindern, siehste
ja. Herr Langmann, wollen Sie nicht langsam mal bei der Po-

lizei anrufen und Bescheid sagen, dass der Furz von Anne ein Fehlalarm war?«

Herr Langmann, der versuchte, mit seinem Prospekt die schlechte Luft zu verscheuchen, wurde panisch. »Ach, ja sicher. Mist! Jetzt hab ich die Codes im Auto. Ich renn mal schnell runter.«

Herr Langmann lief durch meine Diele zur Wohnungstür, wo er ebenfalls einen Schlag, diesmal mit zweihundertdreißig Volt, bekam. Nachdem er sich mühsam wieder aufgerappelt hatte, marschierte er mit halb verkohlter Hand zu seinem VW-Bus, um die Codes zu organisieren. Schließlich wollte keiner von uns die GSG 9 im Hausflur haben, die dann vermutlich den halbnackten Gernot einkassieren würde. Meine Frau quatschte immer noch seelenruhig im Flur mit Wendela über deren fußgestampfte Quittenmarmelade.

Die Sirenen schrillten lauter als die Callas auf Himbeerkoks. Und ich war nun definitiv nicht mehr Herr der Lage.

»Bonnie, sag mal, wo muss ich da jetzt für das Kinderbuch unterschreiben?« Mir war inzwischen alles egal. Ich wollte nur endlich diese ganzen Rat gebenden Menschen aus meiner Wohnung eliminieren und war bereit, alles dafür zu tun. Sogar ein Kinderbuch über einen dicken tanzenden Regenwurm zu schreiben. In diesem Moment klingelte es an der Tür. Während Anne nun Spaß daran empfand zu testen, wie oft man die Klappladen eines handelsüblichen Schuhschrankes auf- und zumachen kann, bis die erste Lade abbricht, ging ich zur Türsprechanlage und nahm den Hörer ab.

»Ja, hallo?!«

»Langmann hier. Herr Twilfer, Sie haben doch nicht etwa den Hörer der Türsprechanlage abgenommen?«

»Äh, doch. Wie soll ich denn sonst hören, wer mich wieder belästigen möchte?«

Kurze Sprechpause.

»Äh, ach so. Ja, klar. Also, wir haben mit dem Geruchssensor nun eine Kettenreaktion in Gang gesetzt, die ich mit den mir vorhandenen Codes derzeit nicht mehr stoppen kann. Dabei wollte ich Sie nur gut beraten, wie Sie ihr Haus vor ungebetenen Gästen schützen können. So kann's manchmal laufen, Herr Twilfer. Durch die Aktivierung des Alarms bei der Polizeidienststelle hat der Sicherheitsdienst, der für Ihr Viertel zuständig ist, nun Code Yellow ausgerufen. Das heißt, dass meine Schnappfallen, die ich auf Ihrer Wohnungstür und einigen anderen Türen in der Wohnung verschraubt hatte, nun automatisch eingerastet sind.«

Ich wurde stutzig. Nicht, weil die Fenster sich noch öffnen ließen und Anne versuchte, meinem Ratschlag zu folgen und die Dachrinne bei uns vor dem Fenster mit dem Nagellack meiner Frau zu bemalen. Nein, ich wurde stutzig, weil sich in mir die Befürchtung breitmachte, dass ich den restlichen Abend mit meiner Agentin Bonnie und Nervensäge Anne in der Wohnung verbringen müsste. Wir eingesperrt, und meine Frau, eine halbe Stunde vor dem Beginn des Staffelfinales von *Downtown Abbey*, mit einem halbnackten Gernot ausgesperrt.

Wenige Minuten später war klar: Ich hatte mich zu Recht gesorgt. Denn meine Gattin teilte mir durch die gepanzerte Wohnungstür mit, dass sie den Abend über mit Gernot baden wird und dass ich Wendela zur Wiedergutmachung ein Sky-Abo schenken muss, damit meine Frau demnächst in der WG *Downtown Abbey* gucken kann. Ich war fix und fertig.

Herr Langmann war bereits auf dem Weg zum nächsten Termin und hatte natürlich keine Visitenkarte dagelassen, dieser Ratgeber-Gangster. Die Jungs von der 112 versuchten unterdessen, mit der hydraulischen Spreizschere meine Wohnungstür zu öffnen. Alle durch den Lärm und den Staub aktivierten Sirenen in meiner Wohnung heulten erneut. Bonnie zog Anne meine alte *Sesamstraßen*-Bettwäsche auf eine Wolldecke, damit wir uns ein Notquartier im verminten Schlafzimmer einrichten konnten, falls der Einsatz der Berufsfeuerwehr Gelsenkirchen noch etwas länger dauern würde.

Ich löffelte unterdessen eine kalte Fünf-Minuten-Terrine aus dem Vorratsschrank im Flur und schaute mir den Vertrag für das Kinderbuch an. Ein Königreich für ein bisschen heißes Wasser aus der versperrten Küche oder dem ebenfalls verschlossenen Bad, dachte ich mir beim Kauen auf den harten Nudeln, sowie ein Himmelreich für einen funktionierenden Filzstift in meiner Wohnung, dessen Tinte noch nicht den Weg auf meine Raufaser gefunden hatte. Dann hätte ich nämlich wunderbar den finalen Titel für das Kinderbuch mit dem dicken tanzenden Regenwurm in den Vertrag schreiben können: *Erstens kommt es anders, und zweitens, als man denkt.*

★ Schützen Sie sich vor den dümmsten ★ Einbrechern der Welt

Beim Versuch, die Scheibe eines Geschäftes einzuschlagen, warf ein Einbrecher einen Ziegelstein gegen den Kopf seines Komplizen, der danach bewusstlos zu Boden ging.

Ein Einbrecher in Amerika mühte sich minutenlang am verschlossenen Fenster hinter einer Garage. Was er nicht bemerkte, war, dass das Garagentor an der Vorderseite sperrangelweit offenstand und er nur hätte hineinspazieren müssen. Die Garage war übrigens leer.

Zwei Einbrecher in Australien räumten den Verkaufsraum einer geschlossenen Tankstelle leer, verfuhren sich dann aber mit dem Fluchtwagen. Erst als sie an einer Tankstelle nach dem Weg fragen wollten, erkannten sie, dass es sich um dieselbe inzwischen geöffnete Filiale handelte, die sie geplündert hatten. Die Polizei war bereits vor Ort.

Der Experte, der in einen kalifornischen Wohnwagen einbrach, war besonders schlau. Er stahl neben einiger anderer Dinge eine Angelrute, deren Haken beim Verlassen des Tatortes in der Tür des Wohnwagens hängen blieb. Die Polizei musste also nur der abgespulten Angelschnur folgen, um den Dieb in einem anderen Wohnwagen zu stellen.

Die Bande, die in ein Fotogeschäft eindrang, war noch intelligenter. Die Männer fotografierten sich mit Polaroidkameras, schmissen aber die schwarzen Abzüge direkt in den dortigen Müllkorb. Als die Polizei eintraf, hatten sich die (Fahndungs-)Fotos ganz langsam und von allein entwickelt.

Einbrecher, die sich unbefugt Zutritt in ein Bonner Sportgeschäft verschafften, stahlen Schuhe im Wert von über eintausendfünfhundert Euro. Allerdings befand sich in den Schuhkartons immer nur der rechte Schuh.

Zwei Einbrecher in Irland sägten nachts die Tür eines Hauses mit einer Motorsäge auf. Das Gerät war so laut, dass sie die ausgelöste Alarmanlage nicht mehr hören konnten und die Polizei in Ruhe eintreffen konnte.

In Richmond warf ein Einbrecher die Scheibe eines Geschäftes mit einer Bowlingkugel ein. Blöd nur, wenn die Kugel am Tatort liegen gelassen wird und sich darauf der eingravierte Name des Täters befindet.

In Bel Air brach ein Täter in eine riesige Millionärsvilla ein. Die Anzahl der Räume scheint ihn so verwirrt zu haben, dass er den Ausgang nicht mehr fand und schließlich den Besitzer in seinem Schlafzimmer weckte, um herausgelassen zu werden.

In Michigan wurde ein Einbrecher nach verbüßter Tat aus dem Gefängnis entlassen. Keine zehn Minuten in Freiheit, entschloss sich der Mann, seinem Mithäftling eine Zigarette zu bringen. Er kletterte über den Zaun des Gefängnisses und wurde wegen Einbruchs in die Strafanstalt zu weiteren neunzig Tagen Haft verurteilt.

Geteiltes Leid ist halbes Leid

Gestern Morgen habe ich unseren Hausmeister Viktor bedroht. In guter Absicht natürlich. Die anfangs erwähnte Pinnwand bei uns im Hausflur, auf der seit mehreren Monaten die schlauen Rat gebenden Sprüche des Tages hingen, die mich dazu inspiriert haben, dieses Buch zu schreiben, war tatsächlich fast von allein zu Boden gefallen. Sie lag nun zwischen Wendelas Liegefahrrad und dem Stapel Werbeblättchen, die man uns immer bündelweise in den Hausflur kippt. Ich hatte lediglich jeden Morgen beim Vorbeigehen ein klein wenig an der festgeschraubten Korkplatte gewackelt, und siehe da, der Putz in Altbauten ist verständnisvoller als die Betonwände in Neubauten. Das Ding war ab. Der sympathisch verpeilte Viktor wollte die Pinnwand gerade wieder anschrauben, als ich zur Tür hereinkam.

»Viktor, bist du wahnsinnig? Lass das bloß bleiben, sonst gibt's Zunder! Das ist eine Vorsehung. Ein Geschenk Gottes quasi. Das Schicksal wollte es so, und niemand aus der WG kann mehr seine ungebetenen Botschaften und Ratschläge da anprangern.«

Viktor zog überrascht den Schraubenzieher weg, und ich erkannte in seinen Augen so etwas wie Einsicht. Die meisten der besserwisserischen Botschaften hatte er mit seinem gebrochenen Deutsch zwar ohnehin nicht richtig deuten können, aber ich spürte auch bei ihm Erleichterung, dass das permanente Zutapezieren im Eingangsbereich nun endlich ein Ende gefunden hatte. Wir waren beide happy.

»So, Viktor, und nun schmierste noch alle Wände und die

komplette Briefkastenanlage mit Flutschi ein, damit da auch garantiert keine Klebezettel mehr dran haften bleiben, und schon ist der ganze Spuk mit Ratschlägen bei uns im Hausflur endgültig vorbei.«

Vorbei, so wie dieses Buch, welches Sie in die Welt der größten deutschen Klugscheißer entführen sollte. Eine Welt, in der auch Sie sich regelmäßig befinden, weil Sie ihr gar nicht entkommen können. Ob Sie wollen oder nicht. Ich gehe mal davon aus, dass Sie sich an vielen Stellen dieses Buches sogar wiedererkannt haben. Nicht, weil Sie die Situationen, die ich hier leicht überspitzt und karikiert dargestellt habe, genauso erlebt hätten. Nein, das wäre nun wirklich zu viel verlangt. Aber vielleicht, weil Sie mit den gleichen Alltagsproblemchen zu kämpfen haben wie ich. Mit persönlichen Kriegsschauplätzen von Übergewicht, Fitnessmangel und Schlafstörungen bis hin zu Beziehungsproblemen, Stress im Beruf oder zu Hause. Wir alle leiden ununterbrochen unter dieser fürchterlichen Krankheit, die sich Alltag nennt und die dafür sorgt, dass wir alle, egal ob jung, alt, dick oder dünn, die gleichen Sorgen und Nöte haben. Kleine und große Probleme, die wir oft nicht allein in den Griff bekommen können oder wollen.

Insofern ist es ja erst einmal gut, wenn es jemanden gibt, der uns mit Rat und Tat zur Seite steht. Eine helfende Hand oder ein paar gute Worte, die uns zeigen, wie wir einen Schritt nach vorn gehen können, wenn wir ungewollt zwei zurück gemacht haben. Stehen solche helfenden Hände in der eigenen Beziehung, Familie oder im nahen Freundes- und Bekanntenkreis aber nicht zur Verfügung, so orientieren wir uns gern an der Hilfe anderer, oft fremder Menschen. An Menschen, die nicht selten eine gewisse Ideologie vertreten und diese massentauglich in die mediale Welt hinausblasen. Angeblich weil sie nur Ihr Bestes wollen, in Wirklichkeit aber meistens doch

Ihr Geld. Sei es in Form von Büchern – dieses gehört natürlich nicht dazu – oder mit gesprochenen Worten.

Rat gebende Bücher nennt man übrigens auch Selbsthilfeliteratur. Ein falscher Begriff, wie ich finde, da man sich bei Problemen immer selbst helfen muss, ob mit Literatur an der Hand oder ohne. Zumindest muss man selbst das Problem als solches erkennen und in Angriff nehmen. Der Arzt beispielsweise kann einem zwar immer wieder predigen, dass eine Zigarette schädlich ist, aber helfen müssen wir uns selbst, indem wir die Kippe selbstbewusst weglassen. Egal also, ob das mit Selbsthilfeliteratur passiert oder ohne.

Viele Menschen empfinden eine Sache auch nur für sich selbst als Problem, obwohl es für den Rest der Menschheit gar keines ist. Es gibt also reale Probleme wie Schlafstörungen und empfundene Probleme wie Übergewicht, obwohl die Waage morgens achtzig Kilogramm bei einem Meter neunzig Körpergröße anzeigt. Insofern sind alle ratgeberischen Weisheiten Fremder letztlich wohl nur Animation, ein empfundenes oder reales Problem auch tatsächlich in Angriff zu nehmen, um es selbstständig zu lösen.

Schließlich kommunizieren schriftliche Ratgeber nur in eine Richtung. Sie geben uns einen Ratschlag, über den wir nicht direkt mit dem Autor sprechen können. Eine Hilfestellung, ein kleiner Tritt in den Allerwertesten also, der einem verdeutlichen soll: Junge, Hintern hoch und los!

Denn erst, wenn der Hintern oben ist, kann man sich auf diesen ganzen Arschvoll Ratschläge einlassen und schauen, welchem selbst ernannten Alleswisser man am meisten Vertrauen schenkt. Ratgeber vereinen nämlich immer ein gewisses Glücksversprechen. Sie versprechen, dass es einem nach dem Studium der jeweiligen Ratschläge besser geht, dass man sein Problem nicht mehr als so schlimm empfindet oder sogar als gelöst betrachtet. Ob das tatsächlich immer der Fall ist? Ich war, bin und bleibe skeptisch, da Ratgeber stets für eine breite Masse auf den Markt gebracht werden und sich selten auf eine meist ja sehr individuelle Situation anwenden lassen. Insofern halte ich den persönlichen gut gemeinten Rat immer noch für den angebrachtesten. Warme Worte von einem Menschen, den man kennt, mag oder liebt, helfen immer noch am besten, wenn einem irgendwo ein Stein im Schuh drückt. Viele Probleme des Alltags, für die wir Ratgeber bemühen, könnten wir aus eigener Hand in Angriff nehmen und lösen.

Der Knigge zum Beispiel, also der berühmte Benimmratgeber, erscheint zwar bereits seit 1788, aber der kostbarste Benimmratgeber in meinem Leben waren meine Eltern, die mir frühzeitig erklärt haben, dass Suppe mit Löffel besser schmeckt als mit den Fingern. Daher möchte ich als Schlusswort in diesem Anti-Ratgeberbuch auch mal einen ganz persönlichen Rat geben: Bleiben Sie so, wie Sie sind, und vor allem individuell. Hören Sie auf Ihre Intuition, auf Ihre innere Stimme. Die meisten Ratgeber plädieren zwar ebenfalls dafür, gegen den Strom zu schwimmen und sich in der heutigen gleichgepolten Gesellschaft um Gottes willen nicht so zu benehmen wie alle anderen. Seien Sie aber trotzdem Sie selbst. Ein Individuum, das auf seinen ganz eigenen Wegen zum Ziel kommt, egal, wie sehr das andere nun freut oder stört. Sehen Sie auch nicht in allem einen Makel, vieles, was Sie als Problem betrachten, ist es bei genauem Hinsehen vermutlich gar nicht. Ob Sie nun fünf Kilo mehr oder weniger wiegen, ob Sie nun von allen Kollegen gemocht werden oder nur von einigen, ob Sie nun den neuesten Technik-Schnickschnack haben oder nicht, das alles ist bei Tageslicht gesehen nicht entscheidend für Ihr Glück.

Sollten Sie dann trotzdem an Grenzen stoßen und eine

Zweitmeinung herbeisehnen, dann bewegen Sie sich aus Ihrer Komfortzone heraus und suchen Sie mehr Rat in Selbsthilfegruppen, weniger in Selbsthilfeliteratur. Bündnisse von Gleichgesinnten also, die es einem viel leichter machen, seine Probleme von Sportmangel, Kettenrauchen bis hin zur richtigen Erziehung Ihres kleinen Kevin in den Griff zu bekommen.

Und wenn Ihnen auch dieser Rat von Leidensgenossen und -genossinnen nicht weiterhilft, dann mailen Sie doch einfach mir, dem Mann, der scheinbar alle kleinen und großen Problemfelder dieser Welt nicht nur vereint, sondern magisch anzieht. Ich bin nämlich nach wie vor ein Autor zum Anfassen. Das ist zwar nicht wörtlich genommen (also bitte nicht an meine Problemzonen zwischen fehlendem Haupthaar und behaartem dicken Zeh denken), aber immerhin bildlich gesprochen. Besuchen Sie mich doch mal bei einer meiner Comedylesungen, die ich immer mal wieder auch in Ihrer Nähe über die Bühne bringe, oder wählen Sie den digitalen Weg, indem Sie mir unter kai@twilfer.de eine E-Mail senden beziehungsweise meinem Alltagswahnsinn bei Facebook folgen. Schreiben Sie mir von Ihren Erfahrungen mit Ratgebern aus Papier, Fleisch und Blut, und teilen Sie mir mit, wie Sie Ihr ganz persönliches Problem in den Griff bekommen haben. Ich würde mich freuen. Geteiltes Leid ist schließlich halbes Leid.

BILDNACHWEIS

»Sammeln Sie Treuepunkte?«
»Ne, aber Strohpüppchen von meiner Tante
aus Ostpommern.«

Kai Twilfer
ICH HAB KEINE
MACKEN! DAS SIND
SPECIAL EFFECTS
256 Seiten
ISBN 978-3-404-60957-4

Jedem Tierchen sein Pläsierchen! Extrem spaßig geht Bestsellerautor Kai Twilfer unseren typischen Ticks und Marotten auf den Grund. Im Alltag und auf Reisen sucht er Antworten auf die Fragen, warum wir Raucher vor der Kneipe aus- und Promis im Dschungel einsperren. Er will wissen, warum Frauen immer zu zweit aufs Klo gehen, Männer Hochdruckreiniger anhimmeln und ganze Familien von Autobahnbrücken winken. Ein schonungsloser Angriff auf die Lachmuskeln. Und ein Buch, indem sich jeder wiederfindet. Denn kleine Macken haben wir schließlich alle. Erst recht der Autor ...

Bastei Lübbe